2024年

本屋大賞 翻訳小説部門 第1位

全国書店員が選んだ いちばん！ 売りたい本

翻訳小説部門

2024年本屋大賞

韓国 25万部 ベストセラー

日本でも 続々 重版！

완벽한 인생なんてないけれど、「これでいい」と思える今日はある。

ようこそヒュナム洞《どう》書店へ

ファン・ボルム

牧野美加 訳

ソウル市内にある小さな本屋さん。新米女性書店主・ヨンジュと店に集う〝ふつうの人々〟の、本とささやかな毎日を描く物語。

好評発売中●定価2、640円（税込）

［電子書籍版も配信中］

著者による「朗読ムービー」を特設サイトで公開中！

https://www.shueisha.co.jp

イラスト／バン・ジス（banzisu）

集英社

◆蔦屋書店ひたちなか店 安直美さん　涙があとからあとから溢れて止まりませんでした。 ◆ジュンク堂書店滋賀草津店 山中真理さん　なにより登場人物が愛しい。 ◆紀伊國屋書店グランフロント大阪店 豊永大さん　無我夢中で物語の世界に落ちていきました。 ◆ジュンク堂書店明石店 村中友希さん　この壮大な物語に出会えてよかった。
◆文真堂書店ビバモール本庄店 山本智子さん　壮大な私たちの物語。なんて素晴らしい。 ◆丸善広島店 中島伏美子さん　全ての設定が、ほんとうに、きれいでした。 ◆精文館書店豊明店 石川浩子さん　読み始めたらもう手がとまらない！　しかも、まだまだ続くとは！ ◆TSUTAYAサンリブ宗像店 渡部知華さん　ファンタジー好きにはたまらない読書体験。脳が幸せでした。 ◆紀伊國屋書店さいたま新都心店 渡辺真紀子さん　とりあえず、読後、トリスタン……と呟きました。
◆あおい書店富士店 望月美保子さん　もう後には戻れない、この世の美しさを知ってしまった。 ◆有隣堂町田モディ店 原田明美さん　こんなに充実感を味わってもなお続きが読みたくなる美しき魅惑の作品です。
◆岩瀬書店富久山店プラスゲオ 吉田彩乃さん　まさに子どもの頃に憧れた大人のファンタジー！ ◆本の森セルバ岡山店 横田かおりさん　どうか、永遠にまばゆい銀霧を受け取らせて。 ◆紀伊國屋書店セブンパークアリオ柏店 伊藤奈穂子さん　時間を忘れて、むさぼるように夢中で読みました。 ◆ジュンク堂書店三宮店 三瓶ひとみさん　10代に戻って夢中で読みふけった。 ◆勝木書店SuperKaBoS鯖江店 峯森和代さん　読み終えた後しばらく立ち上がることができませんでした。
◆宮脇書店境港店 林雅子さん　ユリアとトリスタンが凄く輝いて見えました。 ◆あおい書店西尾店 服部望さん　この本は、正しく“伝記”なのだと思いました。 ◆うさぎや矢板店 山田恵理子さん　自由への革命に、胸がたまらなく熱くなる。
◆有隣堂武蔵小杉東急スクエア店 床島千波さん　読みながらこんなにも泣いたことがあっただろうか……。
◆田村書店吹田さんくす店 村上望美さん　ずっと夢見ていた物語でした。 ◆未来屋書店大日店 石坂華月さん　トリスタンーーー！！！　あなたの笑顔が私にも見えたよ。 ◆明屋書店MEGA大内店 延永ひとみさん　自分の人生を一生懸命生きる姿に憧れる。 ◆未来屋書店名西店 田中春美さん　レーエンデにうっとり。古代樹に住みたい！
◆未来屋書店入間店 佐々木知香子さん　私にとって、この物語はトリスタンでした。 ◆未来屋書店入間店 柴田路子さん　駆け抜けた……一気に駆け抜けていった。 ◆蔦屋書店熊本三年坂 迫彩子さん　物語の力を信じています。

物語は続く。

◆丸善丸広百貨店東松山店 本郷綾子さん　すごい作品と、出会ってしまった。 ◆未来屋書店碑文谷店 福原夏菜美さん　世界観、登場人物、全てに魅了されました。 ◆紀伊國屋書店ゆめタウン博多店 高橋まゆみさん　至福の時間をありがとうございました。 ◆紀伊國屋書店笹塚店 小川由起さん　ファンタジー好きにとってはこの本は幸せの塊ではないでしょうか。
◆文教堂溝ノ口本店 太田鉄也さん　なんと豊かな読書体験だったことか。 ◆大垣書店イオンモールKYOTO店 辻香月さん　長く愛される物語になることを確信しています。 ◆くまざわ書店新潟亀田店 今井美樹さん　恐ろしくも美しい、壮大な物語に圧巻。 ◆紀伊國屋書店仙台店 齊藤一弥さん　読者はまだまだレーエンデ国の歴史を求めています！！ ◆大盛堂書店 山本亮さん　物語と伴走するのが本当に楽しみになった。 ◆ジュンク堂書店郡山店 郡司めぐみさん　もっとこの物語の世界に沈んでいたかった。 ◆名古屋大学生協南部生協プラザ 渡邉典江さん　胸が締め付けられるような切なさを感じました。 ◆有隣堂東急プラザ戸塚店 高橋美羽子さん　今、私はレーエンデにいる。 ◆TSUTAYA西宝店 今村友美さん　目の前に緑の森が現れました。 ◆有隣堂ららぽーと海老名店 金澤香里さん　満足感でいっぱいになりました。
◆明屋書店厚狭店 小椋さつきさん　ずっと本棚に飾っておきたい大切な物語。 ◆ジュンク堂書店旭川店 松村智子さん　世界観に魅了されました。 ◆未来屋書店有松店 富田晴子さん　素晴らしいファンタジーに出会えてしまった！
◆福岡金文堂志摩店 伊賀理江子さん　これほどまでにのめり込める本を求めていた。 ◆未来屋書店名取店 高橋あづささん　この作品に出会えて本当に幸せでした。 ◆未来屋書店松本店 片岡菜穂さん　完結するまでは何が何でも生き抜かなくては。 ◆明文堂書店氷見店 前花祐太さん　夢中になって読みました。 ◆未来屋書店高崎店 吉野千鶴さん　とても楽しませて頂きました。 ◆MARUZEN&ジュンク堂書店札幌店 有馬司さん　ファンタジーを読む楽しみを与えくれる。
◆郁文堂書店庭瀬店 藤原郁子さん　涙腺が完全に壊れました。本当に、これぞ尊い！！！ ◆ジュンク堂書店名古屋栄店 近藤梨乃さん　胸が熱くなるほどの生命力を感じました。 ◆福岡金文堂行橋店 富山未都さん　終盤は大泣きでした。
◆宮脇書店ゆめモール下関店 吉井めぐみさん　この先の歴史も早く読みたい。レーエンデ国に浸りたい！！
◆ブックファースト・エビスタ西宮店 堀脇真弓さん　やっぱりファンタジーはこうでなくっちゃ。
◆紀伊國屋書店広島店 藤井美樹さん　静かな、でも嵐のような感情に浸っています。
◆六本松蔦屋書店 峯多美子さん　やっぱりファンタジーが好きだ。

2024年
本屋大賞ノミネート

KODANSHA
レーエンデ国物語　多崎礼

全国の書店員が一年間に出た本の中から「いちばん！売りたい本」を選ぶ「本屋大賞」も数えて二十一回目を迎えた。本屋大賞とは新刊書店に勤務するすべての書店員（アルバイト、パートを含む）が投票資格を有し、その投票結果のみで大賞が決まる、オープントーナメント形式の文学賞である。

本年度の投票対象となる書籍は、二〇二二年十二月一日から二〇二三年十一月三十日までの一年間に刊行された日本の小説（文庫・新書オリジナルも含む）。投票は1次、2次の二回行い、1次では対象書籍から各投票者が「読んで面白かった」「もっと売りたい」と思った本を三作品選び、順位をつけて推薦理由とともに投票。その結果、得点が多かった上位十作品を2次投票のノミネート作品とし、2次ではその十作品をすべて読んだうえで、あらためて三作品を選び、三位まで順位をつけて推薦理由とともに投票する。2次投票では三位までだけではなく、十作品すべてにつき推薦、もしくは非推薦の理由を二十字から四百字までで記載することがルールとなっている。1次、2次とも、一位三点、二位二点、三位一・五点が得点となり、2次投票において獲得点数がもっとも多かった作品が大賞になるというシステムである。

本年の有効投票者数は1次投票が五百三十書店、七百三十六人、2次投票が三百四十二書店、四百四十三人。1次投票者数は昨年と比べ五十九書店、百二十一人増と大幅に増加、2次投票者数も九書店、二十一人増と増加している。全国的に書店が減少していることを考慮すると、驚異的な増加であることは疑いなく、投票する側の本屋大賞への期待と意欲はますます高まっていると言って過言ではないだろう。ちなみに1次投票の都道府県別の投票者数をみると、東京、大阪、神奈川、兵庫、愛知の順で、例年どおり大都市圏が多いが、今年、初めて秋田県からの投票があった（一人）ことは特記しておきたい。二十一回目にして初めて全都道府県から投票があったということになり、本屋大賞は文字通り「全国書店員が選んだ」賞となったと胸を張れる結果になったのである（都道府県別投票データは別ページにて詳述）。

投票者の増加にともない本増刊号も増ページとしたが、すべての書店員の投票コメントを収録することはかなわず、相当数を割愛せざるを得なかった。ひとつのコメントの裏にある多数の熱い思いをくみ取って、近くの書店に赴き、大賞受賞作をはじめ、フェアに並んだ本の数々を手にとっていただければ幸甚である。

全国書店員が選んだ
いちばん！売りたい本
2024年本屋大賞

本の雑誌増刊 本屋大賞2024　目次

表紙デザイン／寄藤文平　本文レイアウト／金子哲郎

本屋大賞ベストテン

全国書店員が選んだ
いちばん！売りたい本
2024年本屋大賞

本屋大賞選出方法

2次投票● 1次投票の集計により上位10冊を選出、得点により順位を決定
算定方式●投票者のベスト3を1位3点、2位2点、3位1.5点として合計

全国書店員が選んだ
いちばん！売りたい本
2024年本屋大賞

本屋大賞受賞
成瀬は天下を取りにいく

宮島未奈／新潮社

総得点 **525.5**

得票数 ❶位94名
❷位70名
❸位69名

男女比 男性69名：女性141名
不明23名

●受賞の言葉

成瀬慶彦は娘のあかりをディープインパクトのようだという。わたしの意見は少し違って、成瀬あかりはダイワスカーレットだと思っている。

皆さんには今すぐYouTubeで二〇〇八年有馬記念を検索して再生してほしい。スタート直後からゴールまで一貫して先頭を走っているのがダイワスカーレットだ。そこにはまったく気負いが感じられず、走るのが速いから先頭にいますという態度。逃げ馬にありがちな危なげは一切なく、最後の直線で加速すら見せる。栗毛の馬体に青いメンコが映えていて、気高く美しいその姿から誰もが目を離せない。

このたびの本屋大賞受賞について、わたしは成瀬あかりに取らせてもらったと思っている。競馬については馬の力7割、騎手の力3割という俗説があって、成瀬の力7割、わたしの力3割とするとしっくりくる。

その一方で、ディープインパクトにとっての武豊、ダイワスカーレットにとってのアンカツのように、わたしにしか成瀬を乗りこなせないだろうという自負もある。

わたしが成瀬あかりと同じぐらいの年齢だった頃はダビスタに明け暮れていた。ダビスタことダービースタリオンとは競走馬を育てて走らせる競馬シミュレーションゲームだ。競馬雑誌でもダビスタの攻略情報を大々的に取り上げていて、「ダービーを一生遊ぶ」や「サラブレ」は最新号が出るたび書店で買い求めていた。レインボークエストを種牡馬として召喚できるパスワードはそらで入力できるぐらい覚えていたし、調教では気が遠くなるほどダート・併せ馬・強めのメニューを選択した。

ダビスタが一番の思い出になるぐらいだから、わたしの青春時代がくすんでいたのは想像に難くない。友だちもできず、高校時代は授業が終わるとさっさと帰宅して、当時小学生だった弟より先に家にいた。

大学に入ったらわずかながら友だちができた。そのうちの一人と京都みなみ会館で映画『スウィングガールズ』を観た。その青春ぶりがまぶしすぎて、鑑賞後に焼肉を食べながら「あんなの見せられたら死にたくなるよねー！」と話したことを覚えている。

きっとそんな人生が『成瀬は天下を取りにいく』につながっている。２００歳まで生きると豪語する成瀬が放つのは圧倒的な「生」のエネルギーだ。そしてその日常はあくまで日常に過ぎず、見る人が死にたくなるようなことはなにもない。

さほど長生きしたいと思っていなかった自分も、こんな小説を書いておいて早く死んだらダサいなと思うようになり、成瀬を見習って運動をはじめた。

成瀬がいう「先のことはわからない」はわたしが身をもって感じていることだ。三年前、二〇二一年の今ごろ

写真提供：新潮社

はR－18文学賞の結果待ちをしていた。「ありがとう西武大津店」で最終候補に残り、新潮社の公式サイトに全文公開されて読者投票を受け付けていた頃である。わたしにとっては三回目の最終候補ということもあり、そろそろ受賞したいけどそんなに甘くないしなぁと思っていた。

結果、大賞・読者賞・友近賞の三冠をいただき、腰を抜かした。わたしがもっとも好きな馬、スティルインラブも三冠馬なので、おそろいだと喜んだ。

しかし驚くのはまだ早かった。

R－18文学賞は短編の賞なので、一作だけでは本にならない。「ありがとう西武大津店」の続きを書きましょうということで、成瀬を軸にした短編をいくつか書いた。この時点でもまだ、その先に待っているものは見えていない。本が出したくて、とにかく書くしかないと思っていた頃である。

もしかしたらすごいことが起こるのかもしれないと思いはじめたのが二〇二二年の十二月のこと。『成瀬は天下を取りにいく』のプルーフ配布がはじまったのである。

無名の新人のデビュー作にもかかわらず、全国各地の書店員さんが感想を寄せてくださった。その熱量は文字からも伝わってきて、みんなが成瀬に惹きつけられているのがわかった。スタート直後のダイワスカーレットのように、何食わぬ顔で先頭に立つ成瀬が見えるようだった。

そして二〇二三年三月の発売である。滋賀県大津市の膳所駅界隈を舞台にした超ローカル小説にもかかわらず、全国各地の書店に成瀬の横顔が並んでいた。それはさながらトップアイドルを目指す女の子が妄想する夢のようで、わたしは信じられない思いで書店さんの写真ツイートに「いいね」をつけていた。

去年の本屋大賞の発表は家のテレビでYouTubeをつないで見ていた。逢坂冬馬さんが凪良ゆうさんに花束を渡した瞬間、頭にぱっと思い浮かんだ映像がある。青い服を着た凪良ゆうさんが、わたしに向かって赤いバラの入った花束を渡してくれたのだ。

そんな妄想めいた予感から一年、成瀬が本屋大賞を取った。手綱を握っていたのはわたしでも、走ったのは成瀬である。成瀬に投票してくださった皆さま、ありがとうございました。

成瀬はもう一戦走らせた後、しばらく放牧に出すつもりでいる。だけどいつか必ず戻ってくるので、心配しないでほしい。

「いちばん！売りたい」書店員推薦の弁！

清くまっ直ぐなスーパー主人公　圧倒的存在感の成瀬あかりを見よ！

☆二〇二四年の本屋大賞は全身全霊で我が道をゆく成瀬あかりの爽快青春物語が受賞。彗星のごとく現れたスーパー主人公の一挙手一投足に心奪われた全国の書店員たちが成瀬の天下取りに熱い一票を投じたのである！

千葉剛彦／ブックスアメリカン北上店
▼彼女の日常は、私たちの脳に伝説として刻まれることだろう。
この小説のジャンルは青春？エンタメ？ドキュメント？

もう「成瀬」というジャンルでいいではないか。

それだけ不思議で、静かなパワーを沸々と感じる。

鬮在我／未来屋書店水戸内原店
▼大津のローカルネタと日常あるある感ありの舞台設定。魅力的で奇想天外な成瀬と島崎との関係性は読んでいてなぜか心地よく感じました。殺人事件やミステリー要素ではなく、日常のストーリー展開でここまで成瀬のパーソナリティーを描き切り一つの作品に作り上げる著者の力量に感心しました。

新井さゆり／文真堂書店ビバモール本庄店
▼圧倒的な存在感。
突如現れた超大物。

成瀬あかり、思春期、我が道を行く彼女が主人公の物語は、わかりやすい言葉で丁寧に、自分にあてはめて読み進める事が出来るセオリー度外視の爽快青春物語だ。

登場人物達の魅力的な物語がコンパクトに綺麗に紡がれていて、楽しく一気に読み進められるストーリーは、疲れた脳と心をほぐしてくれる。

これはフィクションを超えたノンフィクション。

先生、成瀬を生んでくれてありがとう！

読み終えた後、そう叫びたくなる作品だ。

山田恵理子／うさぎや矢板店
▼全身全霊の成瀬が大好きだ。成瀬に出会えたことで、目に映る景色がより鮮やかになる。自分が胸の奥に潜めていた意志や、かつて在りたかった姿が、煌めきだす。彗星の如く現れた成瀬が天下を取る日が楽しみだ。読書が新たなエネルギーになる、唯一無二の小説誕生！

本郷綾子／丸善丸広百貨店東松山店
▼こんな青春時代を過ごしてみたかったと、そう願わずにはいられない。だが成瀬あかりになりたいのでは決してなく、名もなきエキストラの一人として、ずっと彼女を見ていたいのだ。
まぶしくて清々しく真っ直ぐな成瀬の姿に、いっぺんでファンになってしまった。続編が出たことはとても喜ばしいのだが、「もっと、もっと」と続きを望む私がいる。

まだ成瀬を知らない読者に、この物語を届けたい。実に、読み終えてしまうのが惜しくてたまらない物語だった。

2024年本屋大賞　大賞受賞
『成瀬は天下を取りにいく』

後藤美由紀／幕張 蔦屋書店
▼だれにも左右されることなく、わが道をいく成瀬。独特な口調の成瀬。友だちなんていなくても気にしないのかと思っていたら、島崎の引っ越しに動じてしまうといった可愛らしい面もあったりして、そんな成瀬がじわじわと心の中に攻め入ってくる。終わる頃には成瀬に夢中になっている。この先も成瀬を見ていたいと思わずにいられない。なんとも不思議な魅力にあふれた作品だ。

須藤亜希子／柏の葉 蔦屋書店
▼小説は面白い。本離れが進む今、私が一番に伝えたいことは「小説は面白いんだよ」ということ。成瀬はそれをストレートに決めてくれた。絶対に読んで欲しい。文句なしの一位です。

塩谷奈帆子／紀伊國屋書店流山おおたかの森店
▼・普段あまり本は読まない
・とにかく楽しい物語を読みたい
・グイグイ読ませる小説に飢えている
・元気になりたい
・勇気が欲しい
・自分は自分でいいのだと認めてあげたい
・自分の殻とか限界とか自意識とか、色々ブチ破りたい
・青春したい
・青春を持て余している
・青春が遠い過去
・青春とかそもそも知らない
・友情ものにグッとくる
・我が道を行く天才キャラに弱い
・我が道を行く天才キャラが、有り余る才能を「なぜそこに??」という方面で惜しみなく炸裂させるのがツボ
・我が道を行く天才キャラが、実は人間臭い一面を持っていることにギャップ萌え
・滋賀県民なら、思わずニヤリとせずにはいられないローカルネタの数々
・西武百貨店
・みうらじゅん
一つでもピンと来たあなたは、本書を読んで損はないし、本書を読まないと損です。あなたもぜひ、成瀬あかり史の生き証人となりましょう!!

伊倉瞳／東京都
▼主人公ランキングを作ったらきっと上位に入るだろう成瀬。ひらめきもカリスマ性もあって、だけど人との関わりや心の機微にどこか疎い成瀬。こんな主人公を待っていた！そう思った。心のどこかで羨ましくもあり、少し妬ましい気持にもさせる。だけれども成瀬の行動が思考が周囲の人間に波紋のように変化をもたらしていく日々は、もっと読ませて欲しい、ずっと見ていたいと強く印象付けられた。感情が揺れることのない成瀬が人と関わり日々を過ごすなかでほんの僅かに変化していく姿も良かった。成瀬のどこがいいかをみんなで話し合いたくなる。

漆原香織／山下書店世田谷店
▼この世に成瀬を嫌いになれる人なんているのだろうか。いや、最初は苦手だなとか、合わないなって思う人はいるかもしれない。…が、そんなふうに壁を作っても、ガンガンぶっ壊して近寄ってくる成瀬にいつからか魅せられてしまうだろう（成

瀬自体は壁に気づいてなさそうだけど)。普通にしてるだけなのに、それがキラキラした日常になる成瀬。きっと本屋大賞を受賞しても、『普通にしてるだけなのに、なんでだ? まぁ、貰っておくけど』と、成瀬あかり史に刻まれるのでしょう。あぁ、転生したら島崎になりたい! 一番近くで見ていたい!!

松村幹彦/図書館流通センター仕入部

▼自分の道をブレずに進む成瀬あかりが起こす風に巻き込まれると、誰もが今より少し幸せになる。読んでいるこちらの口角も気がつくとほんの少し上がっている。彼女のくれた「少し」の塩梅がとっても気持ち良い。成瀬、200歳まで生きてみんなを幸せにしてくれ。

間室道子/代官山 蔦屋書店

▼文体とか文学的な深まりとかすぐれた小説の基準はいくつかある。でも「この子、好きだわ」と読者に思わせたら物語は勝ち。そんな力をあらためて感じさせてくれたのが本書だ。成瀬に、人からどう思われるかは眼中にない。自分が人としてどうありたいかだけ。迷いはない。あるのは決断のみ。なんともかっこいい! 惚れた!!

竹村真志/三省堂書店成城店

▼2023年、結局、片時も彼女のコトを忘れたことはなかった。成瀬あかり。

僕は滋賀県には地縁も血縁もなく、ハッキリ言って全然伝わらないローカルネタが満載なのに破茶滅茶に面白かった! 奇をてらった展開なんかも一切ないのに、ひたすらに、抜群に面白かった!

成瀬あかりという少女の、全力で、まっすぐに生きる姿が、とにかく爽やかで、眩しくて、まさに、ときめいてしまった。

そして、友人・島崎の存在がイイ。彼女なくしてこの物語は成立しない。成瀬が単なるヤバいヤツに成り下がってしまう。

それをさせない島崎の重要性について、もっと語らいたい。

その為にも、成瀬には本屋大賞を戴冠してもらわなければならない。

また、著者の宮島さんにも、ライフワークとして『成瀬』を書き続けてもらわなければならない。なにせ、本人は200歳まで生きるつもりでいるのだから。

匿名/東京外国語大学生活協同組合ハッチポッチ

▼とにかく楽しく読める、本屋大賞にふさわしい作品。成瀬さんのようなキャラクターは、ともすれば万能感あふれるとっつきにくい人物として描かれがちですが、成瀬さん自身を中心に据えた短編で内面を読者に見せることで、親しみを持つことが出来るように思います。続編も読んでみたくなる、まさに「本屋さんが薦めたい本」。

土肥天/くまざわ書店(本部)

▼成瀬ファンにならない唯一の逃げ道は、この作品を読まないこと、ただそれしかない。この作品のレビューを探すと称賛の嵐にもまれることになり、そんなに言われると逆に読みたくない…という天の邪鬼な方もいるだろう。大丈夫、成瀬なら「そうか」と一言返事をしてこちらを見もしないだろう。なにくそと一ページでもめくったが最後、こちらが追いかけてしまう。成瀬を追って、見て、気付けば魅力に引き込まれる。もしも絶対に成瀬ファンにならない自信があるという方がいれば、ぜひ、まずはページをめくってみてほしい。

成生隆倫／BOOK COMPASSニュウマン新宿店

▼滋賀県大津市を躍動する彼女の魅力は、間違いなく天下レベル。惹かれてしまうのは、やはり自分もどこかで特別を求めているからだろうか。

飄々としていて、自信があって、自分に正直でいる成瀬あかりは新時代のカリスマだ。

私の名字は成生というのだが、「成生も天下を取りにいく」と周りに豪語するようにしている。そうすることで、自分も成瀬のようになれるんじゃないかと勇気が出てくるのである。

強い信念を持って進み続ける彼女を応援しつつ、これから先どんな未来が待ち受けていようとも、私も信じた道をいこうと思う。

西和美／神奈川県

▼未だかつて成瀬のことを嫌いだという人に会ったことはない。

推薦理由を問われるとこれにつきる。

まっすぐで強くて個人プレーに見えるけど誰よりも周りを見ていて他人のことを思っている。

破天荒で奇天烈なキャラだけど有言実行でくちだけではなくやり遂げるあたり。ただただかっこいい。

150歳まで生きると言い続けてここまできた私が、200歳まで生きると言い切った成瀬に負けた。けど彼女ならやってくれるはずだ。それが成瀬だからだ。

ちなみに私の中で成瀬はイマジナリーフレンド化している笑。

匿名／神奈川県

▼どんなときにも、成瀬が傍にいてほしかった。学生時代にこの本に出会えていたらどれだけ心強かったか！　感動の涙はない。エモもない。なにも特別でなくても、普通の毎日でも、視点を少しだけ変えたら世界はガラッと楽しい方向に変わる。読書の楽しみを軽快に思い出させてくれる、読書が苦手だと思う人にこそ読んで欲しい小説です！

宮野裕子／TSUTAYA BOOKSTOREイオンモール白山

▼読みながら、どんどん成瀬を好きになる。成瀬は令和を代表するヒロインになると思う。私も成瀬に会いたくて、ときめき坂を歩き、膳所高校の前で写真を撮ってきました。今年は私のような聖地巡礼者が増えて、膳所は滋賀の新たな観光スポットになりますね！

樋口麻衣／勝木書店SuperKaBoS二の宮本店

▼成瀬のことが大好きで、読み終わってもずっと心の中に成瀬が生きています。成瀬が信じている世界は100％澄んでいて、キラキラと輝いています。読んでいるうちに、私が生きるこの世界もなんだか少し輝き始めたみたいです。自分が信じるものに向かって、まっすぐに生きる成瀬の姿が本当に美しいです。あぁ、私はずっとこういう物語が読みたかったんだと思いました。実はこの小説を読み終えたとき、何が何でも全力でこの本をおすすめしようと心に決めました。すごく泣けるわけでもないし、すごく幸せなことも起こらないこの小説で、なぜここまで熱くなれるのか自分でも不思議です。成瀬や島崎たちからそれほどのパワーをもらったということだと思います。感想とか、感動とかそういうことは一旦置いておいて、声を大にして伝えたいです。「ただひたすらにまっすぐに楽しい一冊です。どうか読んで、楽しんでください！」

2024年本屋大賞　大賞受賞

『成瀬は天下を取りにいく』

町田佳世子／平安堂長野店

▼2023年最強のヒロインが誕生した。成瀬あかり。彼女は、地元膳所から200年計画で天下を取りにいくつもりなので、私たち書店員も心して彼女の痛快な業績を、次のそしてまた次の代へ伝えていかないと。そのためには、まずは本屋大賞です。彼女の魅力はとても一言では言えません。親友島崎をはじめ、出会う人みんなが彼女を好きになっていきます。もちろん読者も。是非、成瀬あかり史の立会人になってください。

柳下博幸／吉見書店竜南店

▼マイペースで空気を読まない少女、成瀬あかり。彼女は空気すら超越してズンズン前に進む。そんな彼女のピュアで爽快な日々を描いた、ザ青春小説。

空気を読みすぎてがんじがらめになった現代社会で足掻くオジサンの一服の清涼剤になりました。

庄田祐一／本と、珈琲と、ときどきバイク。

▼あなたは今日も成瀬に振り回される。でも全くイヤじゃない。読者全員がいつの間にか成瀬に惹かれ、一挙手一投足を見届けたいと思い、彼女を応援したくなるだろう。この現実のどこかにいる成瀬を五感で感じる一冊。明るい未来を拓いてくれる可能性溢れたエンタメ小説。名作ばかりのノミネート10作を新進気鋭がぶった斬る！

我々は「まっすぐ生きる」ということがどれだけ難しいかを知っているのに、成瀬を見てるとあたかも簡単なことのように思えてくる。決して他人事ではなく、自身の人生・立場にぜひ置き換えてみて欲しい。この時代を豊かに生き抜く光がそこにあると感じてしまうのは僕だけだろうか。その主体性の塊とも言える生き方は、周囲を良くも悪くも無自覚で振り回し、結果的に関わった人たちを幸せにさせてくれる。彼女はさながらケサランパサランのよう。著者の宮島さん含め、成瀬の今後の成長に期待と希望しかない未来ある物語。

石田祥／草叢BOOKS新守山店

▼もし自分が滋賀県民であったなら、この小説が何割増しかで更に楽しめたかも知れない。羨ましい、滋賀県民の方々。嫉妬しました。

でも、地元じゃなくてもめちゃくちゃ面白かったです。成瀬のキャラクターがしっかり確立されていて、突拍子もないことを真顔で言っている姿が毎度毎度目に浮かんでくすりとしました。親友の島崎は冒頭は成瀬に対してドライな関係であるかのように言っていましたが、蓋を開けたら大事なところはべったりで心の中でつっこんでしまいました。ゼゼカラがずっと続いたらいいなと思います。

そして読み終わる頃には西武大津店に行ったこともないのにいつの間にか自分も思い入れがあったような気になるくらい入り込みました。

我が道をいく成瀬がこのままどう突き進んでいくのか気になって仕方ありません。

原口結希子／本のがんこ堂野洲店

▼明るくて明るすぎず、正しくて正しすぎず、賑やかでもうるさすぎず。理解しがたく憧れるしかない尖ったところと、共感せずにいられないやわらかいまるさの両立。成瀬という存在はまさしく2023年を照らすあかりでした。早々に刊行された続編のおかげで、2024年もめっちゃ激しく照らされています。

向畑豪／ジュンク堂書店滋賀草津店
▼なんだかんだ言っても今年の売り場を一番席巻したのは成瀬だった。
本棚の前で「コレコレ、知ってる?」「前、話してたやつこれだよ」という会話を何度も聞いた。

SNSではなく、リアルで目の前に「口コミ」が広がっていくのはいつぶりだろうか。

純粋に夢を見て、でも現実を見ていてこれっぽっちもいじけずに軽やかにしなやかに迷いを見せずに進んでいく成瀬の姿がもっと広がっていけばいいと思う。いずれ天下に手が届くかもしれない。

石坂華月／未来屋書店大日店
▼成瀬のくだらないひと夏の挑戦に自分の中にかつてあったであろう頑なな熱を感じる。
成瀬は一見突拍子もないことを発するし、果敢にチャレンジし実現しようとする。

いつか天下を取る気がする。

変わり続ける世の中で変わらない成瀬で居続けてほしいのかもしれない。

成瀬あかり史をこれからも読み続けていきたい！と切に願うのだ。このシリーズぜひとも書き続けてもらいたい。

成瀬はすでに私の友人なのだ。

西本裕子／ジュンク堂書店松坂屋高槻店
▼こんなに「あーおもしろかった！　読んでよかった！」って思える小説なかなかない！
どのエピソードも良いけど、特にラストの「ときめき江州音頭」。いつでも堂々としてて、迷いなんてなさそうな成瀬だけど、そんなことないんだなあ…とホロリとさせられます。

山ノ井さより／ジュンク堂書店芦屋店
▼成瀬との出会いは衝撃だった。
奔放な女の子の枠を軽く超え「息をするようにスケールの大きなことを言う」成瀬。

近江の武将だと直感した。

かといって大きな事件が起こるわけではない。滋賀を日々を隣人を愛する湖岸の女子高生なのだ。

そのお話にどうしてこんなにパワーをもらえるのか。

それは成瀬の意思がぶれず、やりたいことをひとまず口に出すこと。

それを淡々と受け止める友人がいること。それでいて内心は他者に気を遣いすぎているところ。

なぜだか成瀬に憧れる。優しくまっすぐな気質がまぶしい。

2023年で一番好きな小説だ。なぜだか成瀬が大好きなのだ。ひとりでも多くの方に成瀬のことを知ってもらいたい！

私の独断でずっと面出ししている大切な小説だ。

「成瀬は必ずや本屋大賞を取りにいく」

匿名／今井書店倉吉パープルタウン店
▼やっと、この本を本屋大賞に推すことができます。本屋大賞発表時には2作目も刊行されているので、続けて読んでほしい！　むしろ続けて読めることが羨ましい！　タイトル略して『成天』は、濃いキャラをした人たちが天才なのか奇才なのかよくわからない成瀬あかりという1人の少女に振り回されるのが読んでて楽しい作品になっており、とにかく面白い。なんで

2024年本屋大賞 大賞受賞
『成瀬は天下を取りにいく』

そんなことするの？って傍観してたはずのまわりの人たちも、いつの間にか引き込まれて巻き込まれて気づいたら成瀬と一緒に楽しんじゃってる。それは登場人物だけでなく、紙面を越えて読者も引きこんじゃう。そんな成瀬あかりにハマってください。沼ってください。推してください。読後、たぶん自分の地元の魅力のこととか考えちゃうかも。

島田優紀／ブックセンタージャスト大田店

▼成瀬が‼好きすぎるんだが‼

読んだ人はもれなく成瀬ファンになるので、どんどん広めて成瀬ファンを増殖させたい。みんな成瀬ファンになるといい。誰とでも成瀬について語れるといい。

読んでいて、成瀬との時間が楽しくて、終わるのが寂しくて、でも続きが気になって。結局読み終えて成瀬との時間を振り返る。でも実は島崎をはじめとする、成瀬の周りの人たちもみんな魅力的で。

強い個性の成瀬が目立つけれど、そうでない人たちも輝かせる成瀬は本物のカリスマだと思う。

三島政幸／啓文社岡山本店

▼成瀬あかりという少女の言動を日本中がウォッチしているような作品集。本当にそこに成瀬あかりがいたら、ちょっと一歩引いてしまうかも知れないけれど、小説上では、これ以上ない魅力的なキャラクターだ。成瀬本人の視点ではなく、周囲の人が成瀬に振り回されながら、どんどん魅力に惹かれていく。もう未読の人が勿体ないように思える。ええっ、あの成瀬を知らないの⁉　とね。正直言うと、続編『成瀬は信じた道をいく』の方がもっと面白いのだけど、これも『成瀬は天下を取りにいく』あってのことなので、やはりまずは本書を全ての人に薦めなければならない。私はもはや「成瀬布教」の使命感に燃えているのだ。

高橋由美子／フタバ図書TSUTAYA GIGA祇園店

▼私も成瀬に出会っていたら、人生変わってたかもしれません。成瀬の相方、島崎がとても羨ましい！　そして、他県民からすると、こんな滋賀県の地元愛にあふれた小説が生まれたこともとても羨ましいです。歴史ある地元百貨店の閉店ニュースをきっかけに、その店に想いを馳せる、様々な世代の人たち。時代の流れとはいえ、淘汰されていくのを見届けるしかないのでしょうか…？　殺伐と世の中に流されていく私たちに、発想が面白すぎてふと足を止めさせてくれる作品。あたたかい感情、胸の高鳴りが伝わってくる作品です。

玉井慎一／明屋書店小郡店

▼青春の一ページを力強く猛スピードで駆け抜けていく成瀬に心を射抜かれました。

落ち込むことも、暗いニュースを見ることもあるけれど成瀬を読むと心がスカッとします。

こういう風に生きてみたかったという羨望、こうなりたかったという後悔。そういった感情も成瀬が全部抱えて駆けだしてくれているような気持ちでした。

小松航輝／金高堂野市店

▼全人類におすすめしたい。それほどまでに「成瀬あかり」との出会いが鮮烈でした。小説を読んでこれほど元気をもらえたのは久しぶりな気がします。笑って泣けて前を向ける、そんな一冊。成瀬に天下を取ってほしい！

大賞

成瀬は天下を取りにいく

宮島未奈／新潮社

◎総得点：525.5
◎総得票数：233
◎1位：94 2位：70 3位：69

第2位

◎総得点：411
◎総得票数：176
◎1位：82 2位：48
3位：46

水車小屋のネネ

津村記久子／毎日新聞出版

第3位

◎総得点：403
◎総得票数：188
◎1位：55 2位：77
3位：56

存在のすべてを

塩田武士／朝日新聞出版

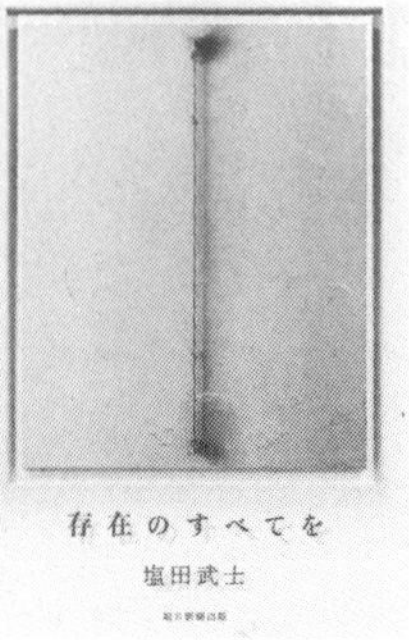

第4位

◎総得点：340
◎総得票数：157
◎1位：48 2位：65
3位：44

スピノザの診察室

夏川草介／水鈴社

第5位

◎総得点：263
◎総得票数：123
◎1位：39 2位：40
3位：44

レーエンデ国物語

多崎礼／講談社

2次投票最終結果

☆大賞受賞作『成瀬は天下を取りにいく』の2次投票での得票数は二百三十三人で、うち一位に投票したのは九十四人。2次投票の総投票者数は四百四十三人だから、全投票者の五十三%が『成瀬』に票を投じ、二十一%が一位に推したということになる。男女別の得票数をみると、男性＝六十九人、女性＝百四十一人（ほかに無回答二十三人）で、三十%対六十一%と女性票が圧倒しているが、2次投票全体の内訳自体が男性＝百十七人（二十六%）、女性＝二百七十九人（六十三%）だから、突出して女性票が多いわけではなく、逆にノミネート十作の中でも三番目と男性票の比率は高いほうであったことは補足しておきたい。ちなみに舞台である滋賀県からの2次投票者は四人で、一位への投票は三人、二位が一人だった。

2024年本屋大賞2次投票最終結果

第6位

◎総得点：258.5
◎総得票数：118
◎1位：40　2位：43
3位：35

黄色い家
川上未映子／中央公論新社

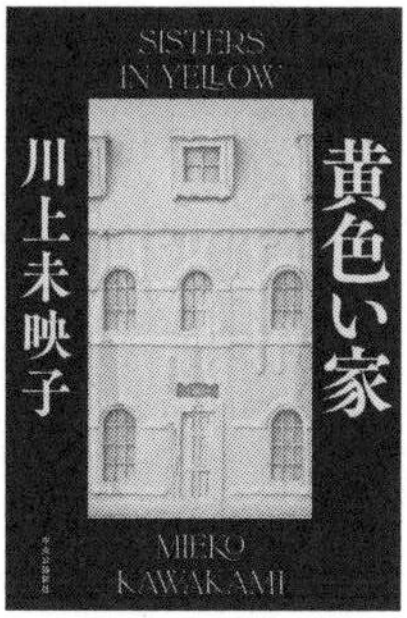

第7位

◎総得点：227
◎総得票数：107
◎1位：33　2位：34
3位：40

リカバリー・カバヒコ
青山美智子／光文社

第8位

◎総得点：172
◎総得票数：89
◎1位：16　2位：29
3位：44

星を編む
凪良ゆう／講談社

第9位

◎総得点：148
◎総得票数：68
◎1位：26　2位：14
3位：28

放課後ミステリクラブ
❶金魚の泳ぐプール事件
知念実希人／ライツ社

第10位

◎総得点：131.5
◎総得票数：70
◎1位：10　2位：23
3位：37

君が手にするはずだった黄金について
小川哲／新潮社

全国書店員が選んだ
いちばん！売りたい本
2024年本屋大賞

2024年本屋大賞大賞受賞作『成瀬は天下を取りにいく』投票結果

1次投票	総得点	519点
	総得票数	211人【1位117人、2位54人、3位40人】
	男女比	男38%、女52%、不明10%
	年齢別	10～20代＝8%、30～40代＝40%、50代～＝26%、不明＝26%
2次投票	総得点	525.5点
	総得票数	233人【1位94人、2位70人、3位69人】
	男女比	男30%、女60%、不明10%
	年齢別	10～20代＝10%、30～40代＝45%、50代～＝21%、不明＝24%

第2位

水車小屋のネネ

津村記久子／毎日新聞出版

得票数◉1位82名／2位48名／3位46名　男女比◉男性38名：女性123名：不明15名

総得点411点

渡邊裕子／喜久屋書店小樽店

▼「自分はおそらく姉やあの人たちや、これまでに出会ったあらゆる人々の良心ででき上がっている」という作中の言葉から伝わる幸福感は、胸の奥を熱くしました。この幸福感を全ての人に感じて欲しいと思った。

山下智恵子／コーチャンフォー旭川店

▼この姉妹はこの先本当に大丈夫だろうかとハラハラしながら読み始めたものの、あっという間の40年でした。

なぜか今の環境、生活が変わらないような、変えたらいけないような気になる事がありますが、2人の姉妹、水車小屋のネネ、周囲の人々は地に足をつけながら変化に適応していて、心配しないでもその時その時でなんとかなる、と教わった気がします。

10年ごとの定点観測がより変化を如実に感じられて、有限な時間の中で一生懸命生きている人達の営みに胸が温かくなりました。

南聡子／岡本書店恵庭店

▼ネネという鳥がもしこの物語にいなかったら、人々はこんなにも優しく逞しく生きられただろうか。読んですぐに物語に引き込まれて、あたかも自分がこの町の一員になれたような気がした。人生も後半に差し掛かった今、私も人の為に何かしたいと思わせてくれる小説に出会えたことを感謝したいです。

高野典子／八重洲ブックセンター宇都宮パセオ店

▼とても満たされた気分で読み終えた。相手のことを想ってそっと手を差し伸べたり、受け止めたり。そして今度は自分が他の誰かに手を差し伸べてみる。その小さくも揺るぎない優しさが巡ってゆく世界、何て素晴らしいのだろう。

律と理佐を見守る周りの大人たちのように、何かあったらそっと手を差し伸べられるような大人でありたいと思っている。

匿名／福島県

▼人生でたぶん誰にでもやってくる、身動きがとりづらくなる時。うまく生きていけなくなる時。そういう時の、お守りになる本の一冊になった。

読む前はここまでいいとは思っていなかった。読んで本当によかった。

水車小屋とネネとそれを取り巻く人々のドラマチックなわけでもない話。でも一日一日をじっくりと生きていこうと思える物

語だった。

　きらりと心に残る言葉がいくつもある。

　ひとつに、律が渓谷を眺めるシーン。決して平坦でない子供時代を送った律が、恵まれた人生だと自分の人生を思いながら夕暮れの渓谷を眺めるシーン。生きていることはそう悪くないものだという確信を持つまでにはいろんなものを経なければいけない時があるが、そう思えた律が私の心の中で生きている。

　律が見た渓谷の景色を、今後の人生で何度も思い出しそうなくらい美しく思う。

五味雅子／紀伊國屋書店さいたま新都心店

▼他人の自分勝手な都合や感情で振りまわされてしまうことがある。
　やりたいことを諦めたり、今いる場所から離れたりしなければならないこともある。

　そんな状況になっても、見守ってくれる人がいれば人は生きていける。

　誰かの親切は「しりとり」のようにやさしく繋がっていくそう思える一冊でした。

石木戸美穂子／TSUTAYA南古谷店

▼ゆっくりと本を閉じながら、余韻に浸った。衝撃を受けたわけでも、涙をぼろぼろ流したわけでもない。でもいつまでもいつまでも読んでいたい。
　そんな作品だった。ひとりで生きてるつもりでもひとりでは生きていけない。私はもらったものを誰かに返せているのだろうか？　穏やかな春の日差しのような作品です。

　ネネ…まさか鳥の名前だと思わなかったな。

豊田一弘／TSUTAYA三軒茶屋店

▼いまの日本が忘れかけているものがこの作品のなかにある。ひなたぼっこをしてるような読書時間でした！

中西若葉／KaBoSイオンモール新小松店

▼とっても幸せな小説を読みました。理佐と律、2人の人生の物語をずっと読み続けていたかった。始まりは厳しい環境だったのに、姉妹の決断がたどり着いたのは穏やかで優しい世界。
　読んでいる間、ずっと幸せな気持ちでした。

「誰かに親切にしなきゃ、人生は長くて退屈なものですよ」それくらいの気負わなさで、人と優しいつながりを持てたら、どんなに素敵な人生だろう。この物語にたくさん幸せをもらって、2人のようにちゃんと生きていきたい。私の中にもきっとこれまでであった人のたくさんの良心が詰まっているはずだから。

　この物語を読んで、たくさんの人が幸せな気持ちになればいいなと心から思います。

河部信之／未来屋書店東久留米店

▼やむを得ぬ事情で地元を離れた18歳と8歳の姉妹、理佐と律。たどりついた家にはしゃべる鳥、ヨウムのネネがいた。
　少しずつ、一歩ずつ自分たちの生活を積み上げていく彼女たち。流れる川をまわる水車のように、その努力は誰かとつながってゆく。やがてふたりも年をとり、40年の歳月を経て思いかえすのだ。自分はこれまでに出会ったあらゆる人々の良心でできあがっていると。

　この限られた人生という時間の中で、大切な誰かとめぐりあった奇跡。おさえた静かな筆致で描きだされる物語は、しみじみと心に染みていく。本当に、この一冊に出会えてよかった。

〆野紗希／銀座教文館

▼心温まる作品であるというのは全く間違いない。でも、生活することのシビアさ、子どもの選べなさ、若い保護者の心許なさが描かれる、とても厳しい物語でもあると思う。

子どもと母親は一緒にいるべき、どんな母親でも子どもは可愛いはず。そこから自立し、〝普通じゃない〟暮らしを始めようとする姉妹に向けられる周囲の大人の目が痛い。理佐と律は安全を求めているが、その切実さはとても伝わりにくい。

保護者が保護してくれる存在でない場合の子どもの自尊心の揺らぎや、周囲の介入の難しさをこれまでも津村さんは繰り返し描いてきて、それがとても好きだ。今回は、そこから先の姿を読むことができて本当にうれしい。『もういい』と理佐が結論を出したとき、よく言ってくれた、ありがたい、と思った。ポジティブでもネガティブでもない、ぽつんと置かれたような言葉が重い。

匿名／スガイ書店

▼少しずつ未来へつながる出来事がちりばめられていて、描かれていない10年が自然と想像できました。

些細な事の描写が丁寧で、人びとや町の雰囲気が広がって物語がとても深く広く感じ、ネネと一緒に40年を見守ってる、そんな感覚でした。

やさしさに包まれながら読み進められるので、すごく素敵な作品でした。

山津彩夏／三省堂書店岐阜店

▼43度以上の湯船にサッと浸かるのではなく、38度の湯船でゆっくりと浸かったあとのような温かさが読後に訪れる。

熊谷由佳／丸善ヒルズウォーク徳重店

▼事件なんて何も起きなくていい。

派手な仕掛けも演出もいらない。

ただ目の前の暮らしを、1日1日をちゃんと過ごすこと。家族を思いやり、大切なひとたちに胸を張っていられる生き方をすること。そんな本当にまっとうな、ある姉妹の物語。

彼女たちを見ていると、辛いことがあっても、悲しいことがあっても、できるだけ正しく生きたい、善く生きようと努力したい。そんな気持ちが湧いてきます。たくさんの人が本作を読んだら、少しだけ世界が優しくなる気がする、だからもっと『ネネ』の輪が広がりますように。

中嶋あかね／TSUTAYAいまじんウイングタウン岡崎店

▼慎ましく、でもいざというときには大切な人や大切なものを守るために勇気を出すことができる。何者かになろうともがくのではなく、ただ目の前の日々を誠実に。そして、そうやって生きることが、今まで支えてくれた人たちへの恩返しになるような、そんな生き方。「私はこんなふうに生きたい。」そんな気持ちが自分の中にもあったんだと気付かせてくれた、最高に素敵な本でした。

そしてヨウムのネネがほんとに、ほんとに、愛おしい。助演鳥優賞あげたい。

この本がたくさん読まれるような世界はきっとよい世界だと思うから、できるだけたくさんの人に届いて欲しい。

山口智子／三洋堂書店新開橋店

▼良い出会い、人の善意を信じてもいいんだと思わせてくれるとても幸福な物語だった。渡されたものは次に出会った人に渡していけばいい。人生で大切なことがぎゅっと詰まっていた。心の拠り所となるような本、映画などがたくさんでてきてそれらを通して周りの人との関係がより豊かなものになっていく。自分を人間と思っていそうなヨウムのネネが可笑しくて可愛くて何度も吹き出してしまった。そんなネネも与えて受け取っている。この物語の登場人物は皆そうであるように。この幸せな物語が終わってしまうのが寂しくて特に終盤はわざとゆっくりと読み読後はいい小説を読んだなという満足感に浸りました。この本を世

界中の人が読んだなら世界はきっと良いものになるだろう。今年のマイベストは迷う事なくこの本です。

匿名／ジュンク堂書店名古屋栄店

▼こんなに愛しいと思える物語に出会えたことが本当に嬉しい!!

ヨウムのネネは賢くてとってもキュートだし、母と母の恋人から逃げ、自活を余儀なくされた姉妹を優しく見守ってくれる、お蕎麦屋さんの夫婦や杉子さんも温かくて好き。

ネネと過ごした年月は、出会いや別れ、成り行きではじめた仕事からやりたい仕事に就く期間であり、震災、コロナ禍を抱えて濃厚なのに、律と理佐姉妹とネネの物語をもっとずっと読んでいたかったです。

律の「ここにいる人たちの良心の集合こそが自分なのだ」という言葉は、自身にも当てはまるように思いました。

もう限界だと思った時に支えてくれた家族や周りの人たちの顔が思い浮かんできました。

私も彼らの良心が注がれて今、ここに立っているのだと、この身体、心こそが愛情を注がれて育った証明のように自分を少し誇らしく感じました。

これだけの良心を、律のように周りの人たちへ与えられたら良いなと思いました。

樋江井千恵／精文館書店荒尾店

▼人が人を思いやるって素敵だ。そして、その心はつながってどこまでも広がって行く。18歳の理佐は親を頼らず、8歳の妹と2人で生きて行く決意をする。知らない土地に仕事と住む場所を見つけ、ひとつひとつの出会いを大切にしながら居場所を作っていく。困ったことが起こっても、自分の頭で考えて周りの人の助けを借りながら。なんてたくましく、幸せな生き方なんだろう。姉妹が世話をする鳥のネネがとにかく可愛らしい。生きることはそれほど悪いことではない、と感じることができる作品だ。

峯多美子／六本松 蔦屋書店

▼人間の美しさも醜さもさらりと描いたとてつもない作品。

理佐と律姉妹、そしてネネの数十年に亘る歳月を飄々とそして丁寧に描いたこの物語は、優しくはあるが、甘ったるい善意を描いていないところが本当に素晴らしい。

不遇な境遇ではあったけれど、良き人たちと出会い、「自分はおそらく（略）これまでに出会ったあらゆる人々の良心でできあがっている」と言える律は幸せなのだと思う。

姉妹と彼女たちを取り巻く人々との日常とネネの愛らしさとどことなく漂う哀愁をより多くの人にお読みいただきたい。

この作品に出会えたことは私にとって、2023年最大の僥倖だった。

脊戸真由美／丸善博多店

▼「強くなれ　誰も信じるな　いいな」

この本を読み終わったあと、ずっとネネのこのセリフが耳に残っている。『青い影』も繰り返し聞いて、マラカイトとアズライトの石を買いに行った。この物語の余韻をもっと味わいたくて。

中目太郎／HMV&BOOKS OKINAWA

▼本を読んで「いま本のなかで過ごしていたな」という感覚をおぼえた。この本を読んでいるあいだは、川の近くにそば屋と水車小屋があって、理佐と律、そしてネネと毎日を過ごしていたのだ。そこで起きたこまごまとしたことも、とても大切なことも、たくさんの出会いと別れも、その場にいたかのようになつかしく思い出せる。この本に書かれた何十年ものいとおしい日々を振り返った時に、ああ、こんなに遠くまで歩いてきたのかと、静かな波のような穏やかな感慨が胸を満たしてくれる。

第3位

存在のすべてを

塩田武士／朝日新聞出版

得票数◉1位55名／2位77名／3位56名　男女比◉男性50名：女性121名：不明17名

総得点
403点

松村智子／ジュンク堂書店旭川店

▼冒頭の二児同時誘拐の緊迫感と臨場感の手に汗握るリアリティ。青春時代の突然に終わってしまった淡い恋情の切なさ。薄氷の上を歩むような危うさの中でそっと運ばれる、暖かく優しい繭の内部のような空白の三年間に確かに存在した愛の尊さ。真実を追い求める事件記者の眼差しと、質感なき時代に「実」を見つめる写実画家の眼差しが重なり、ジョージ・ウィンストンのピアノの調べに包まれるクライマックスに胸が震えました。

早坂千尋／コーチャンフォーミュンヘン大橋店

▼戻れるなら、どこに戻るのだろうか。前代未聞の誘拐事件が30年を経て解き明かされる。紡いだ時間を思うと子どもの涙に胸が張り裂けそうになり、共感と反発をくりかえしながら、どうかあの子が幸せな人生を歩めますようにと願わずにいられない。深く切ない愛情の物語でした。

松浦直美／蔦屋書店茂原店

▼誘拐事件の犯人捜しかと思いきや、全然違いました。外側からは見えない、もっと深くて、優しさと縁のお話。亮と里穂のその後が気になります。

匿名／須原屋コルソ店

▼二児同時誘拐事件の真相を追う記者と刑事の意地、画家が残した僅かな手がかりと画廊の秘密等、序盤からワクワクする展開が盛りだくさんで興奮が止まりませんでした。物語の結末に期待が膨らむ中、綺麗に纏まっていたのでもう一度読み返したくなる作品でした。

平山佳央理／三省堂書店有楽町店

▼物語は初手からフルスロットル！

冒頭から鳥肌が立った。

陳腐で内容の無いニュースや情報が溢れる中で、本当に存在した事実は何なのか、上辺だけを撫でて分かった気になっていないか。

誘拐と言う凶悪犯罪…でもその裏にある人間の物語が1つずつ見えてきて、全ての物語が繋がった瞬間堪らず天を仰ぎ見た。

栃木史穂／成田本店つくだ店

▼30年前の誘拐事件。未解決に終わり空白の3年後に戻ってきた子供。空白を埋めてゆくように足跡をたどってゆく。そこには確かな愛情があったことが、自然の情景、絵画で描かれる風景にて表現され、切なさと愛しさとやるせなさが入り混じる素晴ら

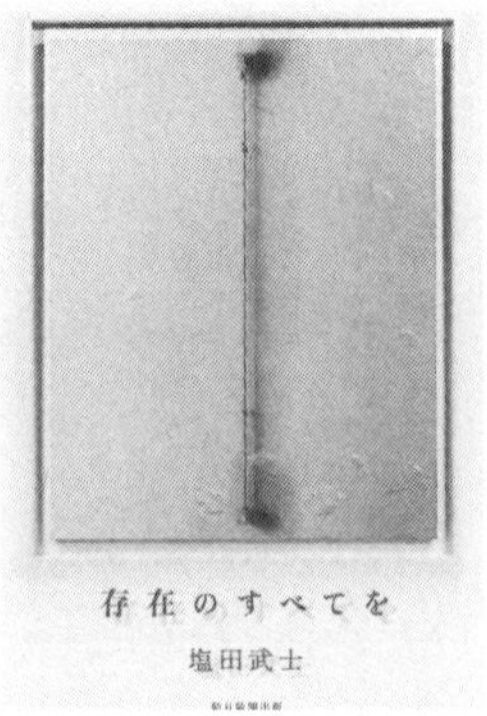

しい作品。短冊の願いが叶うように祈りたい。

佐々木美樹／北上書房
▼想像できぬ展開に、自分が事件に引き込まれていく感覚に囚われた。心が震えた。この作品は凄い。

大久保あすか／有隣堂淵野辺店
▼点と点が繋がって線になっていくように、事件の真相が次々とわかっていく展開に興奮して、ページをめくる手が止まらなかった。そして結末を読んだ後の余韻がすごくて他の本がしばらく読めなかった。こんな優しい気持ちになれるミステリは久々で大満足。

富田晴子／未来屋書店有松店
▼衝撃的な誘拐事件という、緊迫した社会派ミステリとしての導入。そしてそこから飛躍し、圧倒的な世界が展開される。長い時の果てに、多くの人達の思いをのせた至高の「真実」に、滂沱のごとく涙が零れ落ちた。

鶴見真緒／紀伊國屋書店武蔵小杉店
▼こういうのが読みたかった!!　前代未聞の二児同時誘拐から物語は始まり、緊迫する展開に心臓をばくばくいわせながらページを捲る。流行りのどんでん返しや奇を衒った類のものではない。ただ一歩一歩、雪を踏みしめるように静謐の果てへ向かっていくこの物語を、新たな読み手に届けたいのだ。

山本明広／BOOKアマノ布橋店
▼誰もが予想しえない二児同時誘拐事件。警察の視点で誘拐事件を追う序章から引き込まれる展開で、その後、掘り下げられていく事件の背景と真実を知るほどにやるせなさが募っていく。そして事件の空白が明らかになった時、そこに存在する現実の重さを知る。誘拐事件の真相を追うハラハラや職業人としての矜持、親と子のつながりや大人としての責任、たくさんのことを想い、いろいろなことを感じることが出来る一冊だった。

鈴木沙織／ジュンク堂書店藤沢店
▼年の瀬におきた二児同時誘拐。前例のない事件に振り回される警察、そして被害者家族。手に汗握るやりとりはまさに〝犯罪小説〟。…かと思いきや、事件の真相を知ろうと取材をすすめる記者がたどりついた〝本当〟は、血のつながりよりも濃い絆の強さと、切ないほど純度の高い愛情で溢れていた。この振れ幅の大きさに夢中になり、ノックアウト!

匿名／SuperKaBoS 鯖江店
▼子供は生きて帰ってきたが、多くの謎が残された誘拐事件。真実を追い求める記者が現地に足を運び、慎重に拾い集めた一つ一つの情報から見えてきた事件の真相。どうするのが正解だったのか、もっといい方法はなかったのかと思ってしまう。それでも、深い愛を持って彼を守った人々の存在があったから、最悪の結末を避けることができたのだと思う。

近藤綾子／精文館書店豊明店
▼二児同時誘拐という前代未聞の事件。身代金の受け渡しなど、緊迫感など臨場感がすごい。その後、未解決となっても、ずっと真相を追い続ける刑事と記者の執念。
　写実絵画から謎が解き明かされていく様は、とても芸術的。写実絵画の描写も素敵であった。何より、空白の3年間の真相が、怒濤の切なさと、愛情の深さに、胸を打たれて、涙が止まらなかった。
　1人1人の心理描写が丁寧で素晴らしい。

山中真理／ジュンク堂書店滋賀草津店
▼人は事実を知り、それを勝手な批判で埋め尽くしてしまう。そこには隠された優しく美しい真実があったかもしれないのに。何のために空白だったものを知りたいの

か。心を持った人が自ら足を運んで調べ、たどりついた真実に心が震え、涙が止まらなかった。離れても幸せを願いずっと見守っている。家族愛に尋常じゃなく、心が揺さぶられた。私には見えるあの家族の笑顔が。こんな小説が読みたかった。最高でした。

渡部彩翔／田村書店吹田さんくす店

▼人生でこんなに嗚咽しながら本を読んだのは初めてでした。涙があとからあとから溢れて、文字が見えずに何度も中断しました。

罪になる愛が、やるせなくて切なくて、心が追いつきません。

愛情ってなんだろう。家族ってなんだろうと繰り返し何度も考えます。

「人にはそれぞれの事情がある。」

それぞれの事情が明らかになり、文字通り言葉を失いました。

これほど感情がこみ上げるのに感想を書くのが難しいのは初めてです。

下手な感想では、心の震えが表現できません。雪についた足跡は、いつまでも私の心に刻まれて愛しいです。

亮の歩む人生は困難が多いけれど、亮をとりまく存在のすべてが今後も描かれ続けること、そこに亮の大切な人が集うことを願ってやみません。

絵を通して確かに結ばれた強い繋がりを、読後もずっと信じ続けたいと思います。

確かな愛を感じました。

匿名／広島県

▼見えなくてもそこにあるものは確かにそこに在る。周縁を丁寧に描くことで浮かびあがるその〝見えないもの〟の輪郭。作中で描かれる写実画と小説そのものがリンクしていく様が圧巻だった。芸術とはきっと、目に見えないけれど大切ななにかを伝えるためにあるのだと思う。本当に良い作品を読んだ。

河野寛子／未来屋書店宇品店

▼図書館で調べ物をする場面で、三十数年新聞社に勤めた門田がプロとしてなにか技を使った記憶がないとこぼすところがこの本の全体を物語るようで印象的だった。間違いを起こせる人間の事情をやるせないままに、最後の数行まで一気に読むことができた。

匿名／高知県

▼二児同時誘拐、超写実絵画、家族の数奇な運命。報道、捜査と虚実入り混じってラストの邂逅まで読む手が止まらない。仮の家族という不確かな形を確かな「存在」として感じ、それを描き、残したい。しかし、描けども描けどもその絵は本物の家族にはならない。超写実絵画で「存在」した家族を描く事は可能なのか？　しかし描き切れないからこそ、不完全であるからこそ、その「存在」が確かだったと思えてくるのではないか。「不完全だから信じられる」この言葉が強く響く。

宮崎晃太／未来屋書店・アシーネマリナタウン店

▼真実にたどり着くためのパズルのピースが頭の中でパチパチと小気味よく繋がっていく前半と最終的に真相がどうでもよくなる後半の情景に胸が熱くなりました。読了後に救われた気持ちになりました。面白かったです。

匿名／佐賀之書店

▼作者の強い筆圧で書かれた文章に圧倒されました。

作品へと傾けられた情熱が、文章を通して、読者の眼前に現実以上の姿で迫りくる。存在の輪郭がぼやけがちな現在へ、読者の心へ、メッセージを刻み込む作品です。

事件の光と陰影から浮き上がる、深い人間関係は素晴らしい。

第4位

スピノザの診察室

夏川草介／水鈴社

得票数◉1位48名／2位65名／3位44名
男女比◉男性35名：女性107名：不明15名

総得点 340点

小野亜紀／文真堂書店ビバモール本庄店
▼言葉の一つひとつに人を想うことの幸せがちりばめられていて、温かさに心が震えた。
　マチ先生のような医師に出会えたらとても幸せに思う。

　まだ見えない道の先で彷徨ってしまった時は、少しだけチカラをもらいにこの本を開きたい。甘いものを用意してマチ先生の言葉を聞いてみたい。

渡邉森夫／ブックマルシェ我孫子店
▼涙が止まらない、というとどうもウソくさくなってしまう。でもマチ先生の言葉には魂を揺さぶられてしまう。生きることの意味なんてほとんどの時間で考えることはないのかもしれない。目の前のことで精一杯な毎日だろう。私の幸せのかたちはこの作品を知る前と知った後では違っているような気がする。それほどにずしんと響く作品だった。

北川恭子／旭屋書店アトレヴィ大塚店
▼何度でも読み返したくなる、心に沁みる物語でした。人の在り方を考えました。温かな気持ちになり、希望と優しさを感じます。亡き父を想いつつ読み終えました。

飯田和之／書泉ブックタワー
▼凄腕の医師が家庭の事情から職場を変えることを余儀無くされる。こんなことが起きてしまうと働く側のモチベーションも失われてしまいそうだけど雄町先生はそんなことは全くなくて現在の勤務先の地域病院でもしっかりと自分なりの立ち位置を見付けている。異動がある度に環境の変化に慣れるまで時間のかかる自分は羨ましいことしきりだった。これからの人生のバイブルにしたい一冊。そして和菓子が無性に食べたくなる一冊。

中村有希／東京大学生協駒場書籍部
▼これまで自分にとって死は非日常だと思っていた。だけど京の季節を彩る銘菓と緊迫した医療現場がともに描かれる中で、普段自分が感じている日常と非日常は隣合わせであること、その日常を支えるために奮闘している人がいるということを改めて考えた。人にできることは限界があるけれど、その中で何がベストかを考え、行動しつづけることの大切さが胸に残った。

立木恵里奈／くまざわ書店南松本店
▼本当の幸せとは、生きるとはという正解のない問に考えさせられ、長年地域医療に携わる現役医師だからこそ描ける医師と患者の姿に胸を打たれました。
　医師自身も辛い思いや壮絶な経験をしているからこそ真剣に患者に向き合う事ができ、真剣に向き合っている事が患者にも伝わっているから、患者も文句を言いながらも医師を信頼し委ねる。

　この物語の中には医師と患者の強い信頼関係が存在し、悲しい出来事も生死を分ける緊迫の出来事も、全てを優しく包み込む温かさとユーモアがありました。

こんな医師たちがいる病院なら、医者や病院嫌いの人でも喜んで通院してしまうだろうなと思いました。

京都の名所と共に銘菓が沢山登場するので、読んでいて無性に食べたくなる甘党の人には大変危険な小説でもあります。

石田美香／AKUSHU BOOK&BASE

▼主人公は町の小さなお医者さん。大学病院での経験と腕を活かしつつ、地域診療に携わるマチ先生のふるまいや言葉、命との向き合い方は多くのことを問いかけてきます。病気に対して、人の努力というのは意味がないものかもしれません。でも病気だから努力が無意味になるわけではない。病気だから幸せになれない。そんなことは絶対にない。私もそう信じて生きてきたので、マチ先生の命との向き合い方に励まされました。目の前のことから逃げない、誰かのその姿に救われることもきっとあります。

片岡菜穂／未来屋書店松本店

▼マチ先生の患者さんに話す言葉がどれも胸にぐっとくる。深いテーマではあるけれどどこか肩の力が抜けるような包容力を感じる。急がずゆっくりいこう。京都の銘菓もどれも美味しそうで…！

細野志衣／三省堂書店名古屋本店

▼年齢による不調や慢性的な病で〝死〟というものが身近にある高齢者医療の現場にて、技術やデータだけでは測れない「人の幸せとは何か」を考えながら日々治療にあたる主人公。劇的な奇跡が起こるわけではなく、むしろ技術を以てしても救えない命の方が多い物語ではありますが、誰にでも優しく穏やかな「マチ先生」とのやり取りを経て、各々の患者さんとその家族が安らかに死と向き合いながら最期を迎えていく描写が穏やかで心に残りました。

森田洋子／コメリ書房鈴鹿店

▼病気に関して素晴らしい知識があり、決断力、判断力に優れているマチ先生。
でもその姿は飄々としていて物事を淡々とこなし、落ち着いています。

医師は患者を治すのがお仕事ですが、ただ治療するだけではなく最後まで人間として生きていられるようにマチ先生は優しさと希望を与えてくれ、立派に生きさせてくれる…そんな人間味のあるマチ先生の周りにいる人達もみんな優しくてあったかい。この雰囲気は読んでいて気持ちが安らぎました。力を抜いてホッコリしながら読めます。

京都のお菓子も美味しそうでお取り寄せを考えています。

中島友子／喜久屋書店姫路店

▼人生の終わりにもう一度読み返すであろう一冊になりました。医師である作者ならではの視点で描かれているが、ぬくもりも感じる作品でした。

中川清美／水嶋書房くずはモール店

▼命の限りを目前にした方の看取りに正解はないと思うのですが、この物語の中には今の私にとって正解に近い答えが書いてあるように感じました。親の看取りに直面した時や自分の最期の時期に読んでみたらその時の自分はどんな感想を持つのか、必ず読み返したいと思います。そして度々現れる甘味に心を奪われ検索しながら読み進めました。時間を作って聖地巡礼をしようと思っています。

徳網陽子／清風堂書店

▼現代社会の中で「自宅で看取る」という行為がいかに難しいことか。そして、その現場を支える医師の闘いを、リアルに描いている物語。
実際、去年父を自宅で看取った私は、医

者と患者の最後の日々、マチ先生の「お疲れ様でした。」の一言に涙が止まりませんでした。家族の想い、人の優しさ、強さに感動！　あらゆる世代の人に読んでいただきたい一冊です！

山道ゆう子／未来屋書店宇品店

▼「生」と「死」。

どちらにも真正面から向き合っていた。幸せだったと人生を終えることができる人がどれだけいるだろう。最期の瞬間まで自分らしくあろうとする気持ちを支えてくれる存在がどれほど心強いか。

懸命に生きる命にそっと寄り添い、優しい希望を注いでくれる。美しい京都の街並みを、今日も彼の自転車は駆け抜けていく。

そこに命がある限り。

自分の中で怖いものでしかなかった「死」に対しての考え方が少し変わった。

田中由紀／明林堂書店フジ西宇部店

▼医療は進歩し続けている。

それでも人間は、不治の病、老いによる体の衰えには勝てない。人間は無力で小さな存在なのだ。だからといって諦めるべきではなく、持てる力を惜しみなくできる限り使う。

そんな、スピノザという哲学者の精神を持って、自分が信じる医療を行っている医師、雄町哲郎。その腕は優秀な医師たちからも一目置かれている。

それだけなら、カッコいいヒーローなのだが、京都ならではの美味しい和菓子に目がないスイーツ男子なのだ。

そしてその彼を取り巻く、愛すべき仲間たちも、この医院の魅力の一つだ。

山崎裕也／明屋書店MEGA平田店

▼仮に私が書店員でなくとも今年一番他者に薦めたいと思う一冊だった。

柔らかく穏やかに、しかし心の奥底から「生きること・死ぬこと」を考えられる一冊。他者を嘲笑わず、嘆かず、呪わない主人公達が先の見えない世の中で他者と繋がる姿は多くの読者に静かな勇気を与えてくれると私は信じている。

宗岡敦子／紀伊國屋書店福岡本店

▼限りある命の中で、「生きる」とは、「生きていく」とはどのような事なのか。

「生」についての多くの問いが、胸の中にあふれました。そして、人間の本当の幸せは、生きた長さではなく、誰かとつながり、共に支え合い生きていく時間ではないかと、物語を通して深く感じました。

悲しみと苦しみの暗闇に包まれて、立ち行かなくなった人生の道を、ぽっと穏やかに照らしてくれる、やわらかな光のような物語。

最後の、あるメッセージを見た瞬間、涙がぼろぼろとあふれて、止まりませんでした。体の痛みを治療することが医療であれば、擦り切れた心を回復させるのは、相手を大切に想う優しさであり、温かな言葉である。そんな、これからもずっと大切にしたい、人の真心が生きていました。

きらめく生命が巡る、穏やかな呼吸を感じるような人間ドラマ。

まるで目に見えない奇跡に包まれ、心が浄化されるようでした。読後、温かな幸せな気持ちでいっぱいになりました。

匿名／石井書店

▼医療関係アベンジャーズとでも呼びたい、魅力的な医者や看護師などが登場。

ドラマになりそうな設定の中、主人公と一緒に「人の幸せはどこからくるのか」、最期を迎えるのに何が最善なのか、等を静かに思う。

背筋を伸ばして、自分の眼でみて自分で考えることの大事さも教えてくれる、静謐の中に熱い想いが込められた一冊。

第5位 レーエンデ国物語

多崎礼／講談社

得票数◉1位39名／2位40名／3位44名
男女比◉男性25名：女性85名：不明13名

総得点263点

高橋あづさ／未来屋書店名取店
▼この一冊にありとあらゆる感情が詰め込まれていたように思います。泣いたり笑ったりハラハラしたりイライラしたり…感情が胸の中で大洪水を起こしてしまいました。
　ふたりの関係がもどかしかったのですが、読み進めるたびに、一歩踏み込むことなく、しかし心の奥底で絆が深まっていくユリアとトリスタンにこれこそ純愛じゃないかと胸が熱くなりました。

　他のことが手につかず寝るのを忘れて没頭してしまう、こういうファンタジーを待っていました。

樋口ゆかり／岩瀬書店八木田店
▼世界観に引き込まれてどっぷり浸れるファンタジー。キャラクターも魅力的でいきいきとした生活や未来へ向けて力強く進んでいくシーンが印象的。だが、後半は不穏な空気と目まぐるしい展開で、ハラハラしながら読み進めました。これがまだ序章に過ぎず、続編の衝撃も大きかった！　レーエンデ国がどうなるのか続きも楽しみです。

河瀬裕子／柏の葉 蔦屋書店
▼窮屈な家から逃げるよう英雄の父と旅に出たユリア。
　レーエンデで出会う人々や過酷な環境の中で生きるための知恵、経験を重ね、信頼できる家族、友と出会い、恋をし次第に自分を見つけ出すユリア。

　自分の意思を貫くまでに強くたくましい大人に成長。

　そして、守られてた彼女に守りたいという気持ちが生まれていく。

　恐ろしくも美しいレーエンデの地。この大地を守るために戦う男たち。

　壮大で美しい物語。読書の醍醐味を贅沢に堪能した。今年、最も心が動いた一冊。

水上舞／未来屋書店春日部店
▼シャボン玉のように虹色に輝く泡虫、化石化した巨大な古代樹に住む人々、そして満月の夜に銀の霧とともに現れる美しくも攻撃的な幻魚たち…。想像するだけでわくわくが止まらない世界観。
　読みはじめてすぐにレーエンデの虜になりました。これぞまさに〝大人のためのファンタジー〟です！

荒山美月／山下書店世田谷店
▼カバーの雰囲気からは想像もつかない物語で、裏切られた感じがしました。読むにつれて心が高ぶり、読む手を止められませんでした。渦中となる人とそれを支える人たちの熱い物語だったとも思いました。また、物語の中では、様々な色が用いられていたように思います。例えば、金や銀、赤、青、黄など色鮮やかに表現された世界を読み、「レーエンデとはどんな場所なのだろう」と想像せずにはいられませんでした。加えて、本作は、小説が自分の知らない世界・時代・場所・次元へと導いてくれる素敵な存在であることを改めて教えてくれる

作品だったと感じています。さらに、どんな人生であっても、信じて前に進み続ける姿に勇気をもらいました。特に、最初は閉鎖的なヒロインが自分の役割を見つけ、力強くなっていく姿に励まされ、私もこんな女性になりたいと思えるような、刺激を与えてくれる作品でした。

藤田真理子／旭屋書店池袋店

▼これぞ読書の醍醐味と思えた、圧倒的王道ファンタジー。徹底して作られた世界観に没入していく感覚がたまらない。この作品には多くの勇敢な人たちが出てくる。ユリアの強さ、トリスタンの強さ、ヘクトルの強さ、強さの種類は異なってもそれぞれの熱さは同じだと感じた。物語を紡ぐ文章の美しさはもちろんのこと、装丁、挿絵など細部までこだわりが詰まっており、じっくり眺めていたくなる。

桐生澄江／蔦屋書店新発田店

▼美しくて恐ろしい国の住人になってしまいました…。

若い2人の深い愛情に涙し、熱い信念を燃やし尽くした英雄に涙し、救いがないと叫ぶ私を希望へ導いてくれた双子に涙しました。

一人でも多くの人に読んでもらい、砕かれて解かれていった想いや魂がどこに行くのか、レーエンデ国がどう変わっていくのか、自由が訪れるのか一緒に見届けてほしいです。

高橋杏奈／明屋書店喜田村店

▼読み終わるのがもったいなくてさみしくなる物語と出会ったのはいつぶりだろう。物語の世界にのめりこみ、真夜中に小さな明かりのもとで、大切に最後のページをめくったあの頃の気持ちを思い出す。

愛する人との子ども、大切な人と共に生きる未来、自分らしくいられる大好きな場所。手にできなかったものばかりに意識がいってしまいそうになる。こんなに胸が張り裂けそうな思いになるのなら、いっそ出会わなければよかった。そう思ってしまいそうになったけれど、どんな試練があろうとも互いに自分の身を投げ打ってまで守ろうとする彼女、彼らの姿を見て、それは違うと思い直した。失ったもの、手にできなかったものだけじゃない。それ以上に、出会えたからこそ手にできたもの、見えた景色があったんだ。愛する人、守るべきものがあれば人はこんなにも変われるのかと涙が滲んだ。

忘れられない一冊になりました。

渡部知華／TSUTAYAサンリブ宗像店

▼これは本気のファンタジー！　一度読み始めるともう、レーエンデから帰ってこれません。

普段ファンタジー作品を読まない人にも読んで欲しいですし、ファンタジー作品大好きな方は絶対に読んで欲しいです！

作り込まれた世界観と魅力的なキャラクター達の虜になるはず…！

作品の美しさと残酷さに打ちのめされ、続きが気になるけど、終わりがくるのも寂しい…ずっとずっと物語に浸っていたくなる、ものすごいパワーを持った作品です！　全員読んでください！

福島多慧子／紀伊國屋書店バンコク店

▼「革命の話をしよう」から始まるこの物語だから、手に汗を握るような展開や過酷すぎる運命に読む手が止まってしまうこともあった。でも革命を起こそうとする登場人物たちは止まらなかった。命をかけて人を愛すること、使命のために過酷な運命に立ち向かうこと、諦めないこと、人を信じること。「生きる」とはどういうことかがこの物語につまっていた。読み終えたとき、ただただ「すごいものを読んだ」という衝撃と感動でしばらく動けなかった。

第6位

黄色い家

川上未映子／中央公論新社

得票数◉1位40名／2位43名／3位35名
男女比◉男性31名：女性70名：不明17名

総得点 258.5点

鍋倉仁／戸田書店江尻台店

▼すごい小説だった。段違いに面白かった。人はある日突然にガラリと変わるのではなく、主人公のように少しずつ少しずつ、薄い色が混じっていくように、侵食されていくように変わっていくことの方が多いのだと思う。その過程がこれでもかこれでもかと丁寧に書かれていて、読むことを止められなくなった。

大竹真奈美／宮脇書店青森店

▼圧倒的リアルの中を突き抜けていく疾走感！　正義と正しさのはざまから迸る生きるエネルギー、垣間見える人間性。ただがむしゃらに生きていく中で、少しずつ染みが広がっていくように、悪に染まっていくスパイラルに、巻き込まれるように夢中で読んだ。自分たちが普段目にしている犯罪のニュースや報道は、事実の上澄みを掬っただけで罪の形を平面にしているのだろうと考えさせられた。そういう平らなニュースを立体化し、様々な角度から物事を見て問題を見据えたり、思考を深めて想像を広げたりしてくれるのが小説なのではと思う。血の通った人間を描き切った本作。笑えないような緊迫感も、なぜか笑けてきちゃうドタバタも、まるっと含めた人生のリアルを存分に味わえる最高傑作！

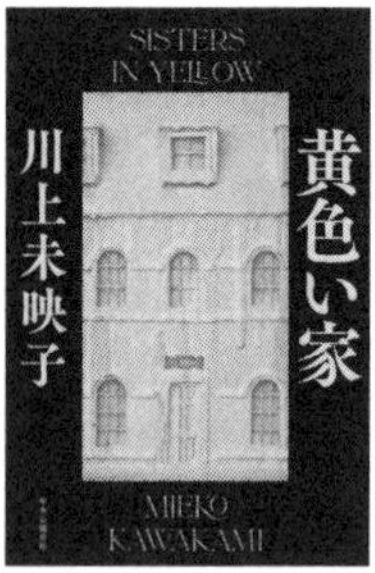

千葉遥／宮脇書店佐沼店

▼お金が全てではないといえど生きていくにはお金が必要で。選択肢が広がるし安心感が得られ、金蔓や金の切れ目は縁の切れ目など人間関係に絡んでくるお金。改めてお金ってなんなんだろう、なぜこんなに人を狂わせるのだろうと感じた。主人公や周りの人々の仕事や言動は確かに誇れるものではないのかもしれない、でもそれって何に対して？誰に対して？　やっていることは悪いことかもしれないけれどみんな悪人とは思えない。こうするしかない、誰も頼ることができない、たったひとつのやりたいことのために守りたいがために頑張っていたのにどんどん負の連鎖にがんじがらめになって迷信に病的に縋る姿も、そんな孤独な闘いにヒリヒリした。祈るように読み進め、ラストは涙が出た。

匿名／未来屋書店本社商品部

▼生きるためにはお金を稼がなければならない。手段を選ばなくなるまで追いつめられる人がいる。

　それが間違っていることも、歪な関係性と分かっていても、それでも幸せだった頃の記憶に、愛にすがってしまう。

　決して無関係ではない、真綿で首を絞められるような心地でした。

馬場あゆみ／精文館書店商品部

▼この物語はパンドラの箱だ。金という災厄に追い立てられ、蓋をした記憶の奥底からたった一つ残った希望を拾い上げる、そういう物語だ。死ぬまで生きるにはあまりにも膨大すぎる金が必要で、底辺に生まれ

ついた人間が選べる選択肢はさほど多くない。手段であるはずの金が目的と入れ替わった時、安全地帯であるはずの家、共同体は崩壊していく。それでも金の奥へ、金だけではない生の本質へ、残された唯一の良心、希望へ手を伸ばす。差し伸べた手が空回りしても、希望はそこにある。同じ共同体を維持することだけが、共に生きることではない。

藤井久美子／有隣堂藤沢店

▼生まれ持った特性や出自は自ら選んでいないのに社会の中での自分をいともたやすく規定してしまう。登場人物たちの連帯の美しさ、純粋さに心を打たれながらも、社会のゆがみをつきつけられたように感じ、苦しかったです。

齊藤多美／正文館書店知立八ツ田店

▼川上未映子はどこまで人間を愛しているのだろうかと思いました。まわりの空間がぐにゃりと曲がって見えるような気がするほど圧倒されました。

坂上麻季／紀伊國屋書店京橋店

▼大切なものを守りたくて、がむしゃらに働く花。何度も考えてしまう。いわゆる底辺で生きていることに、悪に堕ちてしまうことに、なにか理由が、分岐点があったのだろうか。

　彼女たちをとりまく、浮かんでは消える思いに、諦念を帯びた語りに、罵り合う口喧嘩に、はっと響く言葉が無数にあって、まるで自分が感じたことのように「分かる」と思ってしまう。気付けば私も「金」をめぐる焦燥に蝕まれている。すごい作品です。

橋本順子／くまざわ書店犬山店

▼花の心理描写がすごく細かくてリアルで、不安とか苦しさとか悔しさとか放心とか小説の世界と思えないほどに体感した。ずっしりと重く、今後私の中にずっと残っていく作品でした。

小屋美都樹／紀伊國屋書店梅田本店

▼黄色は彼女に何をもたらしたのかと考える。お金に、家に執着して変わっていく主人公の気持ちになぜか共感してしまう。苦しくてもがくほどに重い物語だと思う一方で、確かにあの家には人との繋がりがあり、あたたかさがあった。読む手を止められない、読み応えのある一冊。

山内葵生／Culture City 平惣タクト店

▼人情とお金、愛、友情、家族と、必死にもがきながら進む少女たちが、どうか幸せでありますようにと願いながら読んだ。何が幸せだとか、正解だとか、この世にそんな考え方は必要ない、生きるとはそういうことだと思った。

荒川俊介／金龍堂まるぶん店

▼文句なし、№1です。読後、黄色に対するイメージが変わった。

山中由貴／TSUTAYA中万々店

▼まじでこれは最高傑作……！　どんなにしんどくても面白くて面白くて何も考えられなくなるくらい没頭して苦しい。とにかく引きずり込まれて抜け出せなくなる圧巻の青春ノワール！　スリリングな展開のなかに川上未映子さんの繊細な描写がぴかりと光って、犯罪小説なのに愛おしくてたまらない。一文一文に生き生きした魂が宿っていて、ぴちぴち跳ねてる、それを捕まえては読んで自分のものにする。そんな読書でした。小説の持つ魔力って凄いなあと、あらためて心の底から思いました。

　もうほんっっっとうに心ぜんぶ持っていかれるくらい圧倒的な小説です。

南部知佐子／金高堂朝倉ブックセンター

▼久しぶりにずっしりと来ました。読んでる間じゅう苦しかったです。苦しくてもページをめくる手が止まらない、最後まで見届けないと、と思いました。

第7位

リカバリー・カバヒコ

青山美智子／光文社

得票数◉1位33名／2位34名／3位40名
男女比◉男性28名：女性69名：不明10名

総得点227点

匿名／福島県
▼読んだときちょうど、つらいときでした。読んでよかったです。重苦しい心を鎮めてくれました。
　誰かに本音をぽろりとこぼすことで現在地を確認し、苦しい気持ちがふっと楽になるときってありますよね。

　身近にもカバヒコがいてくれたらなあ…ってカバーをみるとカバヒコが微笑んでいた。ここにカバヒコいるじゃん！

　老若男女誰しもの心に響く、お守りのような一冊になること間違いなし。

匿名／群馬県
▼温かくふんわりとしたお話の中に、こちらの背中を優しく、でも力強く押してくれる言葉がたくさんあった。それぞれの章の主人公も、あらゆる世代の立場の違う設定で、多くの人に読まれて共感を得られるところだと思う。

中村江梨花／未来屋書店新浦安店
▼だから青山さんが大好きなのだ。もう何度目の正直になるかはわからないが、今度こそ、このカバヒコで本屋大賞は決まりだと思う。優しくてあたたかくて、大丈夫って安心させてくれる。だから私は青山さんが好きなのだ。カバヒコの愛くるしさがたまらないし、すべての読者がカバヒコを撫でたくなるはずだ。人生に迷ったり疲れたりしてしまったみんなに読んでほしい。カバヒコに癒されてほしい。

薄井みぎわ／くまざわ書店永山店
▼今年の一推しです。
　青山美智子さんお馴染みの繋がりのある連作短編、公園のとても古いアニマルライドのカバがさわった人の悪いところを治してくれる、という町内都市伝説？が人の心をあたたかく繋いでいきます。

　読み終わると心がほっとします。

　そして、連作短編というだけでなく、いままでのノミネート作品を読んでいると、ほかの作品との、時系列や同じ土地での繋がりがだんだん見えて来て、あれ、これあの作品のあの人だ！という発見が楽しくなってきました。

小出美都子／有隣堂トレアージュ白旗店
▼カバヒコ！　ちょっぴり剝げた塗装で町の人たちに勇気と元気を与えるその姿はさしずめ現代の「幸福の王子」とでも言うべきか。
　私も版元さんからいただいたポップを我が店のカバヒコとして文芸売り場にひっそりと置いている。もちろん一番に撫でさせてもらった。

　今日も明日も元気でいられますようにとたくさんのお客様がカバヒコと青山美智子さんの最高傑作であろうこの物語に触れてくれることを願っています。

山根麻耶／文教堂溝ノ口本店
▼電車で読みながら、いつの間にか、洟を啜っていた。涙が止まらなかった。あなた

はもうだいじょうぶだと、あたたかく包み込まれた気がした。別に何かがあったわけじゃない。ただばくぜんと、まいにちが不安だった。でもこれを読んで、もっと生きないとと思った。

　小説は、だれかの心を救うためにあると思う。この作品はまさに、みんなを救ってくれる小説だ。カバヒコがいて、クリーニング屋があって、街のひとびとは寄り添いあって暮らしている。ひとにはそれぞれ悩みがあるけれど、何気ないひとことでだいじょうぶになったりする。また明日も頑張ってみようと思える。日々は、ちいさな苦悶と悦楽の連続だ。みんな平気な顔して生きているけれど、生きることはけっこうむずかしいことだ。でも周囲には必ず、助けてくれるだれかの存在がある。この物語には、そんな仲間とカバヒコがいる。だからひとりでも多くのあなたに、読んでほしい。

山本銀平／AKUSHU BOOK&BASE

▼悩みにそっと寄り添ってくれる、少し踏み出す勇気をくれる一冊。

　自分の悩みに向き合った時、前に進むことができるのかと思わせてくれた。

　最後の章の最後の台詞がずっと心に残ってる。

匿名／三重県

▼日常の場で人が繋がっていること、それぞれにいろいろな思いを抱えながら生きていることを再確認させられる、そんな作品です。

元尾和世／未来屋書店高の原店

▼失敗した日々の今でも、きっと、誰も、カバヒコに会えてあの呪文を唱えたら、この先の未来は、新しい明日は取り戻せる。心がふっと軽くなる瞬間をこの物語は与えてくれる。大丈夫、きっと、大丈夫。

池畑郁子／ジュンク堂書店三宮駅前店

▼全ての人の心の中にいてほしい、それがカバヒコ。この話の一話一話、出てくる人たちの悩み事がとても身近だ。現実に経験したこともある。それだけに胸に刺さる。あの時ああしていれば、こう出来ていたら…と自分自身に置き換えて泣きそうになった。カバヒコに打ち明けることで自分の感情を整理出来て次にやるべき事が見えてくる。これからも自分が躓くことがあったらまたこの本を開いてカバヒコと話に来よう。

匿名／平和書店アル・プラザ京田辺店

▼心の栄養補給にぴったりの一冊で、一話一話読むごとに気持ちが解れていくようでした。

　読後からカバヒコがそっと心に住んでくれているような感覚があり、優しいのにとてもパワーがある小説だと思いました。

　一話一話は短めで読みやすく、各話で登場人物のつながりが見えてくる過程も面白いうえ、最後まで読むころには自分の悩みも少し軽くなったような心地になりました。ぜひ心が煮詰まったとき、枕元に置いて欲しいです。

藤田香織／ジュンク堂書店奈良店

▼カバヒコに出会うことによって自分の抱えていた悩みと向き合い前進しようとする様に心が温かくなりました。

　ちょっと心が疲れている時に読むと癒してくれてそっと背中を押してくれるお守りのような一冊です。

川本梓／BookYard.CHAPTER3

▼カバヒコにひき寄せられた人々のやさしさの連鎖が魅力的な物語。

　心に刺さったトゲが、誰かのちょっとした優しさでとけていく。

　私の心に刺さっていたトゲは、勇哉のお父さんの一言でスッととけていきました。

　生きていく中で何かにつまずいて立ち止まっている人に、一歩踏み出す勇気をくれる心のおくすりのような一冊でした。

第8位

星を編む

凪良ゆう／講談社

得票数◉1位16名／2位29名／3位44名
男女比◉男性29名：女性55名：不明5名

総得点
172点

稲垣美穂／コーチャンフォー新川通り店
▼大好きだった物語にまた触れられることが、ただただ嬉しい。物語全体を通して漂うじんわりとした空気が愛おしく、感情の合間を縫う様でふんわりと心の一番深いところに着地する言葉達。
　定期的に読み返したくなったり、ふとした時に物語を思い出して反芻する作品が個人的に凄い作品だと思っている。前作がまさにそうだった。そしてこの作品も。
　背表紙を見るだけで読後の幸福感を思い出せる宝物にまた出会えた。

堀恵理／書房すみよし丸広南浦和店
▼続編は一作目を超えられないという思い込みをやすやすと乗り越え、とてつもない感動と読書の至福をもらった。『汝、星のごとく』はこの作品をもって真に終わる。心が震えるとはこの事かと言うほどに登場人物ひとりひとりが愚かで懸命で愛おしい。ひとりでも多くに届けたい、傑作。

匿名／岩手県
▼『汝、星のごとく』のスピンオフであるが、どの短編も絶品であった。2年連続はと思うが、レベルが違う。

匿名／埼玉県
▼『汝、星のごとく』のスピンオフ。
　前作には描かれていなかった　登場人物達の過去や思いが丁寧に描かれている。
　自分の中の正しさが必ずしも正しくはないのだと改めて感じさせられました。

関彩／ときわ書房本店
▼読んでいてハッとさせられる言葉がいくつもある。ある時は煌めいて、ある時は胸に深く刺さる。
　読み終えて時間が経って、いずれ物語の細部を忘れてしまっても、この本の装丁やタイトルを見れば、煌めきと痛みがよぎるだろうな、と思う。消えない結晶を胸の底に残すような作品です。

近藤修一／BOOKSえみたす大口店
▼今まさに行われた権力との闘い。自分自身の尊厳を守る闘い。凪良先生の前作を読んでいなくとも涙がとめどなくあふれだしてくるでしょう。美しい小説とは、このような本のことをいうのでしょう。

石橋薫／新潟県
▼凪良先生には毎回心をわしづかみにされ揺さぶられてしまいます。
　今回は表題作「星を編む」で受けた衝撃を、しばらく引きずりながら生きました。そして考える。ただ物語を読むだけでなく、先を生きる力がもらえました。

名和真理子／興文堂平田店
▼『星を編む』を読むことで、『汝、星のごとく』の登場人物たちがより立体的に感じられる。
　『星を編む』を読み終えてから、『汝、星のごとく』のエピローグを読み終えた時、初めて読んだときよりもさらに物語の深部に触れたようで、震えた。『汝、星のごと

く』を読んだ方には、絶対に『星を編む』を読んで欲しい。そして、感じてほしい。物語は一つだけではない。物事は一つの側面だけでは語れないことを。一番星を空に見つけたとき、いつも暁海さんやみんなを想い、胸が苦しくなる。『星を編む』を読んだ今、その苦しさは少し幸せでもある。

中村めぐみ／平安堂伊那店外商センター

▼本編では悲しみや痛み、切なさを拾っていく物語でしたが、今回はそれをひとつひとつ、手放していく様な温かい短編集でした。

　暁海と櫂の物語を、ここまで読む事が出来てやっと本当の読了とする事が出来ました。

金澤成代／夢屋書店ピアゴ幸田店

▼前作「汝、星のごとく」のスピンオフ。

　様々な愛の形について考えさせられる作品。世間一般とはではなく、自分が思う生き方を選んでもいいという指南書にも思える。

小椋さつき／明屋書店厚狭店

▼前作のあの人達のその後を知りたいという欲求を満たして下さってありがとうございます。

　個人的に、編集者2人の関係性がとても心地よくて好きでした。

　むやみに恋愛に発展させず、あくまでも仕事上の仲間のポジションを貫いてくださったのが本当に良かったです。

増本美佐／フタバ図書TSUTAYAイオンモール福岡店

▼全ての本好きの人にこの本を読んでほしい。そして凪良先生の繊細で美しい文章を感じて欲しい。前作『汝、星のごとく』で気になっていた北原先生の過去。北原先生と暁海さんのあの後。丁寧に丁寧に書かれていて前作とセットで何回も読み返してしまいます。

佐伯敦子／文教堂平塚駅店

▼スピンオフなのに、なぜ、こんなに切ないのだ！　そして、心がざわざわ騒ぐのだろう。たくさんのカタチの家族がいて、いろいろな愛情がある。『汝、星のごとく』は、物語として終了しても、実際の私達の人生はそこからも長く続いていく。物語は、作り話とわかっていて、どこかで終わりがきて、何かしら着地し辻褄があうようになっているものだ。けれども、読み手は本当はその先の、本当の人生ならあったであろう何気ない過去を、そしてあるはずの近い未来を、どこからどうなったのか、それからどうなったのか、読みたいものではないかと思う。そうだ、どこかの誰かの人生のようにこの物語は、とても私達の心に響いてくる。巡り会い、時が過ぎ、家族がいて、そして、人生が流れていく。生きていくということは、きっとこのようなことなのだ。

清水和子／正文館書店知立八ツ田店

▼前作『汝、星のごとく』で北原先生に引っ掛かる謎があったが、今作でそれが解けて嬉しい。北原先生はかなり独特だけど芯がある。暁海と来たるべくして寄り添うことになって嬉しい。前作でも今作でも、誰もが仕事を持つ重要性をきちんと表現している著者は正しい。家庭のあらゆる理想像が崩れ去ったこの現実で大変意味を持つのだった。

藤井美樹／紀伊國屋書店広島店

▼読みたかった全てがありました。気になっていたあの人の過去、あの人たちの続きが。花火のように激しく生きた櫂がいなくなっても今生きている私たちは海のように穏やかに、時に激しい嵐がおそってきても、心が様々に揺れていく。この物語があって良かった。感謝でいっぱいになりました。

第9位

放課後ミステリクラブ

❶金魚の泳ぐプール事件

知念実希人／ライツ社

得票数◉1位26名／2位14名／3位28名
男女比◉男性28名：女性29名：不明11名

総得点148点

匿名／落合書店イトーヨーカドー店

▼知念氏らしい叙述とトリック。

児童書とは思えないようなトリックと描き方。しかし児童書らしく読みやすい。大人も子供も楽しめる一冊になっています。

私の推理は悲しくも外れました。

瀬利典子／明文堂書店金沢野々市店

▼シンプルに謎解きの面白さを楽しめるのがいい!! かわいいミステリトリオ、お約束にワクワク。子どもから大人まで、年齢を選ばず楽しめる。100年先まで読み継がれていく、人と人とを繋ぐミステリです。

匿名／大阪府

▼ミステリというと子どもに読ませるのは怖いと思われるかもしれないけど、子どもから安心して読める。

元々医療ミステリを書かれていた著者が初めての児童書に挑戦。

もちろん今までの読者もちゃんと楽しめる。児童書か…と思われてる方にこそ読んで欲しい。

井上哲也／高坂書店

▼ミステリ用語で、『ホワイダニット』(Why done it?) と云う言葉があります。「ホワイ」の文字通り『何故やったのか?』と云う犯人の犯行動機の解明を重視する作品の事です。

本作は正にこの『ホワイダニット』作品の傑作で、タイトルにもあります様に「金魚の泳ぐプール」が、重要な鍵となっております。

これは、作者からの挑戦状なのです!

老若男女問わず楽しめる「犯人当て」謎解きミステリになっていますので、しっかり推理して解き明かして下さい。

そして、本作の素晴らしさは、もう一つあります。

物語の面白さは勿論の事、著者の知念実希人氏と出版社のライツ社さんが、未来を担う『本好き』を作り出そうと云う想いを込めて、作品を創り出している所です。

小難しい事を述べるつもりは全くありませんが、子供時代に面白い本と巡り会えば『本好き』は必ず誕生しますし、そこから将来の『読書家』や『作家』が育って行くに違いないのです。

匿名／正和堂書店

▼小学生時代の図書の時間を思い出すような懐かしさがありました。

小学校高学年から読書離れが進むという話をよく耳にしますが、書店員としてもこの年代におすすめできる本を探し求めていました。

ミステリ作家で有名な知念さんが執筆しているのは嬉しいポイントです。

物語に殺人事件はなく、学校を舞台としたほっこりとした内容になっている点が、子どもにとっても共感しやすいのではと感じました。また、大人が読んでも充分に楽しめる内容であるため、親子で共通の楽しみを見つけられることも素敵だと思いました。

この年代が楽しめる書籍がもっと増えれば読書に興味をつなぎとめてくれる、きっかけにもなる一冊だなと思い1位に選びました。

匿名／兵庫県

▼子どもたちの一冊目としてふさわしく、さらにこの本を読んだ子たちが二冊目、三冊目と読書の世界を広げてくれるような本になっています。謎を解く楽しさを実感できる本格ミステリです。

匿名／正和堂書店

▼普段ミステリ作品を読まない私ですが、児童向けなら入門書として楽しめるかも？と思い手に取りました。

子ども向けとは言えトリックがしっかりしており、謎解きの楽しさを教えてもらえました。「読者への挑戦状」と出てきたときは、ミステリ初心者の私は「えっ！私が物語の中に入っている！」という錯覚さえ覚えワクワクしました。大人が読んでもめちゃくちゃ面白かったです。

執筆されたきっかけが「読書の楽しさを子どもに知ってほしい」という知念先生の熱い思いからだったと知り、ますますオススメしたくなります。なるほど、子ども向けに丁寧に配慮が行き届いており、優しさに包まれているのは、この思いからなのかと納得しました。

武原勝志／WAY書店和歌山高松店

▼知念さんが手がけた児童向けのミステリ作品。児童向けと侮ることなかれ、「読者への挑戦」がまさか盛り込まれていようとは。ミステリ好きの大人も楽しめる内容でしたし、子どもたちはもちろん、普段本をあまり読まない大人にもオススメしたい作品でした！

本屋大賞で児童書って珍しいと思ったらやはり初のようですね。ではなぜ？と思い調べてみるとライツ社さんは子どもたちへの想いで立ち上げられた出版社で、知念さんが賛同しこちらから出版なさったようで、素敵な取り組みだなと思いました。

元々知念さんファンですし、ライツ社さんも応援しています！　これこそ本屋さんが売りたい、届けたい本No.1です！

八田美志／廣文館フジグラン高陽店

▼若者の読書離れが叫ばれ続ける昨今、如何にして子どもたちを読書に親しんでもらうか。それは本屋で働く我々にとっても、長年にわたる大きな課題だった。だからこそ、エンタメ小説界で快進撃を続ける著者が、この問題に対して真っ正面から向き合う本作を発表したことはとても嬉しい衝撃だった。著者が得意とするミステリーの分野を通して、物語にのめり込み、堂々と謎に挑み、最後には驚きと達成感を味わってもらう。そのために様々な要素をそぎ落としながら、それでもエンタメの軸を失わずに突き進む物語は、まさに職人技。この一冊が、小説を読む楽しさを子どもたちに知ってもらうための大きな希望になってくれれば、一介の書店員として、読書家の端くれとして、これ程に嬉しいことは無い。

伊藤清香／廣文館三原宮浦店

▼この作者さんなら児童書も面白いに違いない!!と読んでみたら、期待をかるーく超えられてしまった。すっごい面白い。どんな相手にもオススメしやすい。あとがきも良き。続編も読んだし続きが楽しみです。

矢儀晋一／明屋書店東岐波店

▼いやはや参った。児童書だからと高を括っていたら予想外の「あれ」にビックリ。小学生探偵に負けてなるものか！と大人げない対抗心が湧き、問題編をじっくり読み返したがあえなく降参。この面白さは親御さんのほうが夢中になるかもしれませんよ。

第10位 君が手にするはずだった黄金について

小川哲／新潮社

得票数◉1位10名／2位23名／3位37名
男女比◉男性18名：女性37名：不明15名

総得点 131.5点

圓子楓太／コーチャンフォー新川通り店

▼『ムーン・パレス』や『グレート・ギャツビー』なども登場する、まさしく小説が好きな人のための小説！　小説を読むということ、そして小説を書くということはいったいどういうことなのか。たくさんのコンテンツで溢れる現代において小説でしか表現できない、小説を読む喜びを思い出させてくれる作品です！

七戸祥希／未来屋書店碑文谷店

▼作者自身の現実にあった話なのか、はたまた作者自身を主人公に見立てて創作したフィクションなのか。

どちらともとれる絶妙なバランスで構成されていて、不思議な感覚を味わいながらもすごく入り込んで読んでいました。

誰しも人に認められたい、何者かでありたいという思いが心のどこかにあるものだと思っていますが、その思いが強すぎると、どう表面化していくのか…。

物語の中の登場人物のような風にはならない様にしなければと思いつつも、自分の中にも承認欲求の化物が潜んでいるかもしれない…などと色々考えさせられました。

藤川紀子／コーチャンフォー旭川店

▼主人公が特別何かするわけでなく、その間に考えていることが絶え間なく流れ、渦を巻き、思わぬ方向に進んでいくのが兎に角面白かった。プルーストのマドレーヌ並みに何かに誘発されては思い出しているあれこれ、野球のくだりなど爆笑した。本来爆笑するような小説ではないはずなのであるが、何を見ても思索してしまう人特有の引力みたいなものがあって。その一連の思考の中で、結局自分が小説を書くとは何なのかが浮き沈みする様も、読んでいる側には更にその小説を読んでいる自分が俯瞰されておかしな感じがする。こうして主人公が考えている事を書き連ね、これだけ小説が豊かで面白いって、一体何なんだ。と思った。やっぱり小川哲、物凄く面白い。

鶴見祐空／紀伊國屋書店西武東戸塚S.C.店

▼タイトルにもなっている〝黄金〟について語られることが多いけれどこの短編集は全部いい。すべてに共通しているのは自分がわからないと思うことに対して心を開いて頭を使って理解しようと愚直に向き合っている姿勢だと思います。その対象が、自分自身だったり、震災が起こる前日だったり、占い師だったり、偽者のトレーダーや漫画家だったりするのだけれど、とにかく全編通して理解しようという気持ちに上品な情熱があって読んでいるうちに泣けてきます。人生でわからないことは全部「クイズ」であり「ミステリ」なんだと思います。それを解き明かそうとする著者の熱量ほど読者を熱くさせるものはない。そして、この作品の「クイズ」は小川さん自身の人生から生まれてきているもので解答が

ないからこそ奥深い作品になっていると思います。僕はこの小説がほんとに好きで気に入っています。

飯田正人／くまざわ書店営業推進部

▼小川哲と思しき主人公が承認欲求の塊ともとれる、ちょっとミスリーディングで露悪的な帯になっていますが、わたしはこれは虚構にまみれた世界に対して、小説家である主人公が「本物の虚構」である小説だけを武器に、一人称単数で内省していく密やかな小説だと思っています、とても面白かったです。

匿名／愛知県

▼昨年の本屋大賞ノミネート「君のクイズ」では、当店でも沢山の人にお手に取ってもらえた。

　本作は、その小川哲さんが主人公の私小説らしい…という事で、気になっている方を店頭でよく見かけます。

　私も最初はそれがキッカケ。読後はこれはどこまでが実体験でどこからが虚構なのか？　そもそもこれは「小川哲」本人なのか、それとも作られた「小川哲」なのか？

　…なぁーんて事に気を取られるのは野暮だなと感じた。

　この曖昧さが楽しい。読書の醍醐味なのではと思う。内容も読者の周囲に居なそうで居そうな人達なのが、読者にとって入り込み易い気がする。

　嘘に翻弄され、そこに隠された真理に触れて心を揺さぶられる読書体験が出来る本作。小川哲さん、気になっているけれどまだ読めていないという人にオススメしたい作品。

柴田真奈美／紀伊國屋書店愛知産業大学ブックセンター

▼承認されたいのは悪いこと？　自分が心底手に入れたいものはなんなのか。私が小説をこよなく愛する理由とは？

　難しくも愛しいテーマが盛りだくさんで、取り残されないよう夢中で読み続けました。登場する個性的な友人や知人の曲者っぷりに笑いが止まらない中、共感するところが1ミリもないのかと問われれば内心そうでもない…非常に複雑な心境でした。

　全編通してとにかく会話が最高です。主人公＝小川さんの口調、言葉の選び方、視点、行動…どれも良き！　自分を俯瞰的に見つつ本音を隠さない一面も人間らしくてとても魅力的。これは好きになっちゃいます!!

　そして「小説」ってやっぱりいいっ!!　改めて感じました。人生の何気ない瞬間を集めたり、壮大なドラマが繰り広げられたりする物語たち。そんな虚構の世界に浸ることのできるワクワクは最強で、何にも代えられません。

匿名／平和書店アル・プラザ香里園店

▼小説であることを忘れてしまう、まるでエッセイのような物語。

　主人公の名前も「小川」と著者と同じであり、これは実体験を基に書かれたのかどうなのか…と想像してしまう。

　承認欲求が強い人々が描かれ、どこか「イタい」と思いながらも、自身にそのような部分はないかと疑ってしまう、そんな読書体験ができた。

玉井美幸／明屋書店営業本部複合商品課

▼学生の頃、自分が本当に良いと思って書いた文章が全く認められず、嘘八百でしょうもないと思って書いた文章がやたら褒められるということがしばしばあった。才能って、他人の評価って何なんだ？　昔の私は考えることを放棄したが、創作を生業とする人物はこの問いと向き合わざるを得ない。どこまでを本物として、どこまでを偽物として描くか。本作のつくりそのものと同じだ。

2024年本屋大賞 都道府県別 投票者数データ

巻頭ページでお伝えしたとおり、本年は秋田から初めて1次投票、2次投票とも一人ずつの参加があり、本屋大賞は名実ともに「全国書店員が選んだ」賞となったが、実は「全国」だったのは1次投票だけ。2次投票は1次投票で二票だった山形がゼロ票だったため、残念ながら四十六都道府県にとどまったのである。完全制覇は来年以降に持ち越しとして、あらためて本年の都道府県別投票者数に目をむけると、左ページの表のとおり東京が1次、2次ともトップで、二位が大阪、三位が神奈川。1次は僅差で兵庫、愛知、埼玉、北海道と続くが、2次は四位以下が埼玉、愛知、福岡、北海道、千葉と変わっている。

当然のごとく人口が多く、書店数も多い地域からの投票が多い一方で、広島（1次＝二十九人、2次＝十五人）、徳島（二十二人、十八人）、愛媛（二十七人、十七人）等、中国四国地方からの投票が多いのも例年同様の傾向だが、この三県とも2次投票の歩止まり率が高いのは特筆すべきだろう。ノミネート作十作を全作読んで、かつすべての作品にコメントを書かなければならない2次投票はきわめてハードルが高く、たとえば兵庫のように1次が五十三人ながら2次では十五人と、投票者数が大きく減ってしまうケースも例年は少なくないのである。

ところが、今年は表を見ていただければおわかりいただけるように、1次と2次との差が少ない県が多く、1次の半数以上の投票者が2次にも投票している県が八割以上に上っている。なかでも青森（1次＝七人、2次＝六人）、福井（七人、六人）、山梨（五人、四人）、静岡（十七人、十四人）、鳥取（五人、四人）、高知（九人、八人）等は歩止まり率が八十%超。投票者数こそ少ないが、奈良、宮崎、佐賀（いずれも二人、二人）は百%！　1次投票が一人だった秋田、鹿児島、沖縄、海外から2次投票へも確実に一票が投じられたのは心強い。こういう熱心な書店員に本屋大賞は支えられているのである。

ちなみに大賞受賞作『成瀬は天下を取りにいく』の2次投票結果を都道府県別にみると、得票率百%だったのは地元・滋賀（四人中四人が投票）のほか、山梨（四人）、熊本（二人）、秋田、鹿児島（各一人）の計五県。千葉（十九人中十六人）、新潟（六人中五人）でも八十%を超えているが、関西圏での得票率が意外に低かったのは、逆に言えば『成瀬』が単なるご当地本ではなく、広く受け入れられている証左となるだろう。

2024年本屋大賞／1次・2次全投票者集計データ

都道府県	1次投票	2次投票
北海道	35	19
青森県	7	6
岩手県	8	4
宮城県	7	4
秋田県	1	1
山形県	2	0
福島県	11	5
茨城県	5	4
栃木県	10	7
群馬県	8	4
埼玉県	41	27
千葉県	27	19
東京都	84	52
神奈川県	54	32
新潟県	10	6
富山県	6	3
石川県	8	5
福井県	7	6
山梨県	5	4
長野県	11	8
岐阜県	5	1
静岡県	17	14
愛知県	52	27
三重県	4	2
滋賀県	10	4

都道府県	1次投票	2次投票
京都府	9	5
大阪府	63	39
兵庫県	53	15
奈良県	2	2
和歌山県	7	3
鳥取県	5	4
島根県	3	2
岡山県	8	4
広島県	29	15
山口県	13	10
徳島県	22	18
香川県	3	1
愛媛県	27	17
高知県	9	8
福岡県	24	20
佐賀県	2	2
長崎県	4	3
熊本県	5	2
大分県	8	4
宮崎県	2	2
鹿児島県	1	1
沖縄県	1	1
海外	1	1
集計	736	443

2次投票にみる
全国投票者分布図

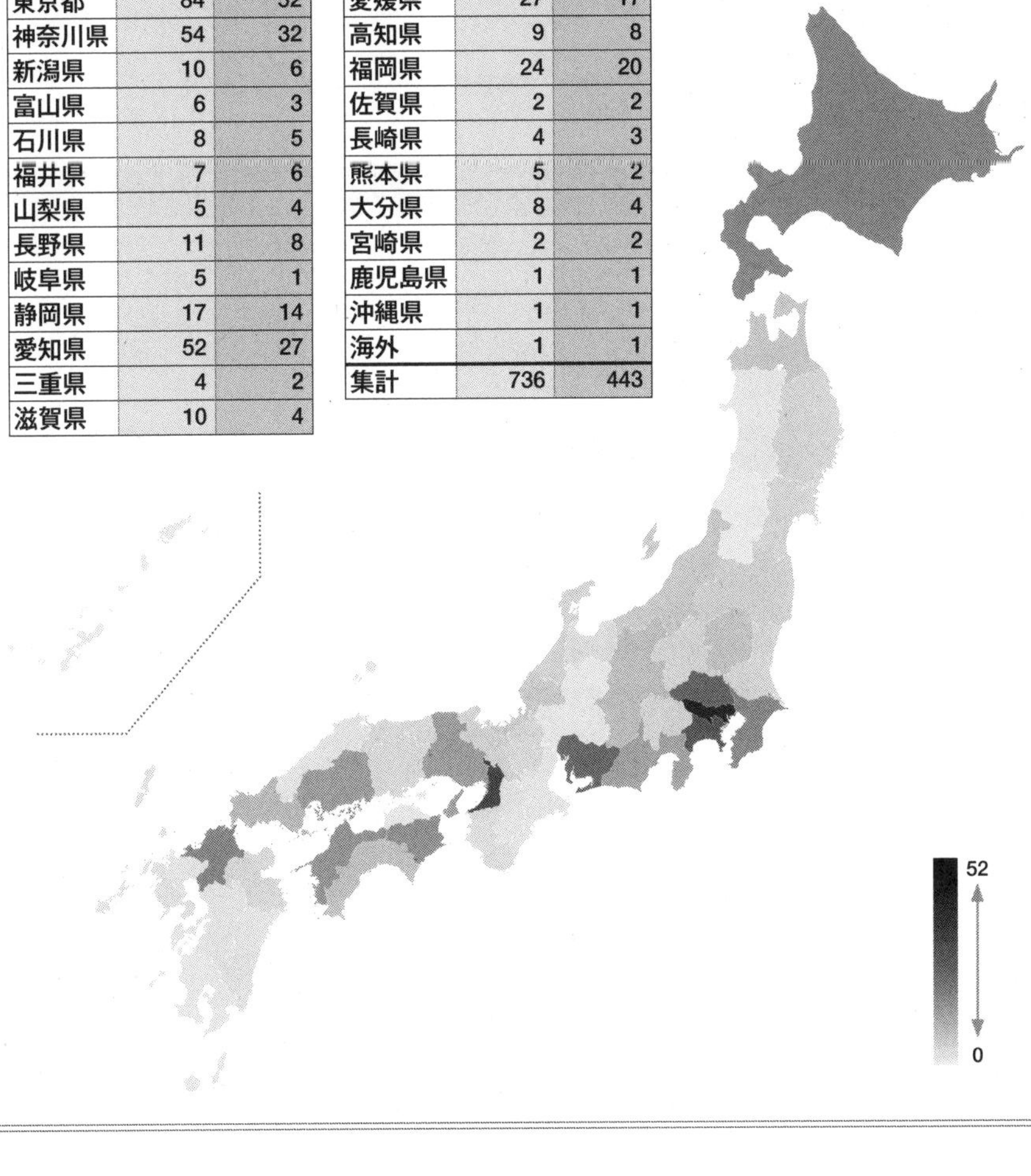

本屋大賞　歴代ベストテン 2018-2023

第20回 2023年

大賞『汝、星のごとく』凪良ゆう／講談社

❷位『ラブカは静かに弓を持つ』安壇美緒／集英社
❸位『光のとこにいてね』一穂ミチ／文藝春秋
❹位『爆弾』呉 勝浩／講談社
❺位『月の立つ林で』青山美智子／ポプラ社
❻位『君のクイズ』小川 哲／朝日新聞出版
❼位『方舟』夕木春央／講談社
❽位『宙ごはん』町田そのこ／小学館
❾位『川のほとりに立つ者は』寺地はるな／双葉社
❿位『#真相をお話しします』結城真一郎／新潮社

第19回 2022年

1 同志少女よ、敵を撃て　逢坂冬馬

②赤と青とエスキース　青山美智子
③スモールワールズ　一穂ミチ
④正欲　朝井リョウ
⑤六人の嘘つきな大学生　浅倉秋成
⑥夜が明ける　西 加奈子
⑦残月記　小田雅久仁
⑧硝子の塔の殺人　知念実希人
⑨黒牢城　米澤穂信
⑩星を掬う　町田そのこ

第18回 2021年

1 52ヘルツのクジラたち　町田そのこ

②お探し物は図書室まで　青山美智子
③犬がいた季節　伊吹有喜
④逆ソクラテス　伊坂幸太郎
⑤自転しながら公転する　山本文緒
⑥八月の銀の雪　伊与原 新
⑦滅びの前のシャングリラ　凪良ゆう
⑧オルタネート　加藤シゲアキ
⑨推し、燃ゆ　宇佐見りん
⑩この本を盗む者は　深緑野分

第17回 2020年

1 流浪の月　凪良ゆう

②ライオンのおやつ　小川 糸
③線は、僕を描く　砥上裕將
④ノースライト　横山秀夫
⑤熱源　川越宗一
⑥medium 霊媒探偵城塚翡翠　相沢沙呼
⑦夏物語　川上未映子
⑧ムゲンのi　知念実希人
⑨店長がバカすぎて　早見和真
⑩むかしむかしあるところに、死体がありました。　青柳碧人

第16回 2019年

1 そして、バトンは渡された　瀬尾まいこ

②ひと　小野寺史宜
③ベルリンは晴れているか　深緑野分
④熱帯　森見登美彦
⑤ある男　平野啓一郎
⑥さざなみのよる　木皿 泉
⑦愛なき世界　三浦しをん
⑧ひとつむぎの手　知念実希人
⑨火のないところに煙は　芦沢 央
⑩フーガはユーガ　伊坂幸太郎

第15回 2018年

1 かがみの孤城　辻村深月

②盤上の向日葵　柚月裕子
③屍人荘の殺人　今村昌弘
④たゆたえども沈まず　原田マハ
⑤AX アックス　伊坂幸太郎
⑥騙し絵の牙　塩田武士
⑦星の子　今村夏子
⑧崩れる脳を抱きしめて　知念実希人
⑨百貨の魔法　村山早紀
⑩キラキラ共和国　小川 糸

1次投票結果

全国書店員が選んだ いちばん!売りたい本 2024年本屋大賞

1次投票全結果 PART 1 11位▶30位

順位	作品名	作家名	出版社	合計点	総得票数	1位	2位	3位
1	成瀬は天下を取りにいく	宮島未奈	新潮社	519	211	117	54	40
2	放課後ミステリクラブ 1金魚の泳ぐプール事件	知念実希人	ライツ社	186.5	74	48	7	19
3	水車小屋のネネ	津村記久子	毎日新聞出版	168.5	68	38	19	11
4	星を編む	凪良ゆう	講談社	148.5	61	33	15	13
5	レーエンデ国物語	多崎礼	講談社	132.5	58	24	19	15
6	リカバリー・カバヒコ	青山美智子	光文社	132	60	20	24	16
7	黄色い家	川上未映子	中央公論新社	126.5	57	21	19	17
8	君が手にするはずだった黄金について	小川哲	新潮社	90.5	47	8	16	23
9	存在のすべてを	塩田武士	朝日新聞出版	86.5	38	15	14	9
10	スピノザの診察室	夏川草介	水鈴社	84	38	13	15	10
11	なれのはて	加藤シゲアキ	講談社	83.5	38	14	11	13
12	Q	呉勝浩	小学館	79.5	36	14	9	13
13	この夏の星を見る	辻村深月	KADOKAWA	78	34	13	15	6
14	宙わたる教室	伊与原新	文藝春秋	71	35	8	13	14
15	近畿地方のある場所について	背筋	KADOKAWA	64.5	31	9	9	13
16	禍	小田雅久仁	新潮社	63	30	8	12	10
16	世界でいちばん透きとおった物語	杉井光	新潮文庫nex	63	32	7	9	16
18	夜明けのはざま	町田そのこ	ポプラ社	59	26	10	10	6
19	アリアドネの声	井上真偽	幻冬舎	50	25	5	10	10
20	地雷グリコ	青崎有吾	KADOKAWA	49.5	21	9	9	3
20	ゴリラ裁判の日	須藤古都離	講談社	49.5	25	4	12	9
22	可燃物	米澤穂信	文藝春秋	48	25	3	12	10
23	歌われなかった海賊へ	逢坂冬馬	早川書房	47.5	21	8	8	5
24	半暮刻	月村了衛	双葉社	43	17	10	5	2
25	777 トリプルセブン	伊坂幸太郎	KADOKAWA	41.5	21	4	8	9
26	ぎんなみ商店街の事件簿 Sister編	井上真偽	小学館	41	20	4	10	6
27	ヨモツイクサ	知念実希人	双葉社	38	18	5	7	6
28	まいまいつぶろ	村木嵐	幻冬舎	37.5	16	7	6	3
28	八月の御所グラウンド	万城目学	文藝春秋	37.5	17	6	6	5
30	眠れない夜にみる夢は	深沢仁	東京創元社	37	17	5	8	4

11位 なれのはて
加藤シゲアキ／講談社

83.5点

鈴木智春／CHIENOWA BASE
▼無名画家の一枚の絵の謎を追ううちに、明らかになっていくある一族の歴史。大正から令和へと、点と点が繋がり、しだいにはっきりと線が浮かび上がる壮大なストーリーに鳥肌が立った。そして、ラストの余韻のままカバーの下をめくると、また深いため息が漏れる。圧倒的熱量に胸がいっぱいだ。

瀬利典子／明文堂書店金沢野々市店
▼400ページ超えを読ませる力。込められた熱い熱い思いを伝える力。そして、生き抜いていくために大切なことを教えてくれた繋ぐ力。
　たった一枚の絵から広がり、複雑に絡み合った先を、最後に残ったもの、私たちへの問いを目で確認して欲しい。

小出美都子／有隣堂トレアージュ白旗店
▼戦争によって引き裂かれた恋人、残された人々の苦悩、過去も現在も終わらぬ苦しみが作品自体は決して声高に叫んでいるわけではないのに戦争というものの悲惨さをじわじわとわたしたち自身に考えさせる。
　読み終えて数ケ月経つ今もわたしは答えを探している気がする。

　深い哀しみも熱を帯びた思いも全てが自分の掌のうえに載っているような、強さや柔らかさ、それさえも直に触れているような圧倒的な本の力を感じさせられる作品。

「一冊の本が持つ力」それこそがわたしたちが求めてやまないものではないでしょうか？

匿名／平和書店アル・プラザ香里園店
▼一枚の「絵」から始まるミステリ。軽く読み始めてみたが、ページをめくるたびにどんどん引き込まれていった。
　悲劇、正義、後悔、一枚の絵に秘められた真実が重く、悲しく、心が痛く感じましたが、最後は温かい気持ちになれました。

　戦争、家族、仕事、人間関係…個人の想い・恋・真実などが分かるたびに没頭していき、何度胸が熱くなり涙した事か。

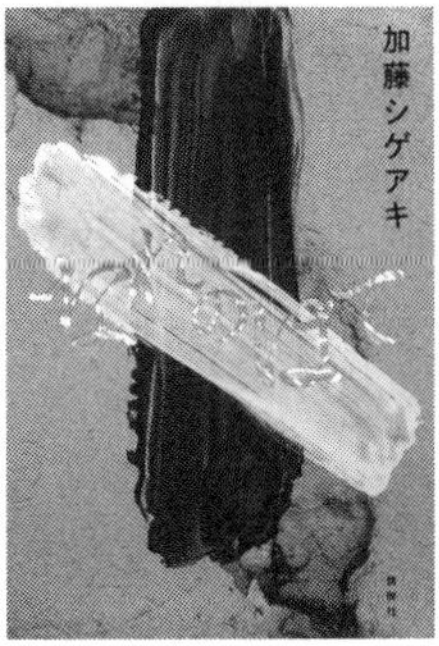

　一気に最後まで読みたくなってしまう1冊です。そして読み終えた今、また初めからじっくりと読み始めたくなります。

12位 Q
呉勝浩／小学館

79.5点

加藤京子／蔦屋書店熊谷店
▼凄まじい！　もう、その一言。善も悪も、美も醜も、愛も憎も、全てパンパンに詰まっています。作中から挑んで来る問いは、まさに容赦無く襲いかかられるよう。読後、無傷なことが不思議ですらありました。

藤田真理子／旭屋書店池袋店
▼何を求めて本を手に取るのか。それが刺激であるなら、迷わずこちらをおすすめしたい。暴力や薬、殺人といった凄惨な世界の渦の中心にいる少年、人を狂わせるほどの才能を持ったQの虜になった。この静と動が入り交じった興奮を一人でも多くの人と共有したい。

匿名／ジュンク堂書店名古屋栄店
▼Qという1人の青年にあり得ない数の人間が惹かれ、欲望に突き動かされ、全てを捧げようとしているのに対して、Qの思考が全く見えてこないのは恐ろしく、けれどその空の状態も、Qの一挙手一投足や目線

と同じように人々を惹きつける要因で、これは神だと認めざるを得ない程の強制力に狂気の面白さを感じました。

元々狂気を抱えていたのか、Qによって狂気的に変えられてしまったのか。皆一様に〝日常〟を手放してしまうほどの魅力は実際どんなものなんだろうと、誰かとQの目が合うたび、Qの体が動くたび、気になって気になって仕方なくなります!

坂上麻季/紀伊國屋書店京橋店

▼まるで、最前列でステージを見ているかのよう。脳内にあふれる強烈な音と光、広がっていく躍動。何を犠牲にしても仕方ないと思わせられる、圧倒的な才能。
義姉のロクとハチを筆頭に、出てくる奴ら、誰ひとりマトモじゃない…! そんな彼らを巻き込み、生き方さえも変えてしまう、天性のスター、キュウ。

一歩踏み外せば即ゲームオーバー、Qに人生を賭けた彼らの行き着く先は、世界の頂点か、破滅か。

見届けるまでいっときも目が離せない!

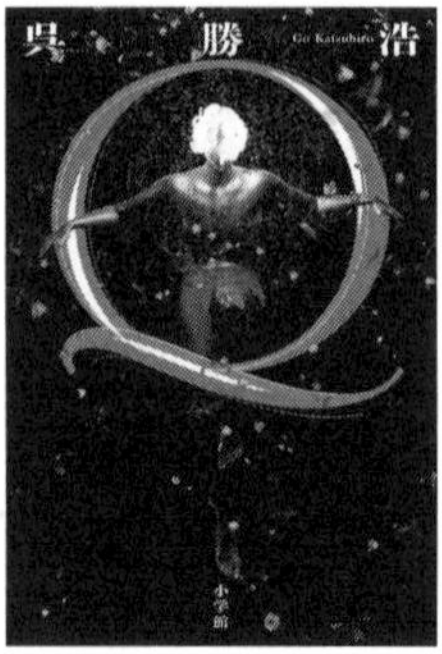

13位 この夏の星を見る

辻村深月/KADOKAWA

78点

木村美葉/コーチャンフォー新川通り店

▼心をぎゅっとつかまれました。何度も何度も泣きました。
みんなが経験したあの夏のこと、たくさんのことを、「どうしようもない」とあきらめた季節のことを、優しい物語が包んでくれます。

「あきらめなくていい」という先生の言葉がどんなにその背中を押しただろうか。皆が見上げた星たちの美しさはどんなだろうか。一つの物語が、一つのシーンが、様々な人の心を動かしていきます。

勇気をもらえる、そして笑顔になれる素敵な小説です。

鈴木沙織/ジュンク堂書店藤沢店

▼コロナ禍で生活が一変した中高生を中心としたお話。突然、どんどん〝普通〟がなくなる日々への不安や、それでも、自分達が〝今ここに居る〟ことを表現したいガッツのある姿勢が、とても読みやすくて作品にのめりこむような没入感が心地よかった。
違う場所にいても、空は同じだと思えたり、ずっと、何があっても変わらないものの象徴のようだった星も、実は移り変わっていく真実を知ったり、読めば読むほど天体への興味関心がどんどん刺激されて、登場人物たちと一緒に天を仰いでいるような気持ちになれます。

『絶対に、できてほしい。これ以上、私たちから何も奪わないでって感じ』の言葉には涙し、最終章のえー!そうだったのぉー!の読み終わった人だけの連発サプライズには驚きが渋滞しました。〆の『この夏の星に向けて、皆が、今、空を見上げる。』の言葉が胸にしみます。

間違いなく自分の中での一推し作品。

井村有希/未来屋書店明石店

▼どこにぶつければいいかわからない理不尽な悲しみや怒りをこの物語が掬い救ってくれた。
今もなお続く生活で得たものが何もなかったとは思わない。

今しか残せない、今だからこそ推したい。

当たり前が当たり前でなくなったあの春、あの夏、あの秋と冬を経験したすべての人に贈る希望の物語。

きっと何年後何十年後も、何度も何度も私は読み返すのだろう。

丹下誠之／明屋書店喜田村店

▼本当に一緒に部活をしてる気持ちで読み進め、45歳のおっさんはまだまだ学生でいたいと読み終えたくなかった。

でも彼らとは空を見上げればいつでも繋がっていると思っている。

奇跡みたいな1年間なのかもしれないが、出会うべくして出会えたみんなだ。

「『しばらくはそれもいい』なんてことはない」、と言ってくれたヨーコちゃん、高校生にむけて「『好き』な気持ちと一緒に大人になって」とメッセージをくれた花井うみかさん、などなど出てくるみんな大好きだ。

この本を学生のときに読んでいたら絶対スターキャッチコンテストができる部活を立ち上げていただろう。それがリアルに可能ないまの学生さんたちが羨ましい。

14位 宙わたる教室
伊与原新／文藝春秋

71点

古川博／西沢書店大町店

▼伊与原さん作品はどれも好きだが、いつの時代でも可能性にかけて挑戦する姿は胸を打つ。ブルーハーツを勝手に感じています。

竹村真志／三省堂書店成城店

▼読み終えた瞬間、「今年の一冊に出逢ってしまった」と感じた。第一章から胸が熱くなって、ぼろぼろと熱い涙が溢れた。

「知りたい」と思う心が、「変わりたい」と願う気持ちが、自分だけでなく、周囲をも動かしていく。真っ直ぐな想いがみんなを結び、章を追うごとに仲間が増えていく展開は、さながら王道のRPGのようで、とても胸が躍った。

はみ出し者たちが夜空に描く私を叶える物語が辿り着く先を、どうか一緒に見届けて欲しい。

そしてなんと、これは実話を基にした小説だという！

何かを頑張るコトに、遅すぎるなんてない。迷える人、悩める人、暗闇でふさぎ込んでいる人たちに寄り添い、背中を押してくれる、沢山の人に届けたい物語だった。

奥田祐子／くまざわ書店辻堂湘南モール店

▼定時制高校を舞台に、さまざまな事情を持つ生徒たちが集い、科学部で火星を作る実験に挑む。もうこれだけで萌え萌えなのだ。何かに打ち込む姿は泣きそうに愛おしい。孤独に荒野を進むオポチュニティの轍は私たちの後ろにもあって、歩んできた道は振り返ればそこにある。遅すぎることはない。やりたいことを信じて進め。

山崎美代子／フタバ図書TSUTAYA GIGA祇園店

▼伊与原先生の作品はいつも心がぽっと温かくなり読後幸せな気持ちになりますが、今回は今までに増して読後の多幸感がすごかったです。ページをめくった瞬間から物語の中に惹き込まれ夢中になって読んでいました。読み終えてしまうのがもったいなく感じる小説に出逢いました。物語の中心である定時制高校科学部の面々と顧問の藤竹。一癖も二癖もある登場人物のバックグラウンドや想いが各章で語られ、最後に彼らの想いが繋がり素敵な奇跡が起きる…胸にぐっとくる幸せいっぱいの物語でした。どの章も大好きですが第四章は涙がポロっと出てしまいました！長嶺さん素敵です。

15位
近畿地方のある場所について
背筋／KADOKAWA

64.5点

水戸幸枝／西沢書店大町店

▼2023年、個人的に最も面白かった&最恐の作品。久しぶりに最高のホラーが来たぞ！と興奮した。読み進めていくと、フィクションかノンフィクションか分からなくなってくる。没頭して読んでいるとラスト数ページで?!

読了後、深夜にひとりで巻末袋とじの「取材資料」を見るのをオススメします(笑顔)。それと山には行くな…。

匿名／丸善名古屋本店

▼あぁ！こんなホラーが読みたかった！そう思わせてくれる一冊。モキュメンタリーでリアルな怖さがじわじわとやってくる。不思議なことは不思議なままだからこそ面白い。この物語を読んだらあなたもきっと他人事ではいられなくなります。それはそうと、山へ行きませんか?

匿名／未来屋書店イオンモール常滑

▼ホラー好きにはたまらないものでした。また、テンポもよく読み進める手が止まりませんでした。ゾクっとさせるのがうまい!!　続編まってます。

北條由佳／紀伊國屋書店梅田本店

▼近畿在住者の目を引かずにはおかないタイトル、読み進めずには居られない冒頭、リアルと信じそうになる筆力。電子連載としての構成も素晴らしく、秀逸!!

16位
禍
小田雅久仁／新潮社

63点

櫻井美怜／成田本店みなと高台店

▼見てはいけないものほど見たくなる、顔を覆った指の間から思わず覗き見てしまうような、読まずにはいられない強力な引力を放つ異形の物語たち。物語の世界と現実の世界の境界を曖昧にさせる磁場に、完全に狂わされてしまった。

原口賀尚／くまざわ書店桜ケ丘店

▼禍々しい想像力が横溢している。本を食べることに取りつかれた男。耳から他人へと潜り込むことを繰り返す男。他人の視線を恐れ子供の頃から奇妙な夢を見続け、やがてその夢の世界へスライドし滅びてゆく話。ふくよかな女性への妄想が止まらなくなり飲み込まれてゆく男。切り取られた鼻からあるものを栽培する農場で働く男。髪にまつわる奇蹟を基とした新興宗教のイベントに、サクラとして雇われて参加した女性が目にした驚愕の事実。裸者となる感染症が蔓延して世界が変貌してゆく話。どれをとっても普通ではなく、それを圧倒的な筆力で読ませてしまう。

匿名／東京都

▼人間の体というのは、じっくり観察してみるとグロテスクなものだと本書を読むと思う。なかでも突出して生理的不快指数が高いのは「髪禍」。人生に行き詰まった女が、10万円の報酬を目当てにある宗教団体の「髪譲りの儀」と呼ばれる儀式に参加することになる。「柔らかなところへ帰る」

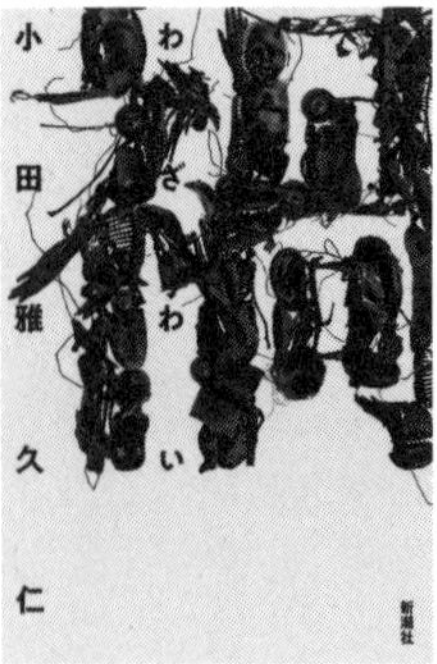

「裸婦と裸夫」は、人間の肉体そのものの滑稽さと奥深さをあらわにする話だ。特に「裸婦と裸夫」の展開は予測不可能。これまでにない読書体験を約束してくれる一冊だ。

藤井美樹／紀伊國屋書店広島店

▼ああ、気持ち悪い。なのに目が離せない、離れない。蓋をしていたはずの心のブラックボックスが開け放たれそうでした。

　こんなに恐ろしいツボを隠していた自分もだが、それ以上にツボを押してくるこの作家が恐ろしい。醜く、おぞましいのに甘美な人間の欲望、願望を文字にするとこうなるのか。気を許すとあっけなくアチラ側に持っていかれる引力に満ちている。

16位 世界でいちばん透きとおった物語
杉井光／新潮文庫nex

63点

村田紀子／TSUTAYA土気店

▼うたい文句にある通り、電子書籍化も映像化も不可能な小説で、書店員としては是非是非買って読んでください！と声を大にしておすすめしたくなる本です。ラストで仕掛けが分かったときにはおそらく皆ページを前にめくりたくなります。

　文庫担当としていちばんおすすめしたい本です。

匿名／山口県

▼最後透きとおったの意味が分かったとき「うわ！　そうなんだ」と鳥肌が立った作品。アイデアに脱帽でした。

匿名／ときわ書房本八幡スクエア店

▼この手の作品は、ただ仕掛けで驚かせて終わり、というパターンが多い中、物語性と仕掛けが連動していることを評価したい。既に多くの読者に親しまれている作品ですが、若い人以外にも広まって欲しい。

樋口美雲／明屋書店川之江店

▼史上初にして史上最後の一冊と思い、推薦いたします。

　それに気がついた時、ありえないと思いました。

　伏線が幾重にも張り巡らされていながらも、その時までその形に気付かせない巧みさとアイディアに、ただひたすら衝撃を受けました。

　何を言ってもネタバレになりそうな危険な一冊です。

　より多くの人にぜひ初見の感動と衝撃を味わっていただきたいと思います。

18位 夜明けのはざま
町田そのこ／ポプラ社

59点

匿名／コーチャンフォーミュンヘン大橋店

▼この本を読んで、登場人物の考え方や仕事・結婚などの向き合い方について知っていくうちに、人々は生活の中でそれぞれ偏見を持っているのだと気付かされました。

　真奈と純也の章では、互いに寄り添いたいと思いながらもどうしても譲れない部分がぶつかり合う。読んでいて辛くて気がつくと涙が流れていました。ですが、最後の真奈が自分の気持ちを貫き通していく姿がとても眩しくてかっこいいと思いました。

大洞良子／くまざわ書店名古屋セントラル・パーク店

▼亡くなったひとにとって、遺された者にとっての『弔う』ということはどんな意味を持つのかというメッセージが胸に迫る。

　人の死という重い題材にもかかわらず1話1話、前を向いていこうと思える傑作。

身近なひとの死はとてつもなくつらい。でもそのひとに胸を張ってわたしは生きていけたらと思う。
〝Best of 町田そのこ〟と断言します!

及川昌子／いわた書店
▼たった一言「不幸」ですませられるようなものなら、こんなに苦しまないんだよな。
それでもあの最初の一筋の光が、いつか救ってくれると信じている。

ただただ好きです。

19位 アリアドネの声
井上真偽／幻冬舎
50点

吉田あゆみ／くまざわ書店和光店
▼ギリギリまで悩んでいた。1月1日に起きた出来事によってやはりこの本を推すことにした。大変な思いをした方には読むのは辛いお話だと思う。だが読んでほしいと思う。私は近い将来にこのような対応がとれることを願ってやまないが同じ思いをして頂けたなら有難いと思う。

松本大／喜久屋書店松戸店
▼ああなんと美しい本を読んだんだろうと思った。
ミステリーの素養がある自分では無いが。自分はミステリーというものを読んだんだと思って読み終えようとした。その先の展開に胸が震えた。

逆巻く。逆巻く、彼女の言葉が今でも。

匿名／BOOKSあんとくみづま店
▼書籍の帯を見て興味を持ち、「いや、無理だろ!! 本当か?」と思いながら一気読み。ずっとドキドキハラハラしながら読む事が出来た。

20位 地雷グリコ
青崎有吾／KADOKAWA
49.5点

毛利円／八重洲ブックセンター京急上大岡店
▼知的興奮が止まらない! 誰もが一度は遊んだであろう「じゃんけん」や「坊主めくり」が、独自ルールを加えることでまったく新しい「ゲーム」として生まれかわる面白さ。ルールから決して逸脱することなく、最大限その余白を利用して「勝利」を目指す対戦者2人の駆け引き。相手に「勝った」と思わせた瞬間にひっくり返す主人公・真兎の鮮やかさ。余すところなく堪能しました。ごちそうさまでした。

小泉真規子／紀伊國屋書店梅田本店
▼誰もが知っているあの遊びが、こんなにも手に汗握る人生を賭けたゲームになるなんてまったく予想だにしなかった。
相手の思考の裏の裏を読むだけじゃなく、相手を思うとおりに思考させるなんてとんだ賭博師だ!

騙されるのが気持ちいいとかそんなレベルじゃなく、読後は恐れおののいてしばらく放心してしまった。

八田美志／廣文館フジグラン高陽店
▼ハチャメチャに楽しい。問答無用に面白い。元になっているのは誰もが知っている遊びだが、そこに一捻りを加えるだけで極限の頭脳戦が生まれ、最後に全てをひっくり返していく奥の手には間違いなく読者全員が唖然とすることだろう。それだけ緻密な騙し合いを繰り広げながらも同時に単純明快な青春エンタメでもある本作は、敵味方問わず全てのキャラクターが魅力的で、爽やかな読後感と共に「もう一度彼らに会いたい」「彼らの戦いをずっと見ていたい」と全ての人に思わせてくれる。限界まで頭

を使って競い合い全力で騙される頭脳戦はメチャクチャ楽しいのだということを、世代問わず全ての人に伝える大傑作エンターテインメント。

20位 ゴリラ裁判の日
須藤古都離／講談社

49.5点

匿名／兵庫県

▼他者を尊重するとはどういうことかについて真剣に向き合っている作品だと思います。ゴリラが裁判に勝つなんてありえないと最初は思っていたのに気づけば心から応援しているのだから、彼女と彼女の周りのキャラクターの魅力は計り知れません。

匿名／愛知県

▼コミュニケーションがとれるゴリラが、夫であるゴリラが射殺された事件について自身が話して裁判を起こす。

この設定は多くの人に興味を持ってもらえるのではないかと思う。私も興味本位で手に取った一人だ。

そして。

実際の裁判がベースになっていること、動物愛護の問題とか、多様性とか、差別とか。想像よりはるかに深くて色々な事を考えさせられるキッカケになる作品だと思った。

本屋大賞にノミネートされる事で、様々な世代に（特に私は10代20代に）読んでもらい、そこから関連して読書が広がればいいなと思って推薦します。

匿名／ジュンク堂書店明石店

▼設定の突飛さを全てぶっ飛ばす主人公ゴリラ（女性）の存在感、リアルさ。そこにこの小説の圧倒的なパワーを感じました。展開も哲学的だけれどもどこか俗というか大衆的な部分もあり、その振れ幅とそれを支える絶妙なバランスに舌を巻きました。他にない味わい。多くの人に読んでほしいと強く思います。

22位 可燃物
米澤穂信／文藝春秋

48点

浪江勇樹／三省堂書店アトレ上野店

▼米澤穂信の警察ミステリということで『満願』の「夜警」みたいな感じかなと予想を立て読み始めた。米澤穂信の作品の中では群を抜いて淡々とした語り。本当に『氷菓』と同じ作者か？と疑いたくなるレベルだが、この淡々とした感じが葛にぴったり（葛の性格からこの語りになったのかもしれないが）。無駄のないさらりとした文章と一章から最後まで保たれるミステリの質の高さに圧倒され、気づけば読み終わっていた。どの話も大好きだが特に良かったのは「崖の下」と「本物か」。本当にこの作者はハズレがない。

南聡子／岡本書店恵庭店

▼疑い深く用心深い。部下にも上司にも好かれていない。犯人を挙げるためなら人が不幸になろうとも容赦はしない。でも捜査にかけては右に出るものはいない。この主人公、全然魅力的じゃない。でも猛烈に面白い小説でした。

山崎蓮代／紀伊國屋書店名古屋空港店

▼米澤さんの新シリーズがたまらなく凄い。雪山に凶器の無い遺体、犯人は彼、どうやって殺害した？

思いもつかない発想に第一章から唖然となり、最終章では皆目見当もつかぬ完全犯罪が構築されていた。ミステリ好きの「その謎解いてみせる！」心理を軽々と凌駕する名作が誕生した。カフェオレと菓子パン片手に葛警部に挑んで欲しい。そして早く新作を読ませて下さい！

23位 歌われなかった海賊へ

逢坂冬馬／早川書房

47.5点

飯田哲也／奈良 蔦屋書店

▼少年少女の活躍を描くエンタメ作品として楽しめましたが、ナチ体制下のような過酷な状況であっても、正義と勇気を貫くことができるのかを問われた、印象に残る作品でした。

佐貫聡美／紀伊國屋書店コーポレート統括本部経営戦略室

▼隣町に強制収容所がある事を知りながら見て見ぬふりをする「普通」の人々…。私も当時あの場所で生きていたら〝手を下していない〟というただその1点だけで、自らを「善人」と信じ込んでいた気がします。戦場で敵を虐殺する事だけが「戦争」ではない――これは、ナチスという〝強大な悪〟を告発するだけでなく、読者自身の〝小さな悪〟〝凡庸な悪〟を見つめさせる物語なのだと思います。「絶対」なんてものはひとつもない、状況次第であっさりと信念を捻じ曲げてしまう、そのくらい人間は弱いものだ…私たち一人一人のそんな自覚が、悪を大きく育てないための「戒め」につながるのかもしれない…そんな事を考えさせられました。

山中津加紗／くまざわ書店四条烏丸店

▼デビュー作『同志少女よ、敵を撃て』から二年。正直前作の衝撃が大きすぎて、次作が上回ることはないだろうと思っていた。全くそんなことはなかった。ナチ体制下のドイツで、自分たちの信じた善を貫く少年少女たち。絶対的な権力や、大人や、周囲の環境にも決して流されない彼らに、底知れない勇気をもらった。つい楽な方へ、みんなが進む方へと流されてしまうけれど、そういうときはふと立ち止まって彼らのことを思い出そうと思った。

24位 半暮刻

月村了衛／双葉社

43点

村岡奈々／八文字屋商品部

▼大人になってから自分の常識や価値観・正義感を変えることはなかなか難しい。年を取れば取るほど頑なになりがちである。本作の主人公は二人の青年だ。施設育ちの元不良と有名私大に通うエリート。二人は同じ時期に軽い気持ちで半グレの世界に入る。そして一人は犯罪者となり、一人は罪を逃れる。罪を犯した二人のその後の対照的な人生が描かれていく。罪を罪と認められるかどうかが、人としての精神の成長につながるのかもしれない。ヤクザ、半グレ、エリートサラリーマンと、わたしの生活圏内にはなかなか登場しない世界の話が繰り広げられる。常識や価値観がこれほどまでに違う人がいることに驚愕した。だからこそ、一度読んだら読む手を止められなかった。

馬場あゆみ／精文館書店商品部

▼個人的に、今読まれるべき一冊だと思う。広告会社がどのように反社勢力と結び付き、下請け会社を圧迫し、金が中抜きされ政治家の懐に入るのか。半グレがどのように絡み、使い捨てられるのか。正反対の生い立ちの二人が何故道を踏み外し、どの

ような道を辿るのか。一度暮れてしまえば、もう暮れていくより他にはないのか。そんなことはない、と言える社会でありたい。暮れた先に、再び夜明けが訪れることを願う。

闘在我／未来屋書店水戸内原店

▼何が『善』なのか？『白』か『黒』なのか？グレーとは何か？　2名の主人公（翔太／海斗）のなかで3つの価値観がクロスオーバーしながら進んでいくストーリー。2名の主人公の対称性。リアルな社会問題の舞台設定。どれも楽しんで読了させて頂きました。

25位 777 トリプルセブン
伊坂幸太郎／KADOKAWA

41.5点

匿名／東京都

▼待ってました！　伊坂幸太郎作品は（売る側としては）人気シリーズとして紹介したくなりますが、読む分には実はどこから読んでも同じように楽しめる！　早く沼に入ろう！と、真摯に呼びかけたくなるので何度でも投票してしまいます。

辻本陽子／喜久屋書店明石駅ビル店

▼あっという間に読み終えてしまいました。アクションシーンは頭の中に映像が流れてくるようで、ハラハラ感とワクワク感がたまらなかったです！　どんでん返しもすっかり騙されてしまいました。

重松司／明屋書店平井店

▼日常生活は平穏が一番ですが、物語にはスリルを求めたくなる人は多いはず。たくさんの魅力的なキャラクター（ほぼ殺し屋）が入り乱れる上、語り部となるキャラクターが次々と替わっていくのがこの小説の魅力です。追われる恐怖を味わったかと思えば、追う側の興奮を味わい、息もつかせぬ攻防を繰り広げたかと思えば、おいしい料理を食べている。淡々と任務をこなしていくかと思えば、ハプニングばかりの最高の不運を味わう。一生かけても味わえないような、どんなテーマパークにも勝る体験ができる2023年最高のエンターテインメント。伊坂幸太郎史上最もお洒落なラストにも注目。なお、一応シリーズものになるのでしょうが、過去作を知っていればニヤっとできる、知らなければ他の作品も読みたくなる、くらいで考えていただければOKです。

26位 ぎんなみ商店街の事件簿 Sister編
井上真偽／小学館

41点

森土貴史／ブックマルシェ上尾店

▼クセになる新感覚パラレルミステリー。Brother編と交互に読みましたが同じ事件がこうも違った話になるのかとのめりこみました。今までに経験のない体験をさせてもらいました。

桑折正男／サクラ書店ラスカ平塚店

▼確かに、ありそうで無かった発想でした。読むほうはむちゃくちゃワクワクしながら読めますが、書く方はむちゃくちゃ大変だったろうなと想像します。

　こちらは人情とおちゃめの成分多め、という感じがしました。

池戸はづき／未来屋書店日の出店

▼Brother編と並行して読むのがおすすめ！　ひとつの事件に対して全く別の角度から視点を当てているのに、「あー！　あれがこっちではこう結びつくのか！」とひとりで勝手に嬉しくなりました。個人的には

学太と桃の秀才ふたりの関係性が気になります。探偵役ふたりの活躍も楽しいですし、兄弟姉妹それぞれのやりとりにもほっこりとしつつ、事件はしっかりとした謎解きです。

27位 ヨモツイクサ
知念実希人／双葉社

38点

蔦田莉子／谷島屋ららぽーと沼津店

▼一度本を開いたら最後、戦慄の森から抜け出せなくなる。ページをめくる恐怖、真実を知りたい好奇心。至る所に仕組まれた伏線。最後まで貴方のその眼で見届けて欲しい。知念ワールドの新たな一面を見ることが出来たと同時に、ああやっぱりさすが知念先生の作品だ、と思わせてくれる最後。

　作品への没入感が最高に堪らなかった。

武原勝志／WAY書店和歌山高松店

▼この本を読んだ直後に北海道でOSO18が捕獲されたというNEWSが飛び込んできました。知念さんは予言者かなと思いました。そしてこんなミステリーは見たことが無い！　是非映像化していただきたい作品です。

木崎麻梨子／ジュンク堂書店松山三越店

▼読んでいる最中にすでに絶対コレ本屋大賞に推したい本だ!!と思った。

　私の大好物な要素がふんだんに詰め込まれたこのミステリが面白くないはずがない。

　早く忘れてもう一度読みたい。

28位 まいまいつぶろ
村木嵐／幻冬舎

37.5点

石木戸美穂子／TSUTAYA南古谷店

▼ドラマ化もされた『大奥』がキッカケで家重に興味を持ち、手に取った。

　将軍の嫡男という、人前に出なければならないことも多い立場での意思が通じない辛さ、悔しさ、もどかしさ。きっと諦めの日々を送っていたなかで、兵庫という「口」と出会った喜びはどれほどだったろう。灰色だった世界が鮮やかに飛び込んできたのではないだろうか。

　家重と忠光の主従関係は『友情』を超えて結ばれている。この信頼関係をたくさんの人に読んで知ってほしい！

池田剛／木下書店エコール店

▼名君と謳われた徳川第8代将軍吉宗の嫡男だが、持って生まれた障害のため波乱の人生を生きた第9代将軍徳川家重。

　ただひとり家重の言葉を理解した側近の大岡忠光。陰謀やかけひきが日常の江戸城において、ハンデのある身体で将軍を継ぐことが出来るのか。時代小説好きでなくとも感動のストーリーに満足する作品です。

五十嵐みゆき／文学館岡本店

▼強い矜持と確かな知恵。それに添う無二の誠意と真の愛情。読んでいる間ずっとあたたかな涙が目の中にありました。

　読書の醍醐味がぎゅっと詰まった心震える作品。

28位 八月の御所グラウンド
万城目学／文藝春秋

37.5点

古屋奏美／柳正堂書店甲府昭和イトーヨーカドー店

▼千枚漬けから台湾カステラまで手に入り、この世にもういない者たちと走ったり、野球をしたり。今と昔がちょうどよく混ざり合う京都。京都なら納得です。

　戦後78年。戦争の悲惨さは勉強してきた

し、世界では実際に戦争が起きている。しかし平和が当たり前になった日本においてはどこか現実味がない気がします。

でも一緒に野球を楽しんだチームメイトが、戦争で命を落としていたら…。ヤンキースのキャップを嬉しそうに被る姿、投球の重み、触れた感触。彼らはそこにいたのです。

送り火は、朽木の心に火を灯していったことでしょう。「俺たち、ちゃんと生きているか?」読み終えた後、自分の心に問い掛けずにはいられませんでした。世界中の若者が今日も明日もただ好きなことができる世の中であってほしい。

この季節に読めて本当に良かったです。野球の知識がシャオさんレベルの私でも抵抗なく物語に入り込めました。

富田晴子／未来屋書店有松店

▼八月。こんなに茹だるように暑くて、こんなにも不快。しかし、物語の中のあの夏は、どうしてこんなにも切ないほどのきらめきに満ちているのだろうか。夏に、冬に、季節が巡る毎に、何度でも読み返したいお話に出会ってしまった。

熱い青春を、命を燃やし尽くした人たちとの刹那の邂逅が胸を打つ。あたたかくも涙あふれる、永遠の青春小説が、ここに。

岩瀬竜太／宮脇書店和歌山店

▼本当に、ものすごく大好きな作品です。こんなに大好きになった小説は、すごく久しぶりな気がします。少しファンタジー要素もある作品ですが、今を「生きる」私たちへの、ものすごく熱いメッセージも感じられて。ぜひ、特に若い方に、この作品のメッセージを受け取っていただきたいです!!

30位 眠れない夜にみる夢は

深沢仁／東京創元社

37点

島田優紀／ブックセンタージャスト大田店

▼過去の様々な記憶がじんわりと呼び起こされるような痛みを逃がそうとしてか、読んでいる間無意識に息を吐き続けてしまい慌てて息を吸い込む。そんな風にして読み終えた。

人はみんな大きなものも小さなものも傷を抱えて生きている。普段は忘れていても、何かの拍子に呼び覚まされる痛み。小さな痛みをふとした時に思い出し、当時の自分の心に寄り添うことを繰り返して優しさを身につけるのかもしれない。

少しの息苦しさと静かな優しさをそっと包んだようなこの短編集は、読む人の心を落ち着かせてくれる。

様々な圧力のかかる社会を生きるあなたの心もきっと。

伊賀理江子／福岡金文堂志摩店

▼まだまだ読んでいたかった。上質な大人の小説。

登場人物が誠実でとても愛おしかった。

明日世界は終わらない、大好きです。きっとずっと覚えていると感じるくらい大好き。家庭の事情も不自由な大人たちも好き。

どのお話も独特の空気が流れていてそれがすごく好きだった。

素敵な本に出会えた感激で胸がいっぱいです。

中目太郎／HMV&BOOKS OKINAWA

▼他人や、知り合いや、友達という関係から、言葉にできない大事な関係へと変化する特別な瞬間をとらえた作品たちだ。

全体を通して感じられるひそやかで親密な空気が心地よい。たいせつな秘密を静かに打ち明け合うような、かなわない想いをふと漏らすような、もどかしくて苦くて少し甘い気持ちが味わえる。

ストーリーの運び方といい、おさえた描写といい、とても小説がうまいと思った。

1次投票全結果 PART2 獲得ポイント別総決算

☆続いては1次投票31位以下の全作品を一挙公開。惜しくも上位にはランクインしなかったものの、ここに並ぶ作品どれもが投票した書店員にとっての「本屋大賞」そのものなのである！

36・5点
鏡の国
岡崎琢磨／PHP研究所

匿名／久美堂玉川学園店

▼作中作をめぐる〝仕掛け〟が巧妙で、ラストのラストまでどうなっていくのかわからず、ページをめくる手が止まりませんでした。あらゆるところに伏線があり、こうだったんだ、と気付かされたりと読んでいてとても面白い作品でした。

●木部裕梨／明屋書店豊前店

▼最初から最後までまんまと騙された。正直「そんなのってアリかよぉ」と叫びたくなる位の展開で、してやられた感満載。伏線と反転、この面白さは読んだ人にしか分からない。ぜひ騙されて欲しい!!

36・5点
あなたが誰かを殺した
東野圭吾／講談社

匿名／徳島県

▼タイトル通り…最後まで誰が誰を殺したのか分からない。

ストーリーに引き込まれてどんどんはまっていきました。

最後まで謎の多いミステリーだらけで切ない。

匿名／蔦屋書店ひたちなか店

▼相変わらずの加賀恭一郎の頼もしさ！ 警察としてではなく、知り合いのお兄さんとして事件に参加する様子は読者に安心感を与えてくれます！

関係者の思惑を一つ一つ紐解いていく様子は職人そのもの。タイトルの深い意味に気づいたとき、あなたもまたこの事件の目撃者になるのです。

34点
ヨルノヒカリ
畑野智美／中央公論新社

坂本まさみ／明文堂書店TSUTAYA戸田

▼主人公の二人が感じている「自分には何か欠けている」という不安定さは、実は誰でも身に覚えのある感情なのでは？ だからこの二人のお互いを補いあう生活に心地好い穏やかさや安心感を覚えるのだと思います。だからこそ、二人が二人の生活を長く続けたいと思うのと同様に、読んでいる私もまたこの世界が長く続けばいいなと望むのでしょう。

不完全で何か足りない人々だから作ることのできた、家族愛でも恋愛でもないけれど大切で欠くことのできない関係は不安もあるけど愛ある優しい世界で、ホッと心の落ち着くお話でした。

匿名／高知 蔦屋書店

▼お互いを大切に想う気持ちを恋や愛と言わず何と言うんだろう、と思ってしまう。でも、人の数だけその形や価値観がある事に気づく。自分らしく生きていこうとする事が難しいのは、私たちが枠にとらわれ過ぎているからかもしれない。

私たちは、彼らの有り様にそっと寄り添うだけで良いのだと感じる。彼らはそのままで少しずつ世界が変わっていければ、優しく過ごしやすい世の中になるのではないかと感じる。

32・5点

エヴァーグリーン・ゲーム

石井仁蔵／ポプラ社

野池裕輔／知遊堂上越国府店

▼少年少女の爽やかな青春劇であり、命がけで勝負に挑む緊迫感と手に汗握る熱い戦いを見せてくれるエンタメ小説。前章の主人公が次章の重要人物として登場するなど、話の展開が巧みで登場人物の魅力も引き立たせている。読んでいる間の興奮と読後の爽快感がたまらない。

仲島智美／未来屋書店明石店

▼チェスの話かぁ、チェスは知らないなぁと思いながら手に取りましたが、チェスの話だけどこんなにも読む手が止まらなくなるとは思いませんでした。

　登場人物それぞれに簡単ではない背景があり、それぞれがチェスに出会ってしまう。本当にかけがえのないものができた時に人はこんなにも全身全霊をかけられるものなのかとたまらない気持ちになりました。

　読み終えた後にも胸の奥に熱いものが残る作品でした。

32・5点

リラの花咲くけものみち

藤岡陽子／光文社

中村江梨花／未来屋書店新浦安店

▼今年一番泣いた本。生きとし生けるものの生命の喪失。その哀しみ。その前に人は無力である。しかし、すべての苦悩の経験は前を向いていくためにあるのだと思わせてくれる。主人公の再生の物語であるとともに、命の煌めきを感じる極めて素晴らしい物語だ。

田邉奈央／有隣堂アトレ目黒店

▼北海道にある獣医学大学に進学した聡里の成長物語。伴侶動物、産業動物という言葉を初めて聞き獣医師にもいろいろある事を知りました。救えない命がある事に私でさえ胸が苦しくなるのに獣医学生の気持ち、無力感は相当なものでしょう。残雪君のプロポーズが凄く良いなぁ。一目でこの人だってわかってそばで見守ってくれていたなんて素敵過ぎます。チドリさんの強さには涙しっぱなしでした。聡里なら厳しい北海道の自然環境のもとでも力強く生きていける、そう思える程成長した姿にただただ感動です。

32点

百年の子

古内一絵／小学館

村上望美／田村書店吹田さんくす店

▼作中に登場する「百年の子」を示す一文が忘れられない。子どもと女性の人権の歴史は、まだ百年に満たない。戦前から現代まで子どもに寄り添い、子どもと真正面から対峙して作り上げた、学年誌。それはただの雑誌の歴史記録ではなく、様々な年代の様々な人々が織り上げた、情愛の形と言えるのではないだろうか。綺麗な部分だけではなく、繰り返してはいけない悲劇を描いているのも胸に刺さる。誰もがはじめは子どもであり、子どもはいつか大人になる。一人でも多くの人に読んでほしい、今年一番『読んでよかった』と思えた本でした。

32点

ぎんなみ商店街の事件簿 Brother編

井上真偽／小学館

川本梓／BookYard.CHAPTER3

▼2冊を同時に読み進める、初めての読書体験が斬新!!

　1つの物語が何重にも膨れ上がっていって感動しました。

　Brother編、Sister編どちらからでも、同時でも、いろんな楽しみ方ができるのも魅力的。

30・5点

木挽町のあだ討ち

永井紗耶子／新潮社

矢儀晋一／明屋書店東岐波店

▼やられた!の一言に尽きる。グッと心を鷲掴みにされての幕引きと

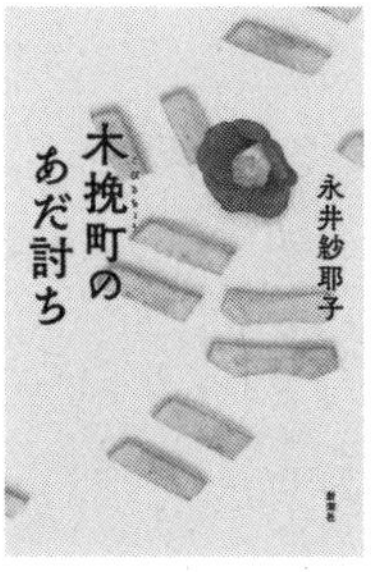

清々しい余韻が心地よい。また、登場人物たちの半生を通して描かれている人と人との巡り合いの尊さにガツンと心打たれた。一世一代の大芝居をとくとご堪能あれ！

29・5点
街とその不確かな壁
村上春樹／新潮社

藤川紀子／コーチャンフォー旭川店

▼人間は傷つく存在だ、ということを思い出しました。

バランスを取らないと自分を支えられない歪さ・弱さが、おかしな状態、異常となって顕在化してしまうのは、自分が傷ついているからだと急に思い出すことができました。

仕方がないけれども叶わなかった何かによって自分がバランスを崩している時、今迄まったく気に留めていなかった気持ちや言葉が異常にはっきりと見える場所にいることがあります。傷ついた人、ナーバスになった事のある人であれば誰でも経験があるのではないでしょうか。どこが自分の本当にいるべき場所なのか分からないのですが、その場所がある、ということだけは痛切に思い出しました。スカートで自分のバランスを取っているような子易《こやす》さんが、彼岸から尚此岸に残したものを思う優しさ、離れがたさのように、気持ちは残り、目に見えるものだとも思いました。

読めて良かった。村上さんにお礼を申し上げたいです。

29点
さやかに星はきらめき
村山早紀／早川書房

山田恵理子／うさぎや矢板店

▼月にいる編集者がたくさんの人が手に取りたくなる一冊を創る物語は、現実社会と繋がる臨場感にわくわくします。月から眺める地球がノスタルジックで、寄り添いと安らぎのある世界が広がります。いつか未来にこの本が、月の図書館にあることを夢見て。空には星がある、本には愛がある。村山早紀さんが紡ぐSFは、過去と現代と未来が融合して、煌めく本の銀河へと連れていってくれます。最終章をお守りに、優しい時代を願います。きらきら瞬く星のような、大切な人へ贈りたくなる本です。

27・5点
ラウリ・クースクを探して
宮内悠介／朝日新聞出版

長島早紀／軽井沢書店

▼暗闇の時代をまっすぐ歩くことはできない。でも、ラウリのように翻弄され、挫折や離別を経験しながら進み続けるひとはこんなにもあたたかく光って私たちの目に映る。先の見えない今を、手探りで、間違えながら生きてもいいと、そうするしかなかった選択の先にも辿り着く場所があるのだと、そんなメッセージをもらえたような気持ちになりました。

26点
十戒
夕木春央／講談社

匿名／未来屋書店上尾店

▼孤島で起きた殺人事件。メンバーが生き残るには、殺人犯を探し出そうとしてはいけない。戒律を守り3日間を過ごすこと。前作もかなりの衝撃を受けたが、今回も面白かった！　ハラハラドキドキ今回もまんまと騙された。全てが、本当に全ての事が明らかになった時にゾクッと背筋が凍る。どんでん返り過ぎて着地点が別世界だった。オススメのところを語りたいが、うーん、語れないもどかしさ。ただただ絶賛！

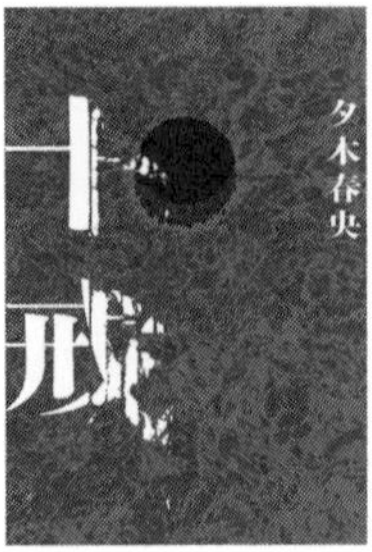

26点
ツミデミック
一穂ミチ／光文社

桐生澄江／蔦屋書店新発田店

▼コロナ禍を異常だったと思う全ての人に読んでもらいたい。

哀しい。悔しい。怖い。虚しい。苦しい。情けない。生きたい。皆の痛みが突き刺さる。心が乱される。なのに温かい。酷い状況なのに温かい。一穂ミチさんの文章は最後まで温かくて優しい。この物語たちの深い哀しみを包むような温かさを、1人でも多くの人に体感してほしい。

もちろん、ざらりとした違和感、崩れていく日常、人間が持つ卑しい下心も破壊本能も物語の中にちりばめられていて、私はこの本の中毒になりました。とにかく面白い！読んでほしい！読んでください!!!

25点
図書館のお夜食
原田ひ香／ポプラ社

中島康吉／中島書店高原通り店
▼本が好き。だけど嫌い。そんな日もあるかもしれない。それぞれがそれぞれの秘密を抱えながらそれでも本と共に生きている。本という存在に憧れ、翻弄されながらそれでも本が好きだと気付く。「夜の図書館」に集まった人たちが織りなす日常と木下さんが作るまかないご飯に心が温められました。

24・5点
ストロベリームーン
芥川なお／すばる舎

匿名／ザ・本屋さんダイイチめむろ店
▼ピュアな想いに心が動き、悲しい結末だけど美しい情景が目に浮かぶ物語でした。最後は号泣しましたが、次のストロベリームーンの日は空を眺めてみたいです。

24点
心臓の王国
竹宮ゆゆこ／PHP研究所

阿部桃／平惣羽ノ浦国道店
▼タイトルからして、ちょっとドキッとする。臓器提供の話は苦手だ。色々な考え方があると思うけれど、主人公の鋼太郎が言う「人間じゃない」という言葉が心にのしかかってくる。生きたいと死んでほしいが表裏一体で、直視したくないものをこの小説はガン見して、曝け出した。
くだらない青春が送れるのは、鋼太郎にも神威にも心臓があるからだ。二人のとてつもない熱量がある物語だと思う。

23・5点
ハンチバック
市川沙央／文藝春秋

匿名／千代田松田書店
▼性欲って誰にでもあるんだな。
「普通の人間の女のように子どもを宿して中絶するのが私の夢です」
私にも妊娠したいという願望がいつかは芽生えるのかもしれない。「普通の女」でありたいから。これを経験しないと一人前として認められないから。

主人公と私の理由は全然違う。全く違う。だけれど、そうなったときに、きっとこの本を思い出す。

23・5点
楽園の犬
岩井圭也／角川春樹事務所

安倍香代／紀伊國屋書店丸亀店
▼生きろ！生きろ！なんだっていいから生きろ！
今も声が鳴り響いている。死に美しいなんてなくて死はただの死でしかないと彼は言う。死を語るその言葉が命は等しくあるんだと強く教えてくれる。肩を摑んでぶんぶんと私自身を揺さぶる彼の生き様が私に生きろとずっと言うんだよ。だから私はこのタフな声と共に明日もきっと生きぬいてみせる。

23点
幽玄F
佐藤究／河出書房新社

長谷川雅樹／ブックデポ書楽
▼個人的にはぶっちぎりで2023年のナンバーワン。「この本を広めたい！　本屋大賞のお力をお借りしたい！　もっと売れていいはず！」という想いは、めちゃめちゃ強いですね。この本がノミネートされなかったらいよいよヤバい気がしますが、万が一そうなっても河出書房新社さん、諦めないでください。この本は大丈夫です。海外の方にも読んでいただける、ワールドワイドに活躍できるチカラを持った本ですから。ぜひ海外にも販路を。自信を持ってお薦めできる、日本の宝です。

22・5点
藍色時刻の君たちは
前川ほまれ／東京創元社

齊藤一弥／紀伊國屋書店仙台店
▼正直、重く、辛く、しんどい作品です。ヤングケアラーの実態とか終わった気になっていた東日本大震災も絶対に癒える事の無い傷になっている人がいると改めて考えさせられました。それでもこの作品を読んで本当に良かったと思っています。この作品を一人でも多くの読者に届けたい、本屋大賞はその為の舞台だと

思っています。
この作品に込められた救いと願いを感じとってほしい。届けないといけない作品がある。この作品は私たち書店員に託された「願い」です。

22・5点
ともぐい
河崎秋子／新潮社

大高竜亮／高知 蔦屋書店

▼これを「熊文学」と安易に分類してはいけない。熊と人間が互いの命を賭した死闘が主題ではないからだ。熊と人間の間には「ともぐい」という行為は生まれない。あくまで同種の動物が互いに食い合うことを意味しているからだ。ここには想像を絶する「ともぐい」が描かれる。現代の死生観を根底から覆す、この著者にしか創造することができない物語。これまでのどのジャンルにも属さない「生文学」と名付けたい。

20・5点
でいすぺる
今村昌弘／文藝春秋

匿名／東京都

▼こんなお話を小学生の時に読みたかったなあ、と本当に思ってしまった。七不思議や壁新聞、当時『ジュニアチャンピオンコース』や『ジャガーバックス』を読み耽った元小学生としては、オカルト肯定派・否定派が鍔迫り合いしつつ進んでいく謎解き展開に大変胸躍ってしまいました。

20・5点
神に愛されていた
木爾チレン／実業之日本社

広沢友樹／有隣堂ニッケコルトンプラザ店

▼尊敬を超えると崇高となり神になるという、創作を生業とする人間の持つ魂の叫びを存分に味わえる小説です。丁寧にして的確な心の動きを描く筆致は、窪美澄と町田そのこという大作家たちをも唸らせるものです。作家を目指す人間、作家を支える人間、作家に救われた人間の一大叙事詩の真の物語が語られたとき、私の心は涙で決壊しました。

20点
それは誠
乗代雄介／文藝春秋

林隆治／コーチャンフォーミュンヘン大橋店

▼主人公が素敵だなと思いました。同じクラスにいたら友達になりたいタイプ。こんな修学旅行を過ごしたら、一生覚えているでしょう。何かのタイミングで急に思い出しそう。この小説もそんな作品です。

18・5点
ちぎれた鎖と光の切れ端
荒木あかね／講談社

匿名／香川県

▼本書は2部構成になっていて、1部と2部で違う事件が起こるのだがそれぞれがまず面白く、しかも2つの事件が1つに収束していき、ラストでタイトル回収になるのが読んでいて本当に良い。
登場人物の機微を描くのが上手くそれぞれに感情移入できるのも魅力。

18・5点
椿ノ恋文
小川糸／幻冬舎

藤田香織／ジュンク堂書店奈良店

▼ツバキ文具店や登場人物たちも時間が経って状況は変わってきたけど、ほのぼのした空気感、お菓子やご飯の美味しそうな描写、そして、便箋や筆記用具をじっくり選んで手紙を書きたくなる気持ちになるのはシリーズ3作目の今作も相変わらずでした。

17・5点
キッチン・セラピー
宇野碧／講談社

富山未都／福岡金文堂行橋店

▼もっともっと読まれてほしい本です。
町田診療所を訪れ自分のためのひと品をつくる登場人物たちを見ているうちに、読んでいるこちらのこころにも自分のためだけの料理ができあがっていって、活力が満ちてくる。
こんな気持ちになれるお料理小説に、はじめて出会いました。外から与えられたものではない、自分の中にあった生きる力が目覚めてむくむくとわきあがってくる感覚は驚くほど新鮮で、この作品と出会えたことを本当にうれしく思っています。

―6・5点

あなたの燃える左手で

朝比奈秋／河出書房新社

高頭佐和子／丸善丸の内本店

▼人間の体の上に「国境」がある？ なんのことか、さっぱりわからず読み始めたが、読んでいる間中、すごいものを読んでいるという興奮が止まらなかった。類稀な描写力と、現役医師の知識があってこそ描けたに違いない人体と人間の心の不思議に圧倒された。2023年、最も新鮮なインパクトがあった小説である。

―6・5点

放課後ミステリクラブ2 雪のミステリーサークル事件

知念実希人／ライツ社

匿名／梅田 蔦屋書店

▼著者の小説を子ども向けに書き下ろした2作目。ワクワクドキドキするのは、大人も子どもも、同じなんだと。もっと、子ども達に読んでもらいたい小説です。

―6点

かたばみ

木内昇／KADOKAWA

栗澤順一／さわや書店外商部

▼「家族」は積極的につくられるものでもありません。思いがけない結婚も、成り行きで育てることになった子どもも、全ては「縁」あってこそ。逞しく生きていく清太家族に励まされたのは、私だけではないでしょう。

―5・5点

私たちの世代は

瀬尾まいこ／文藝春秋

丹下誠之／明屋書店喜田村店

▼コロナがあった『せいで』出来なかったことを嘆く人はいるだろう。その一方でコロナがあった『からこそ』その後を大切に感じることができる人もいるはずだ。

時間を戻すことができないのであれば、昔のように常に密に手と手を取りあうことは難しくても、せめて隣にいる人の存在を感じながら前を向いて明日を生きることはできるのかもしれない。そんなことを信じてもいいんじゃないかと思わせてくれる物語。

―5・5点

わたしたちに翼はいらない

寺地はるな／新潮社

匿名／丸善高島屋堺店

▼小説の言葉とは思えないほどリアルな会話が心に突き刺さりました。

人の悪意に苦しみ、言葉に傷付き、傷付ける、生きていれば多少なりとも思い当たる経験を登場人物を通して追体験してるような気持ちになりながらも、雲間から日差しが注ぐようなラストに救済されました。

モデルが実在するかのような人物描写と人の心を抉るような会話劇。この凄さを体験して欲しい。

―5点

茜唄

今村翔吾／角川春樹事務所

尾形海音／ジュンク堂書店三宮駅前店

▼これこそが真の平家物語である。平家の全盛期から源氏に敗れる滅亡期までを迫力満点で描いている。知盛《とももり》の家族・一族への思いや苦悩、因縁の敵・源義経に諦めることなく立ち向かう姿に、今は無き人間味を感じた。そして、一族とは一体何であるかを知盛と共に味わうことができる一冊だろう。

―5点

教室のゴルディロックスゾーン

こざわたまこ／小学館

谷戸美奈／宮脇書店韮崎店

▼ずっと彼女達を俯瞰して読み進めていたように思う。

この孤独ってたぶん自分にも身に覚えのある感覚で、それに呑まれてしまうのが怖かったから。

そして、彼女達のようにこの苦しみと向き合ってこなかった自分が惨めに思えて堪らなかったから。私はこの唯一無二である青春時代に、大切なものを学び損ねてきたと痛感した。

　輝かしい少女時代にばかり想いを馳せてしまいがちだけれど、対極的な現実があることは紛れもない事実。その苦しみから逃げてきた私にとって、息苦しさに溺れないように等身大でもがいている彼女たちが心底羨ましかった。

　唯一無二の青春時代にしか得られないものが、大切にしたいものが、この作品には確実に描かれている。

14・5点
続窓ぎわのトットちゃん
黒柳徹子／講談社
長尾幸枝／TSUTAYA大仙店
▼あの「トットちゃん」のその後。
　世界中が夢中になったトットちゃんにもう一度会えた。

　その喜びはいつまでも私の中で輝き続けるのだろうな、と思います。

14・5点
さみしい夜にはペンを持て
古賀史健／ポプラ社
高木久直／走る本屋さん高久書店
▼ペンを持ち、感情を整理して、ゆっくり丁寧に言葉を選んでみる。
「書く」とは、つまりは自分自身と向き合うということ。

　海の中の中学生・タコジローと一緒に〝新しい自分〟に出会える物語。
　なんとなくさみしい、なんとなく消えてしまいたい…そんな感情が芽生えたら、是非読んで欲しい。
「ひとり」になる勇気を貰える一冊。大人にこそお薦めしたい。

14点
完全なる白銀
岩井圭也／小学館
遠藤聡／ブックスなにわ仙台泉店
▼いつか読みたいと思っていた岩井圭也×山岳小説。こんなに早く実現するなんて！
「ハズレなし」は確信していましたが、こちらの予想を軽々と超越するクオリティに脱帽。

　緑里、シーラ、リタ。デナリ登頂よりも大切なそれぞれのある「思い」を知って涙した。

　最後のデナリ登攀場面の緊迫感は息を呑む。さあ、あなたの目で「完全なる白銀」を体感してください！

13・5点
腹を空かせた勇者ども
金原ひとみ／河出書房新社
山口榛菜／岡本書店恵庭店
▼悩むことや言語化が苦手で、底抜けに明るい「陽キャ」のレナレナ。もうとにかく、このレナレナと、ママが、めちゃくちゃ良い。「陽キャ」のレナレナは、ロジカルで芸術に詳しいママと自分の性質の違いに、もどかしさを感じているし、ママが、パパ公認の恋人と不倫をしている事も、おかしいと思っている。それでも、二人の会話を読めば、お互いにお互いを心から愛しているんだと伝わってくる。
　私は、二人が「死」について話す場面がとっても好きで、もう、このページを、綺麗に額に入れて、大切な人達に贈りたいくらいに大好きなのだ。ママの言葉はロジカルなのに、同時に感情が溢れていて、この結論に達するまでの、ママの恐れと愛を考えると、もう涙が出てきてしまう。

　私が救われたように、きっと、ママのこの言葉は沢山の人を救うから、どうか多くの人に届いてほしいと、そう願う。

13・5点
百年の藍
増山実／小学館
中西若葉／KaBoSイオンモール新小松店
▼関東大震災の混乱の中で出会った美しい藍色に魅せられた主人公の「ジーンズを日本で作りたい」という夢から始まる物語。その夢がその後、戦争という激動の時代を生きた人々の各々の想いと希望に紡がれながら時代を経て叶えられていくストーリーは壮大で圧巻です。きっと一人の、一つの夢では叶わなかった、みんなが願った未来へたどり着くまでの百年の物語。この物語を読むことが出来てよかったと心から思えた小説です。

―3・5点
午後のチャイムが鳴るまでは
阿津川辰海／実業之日本社

中村美穂／喜久屋書店豊岡店

▼「青春最高すぎる」と思うのは中年の私がもう「青春」から遠く離れてしまったせいでしょうか？　いいえ、九十九ヶ丘高校の生徒たち（そして先生たち）があまりにもまっすぐで、おバカで、キラキラしているからです。

―3点
黄金比の縁
石田夏穂／集英社

匿名／広島県

▼理不尽に左遷された主人公が、人事部に異動になったのを機に、会社への密かな復讐を試みる。

　それは、すぐに辞めそうな優秀な人材を採用すること。その基準はなんと顔の比率。

　そして最後には、会社の暗部に気付いてしまうのだが…。

　採用面接をしたことがある人は共感できるものがあるのでは。

―3点
わたしたちの怪獣
久永実木彦／東京創元社

匿名／東京都

▼強烈な終末のビジョン、叙情的な文章といった特色は一貫しつつも、オフビートな味わいがある。特にカルト的な人気を誇るZ級映画への愛が込められたゾンビパニック『アタック・オブ・ザ・キラートマト』を観ながら」は最高！

―3点
列
中村文則／講談社

中村江梨花／未来屋書店新浦安店

▼どうしようもなく、容赦なく心を抉ってくる。人はいつだって、もしかしたら一生「列」に並ばざるを得ないのかもしれない。自分の前には人がいて、自分の後ろにも人がいる。はみ出す勇気もなく、窮屈であり、屈辱的かもしれないが、本当はみんな気づいている。他人と同じ行動をとるという安心感に。これまでの中村文則に変わりはないが、表現に深みが増したように思うし、人間心理への鋭い視点が加えられている。そして絶対悪は登場しないというところまで行き着いている。中村文則の第二章が「教団X」から始まったとすれば、これは第三章の幕開けだ。彼の言葉にいつも救われている。中村文則が大好きだ。

―2・5点
少女が最後に見た蛍
天祢涼／文藝春秋

山根麻耶／文教堂溝ノ口本店

▼仲田シリーズが、好きだ。今回も読んで良かった。それぞれの短編のなかに現代の社会問題がちりばめられていて面白い。特定少年、フィルターバブル、いじめ、自死。他にもたくさん出てくる。どの事柄も、いまを生きる私たちだからこそ考えないといけないことだ。物語を通して読者に問題提起する天祢さんは、ほんとうにすごい作家さんなのだと、改めて痛感した。

　本小説では、仲田蛍というひとりのにんげんが、これまで以上に深く描かれている。それはおそらく、仲田だけではなく、真壁や聖澤、事件に関わる子どもたち、登場人物一人ひとりが、現実の、身近にいるひとみたいに存在するからだと思う。なぜ彼女が警察官をしているのか。読者がひそかに抱いていたであろう疑問に、こたえている作品でもある。

　私たちはにんげんだから、時に間違いを犯してしまうこともある。でもちゃんと、目の前のだれかや何かと向き合うことがだいじなのだと、この小説が教えてくれた。

―2点
照子と瑠衣
井上荒野／祥伝社

本間悠／佐賀之書店

▼今年一番の読めてよかった本です。

　現実の自分の状況とリンクしていて、つい自分を重ねてしまう描写が多々ありましたが、何よりこの二人、70歳!!　私よりも36歳年上です。私は、「年を取る」ことには肯定的というか、むしろ「おばさんになれて良かった」と思うことはいくつもあるのですが、これよりさらに先「おばあさんになる」ことには、漠然とした不安があり、少し怖くもありました。
　しかし『照子と瑠衣』のおかげで、36年先も楽しんでいられることを確信。日々接客する「ご年配の女性」たちのことも、グッと身近に感じることができました。まだまだいけるぜ、ヒャッホゥ！という心持ちです。本当にありがとう、みんなも読んでハッピーになろう！

11・5点
誰が勇者を殺したか
駄犬／角川スニーカー文庫
三石耕三／紀伊國屋書店堺北花田店

▼「魔王を退治したその後〜」という物語は数あれど、「勇者が命を落とした」から「その謎を解き明かしてゆく」というミステリーに持っていかれる展開は初手から読者の予想を裏切ってくる。登場人物たちのキャラクターやそれぞれの心理描写が丁寧に描かれることで、より勇者の存在や生き方に引き込まれてゆく。そして読後間違いなくこう思う、「そうだよ、これが勇者なんだよ」と。「ライトノベルと言う勿れ」読み応え十分なファンタジー小説。

11・5点
エレファントヘッド
白井智之／KADOKAWA
牧谷佳代子／未来屋書店木曽川店

▼ネタバレになるといけないので多くは語れないが、これも伏線だったのか&まだ別の解決が出てくるのかという驚きの連続。
　そしてなんと言っても、これを待っていたんですよ!!な鬼畜な「ザ！白井」のオンパレード（最大級の賛辞）。ご馳走様でした。

11点
上海灯蛾
上田早夕里／双葉社
成川真／BOOK PORT鶴見店

▼上海を舞台にした一人の男の壮絶なる人生。灰色の時代に、自分の生きる意味を必死になって追い求め続けた、その圧倒的熱量に圧倒されっぱなしで、最初から最後まで一気に駆け抜けるように読んでしまいました。これぞ小説の醍醐味！という部分を味わえます。

11点
鵼の碑
京極夏彦／講談社
匿名／廣文館フジグラン高陽店

▼学生時代から読み始めてずっと好きな作家だから。
　私が推すまでもないけれど、一番はと聞かれたらこれ。
　辞書並みの厚みに読むのを躊躇うかもしれませんが、いったん読みだしたら止まりません。京極堂の独特の雰囲気に、一気に引き込まれること間違いなしの一冊です。

11点
永遠と横道世之介
吉田修一／毎日新聞出版
大谷純子／くまざわ書店新潟西店

▼ページをめくるたび、世之介の一瞬一瞬が濃厚に輝いていた。季節の移り変わりと季節ごとの思い出と、また巡る季節の中で「生きるっていいな」と思わせられる。世之介に会えて良かった。私の心の中に世之介はリラックスして永遠に生きている。そして、いつだって「大丈夫だよ」と言ってくれているように思う。

11点
いい子のあくび
高瀬隼子／集英社
高橋杏奈／明屋書店喜田村店

▼なかったことにして押し込めないと生きていけないから、普段腹の底に隠しているほの暗い感情を、引きずり出されてしまったようだ。
　高瀬さんの書く主人公は、これはこうだからいやだとわかっていて、その姿を見ると、私の中で眠っていた感情が息をしはじめる。どんなに苦しくても、このままならない気持ちと共存していきたいと思えた。いつも自分だけが損をしているようで、割に合わないなと思っている人に手にとってみてほしい作品。

11点

喫茶おじさん

原田ひ香／小学館

匿名／スガイ書店

▼冴えないおじさんが喫茶店巡りをするお話で、空腹感をあおる描写や文章使いがなんとも癖になります。食べることが大好きな自分からするとってもお腹が空いてきてしまう作品です。

その中で、冴えないおじさんが自分の人生を振り返りながら巡る喫茶店のお話は切なくもあり、読み終わる頃には前向きにもなれる感情が残りました。

11点

ノウイットオール あなただけが知っている

森バジル／文藝春秋

増本美佐／フタバ図書TSUTAYAイオンモール福岡店

▼色々なジャンルの話が楽しめて贅沢な一冊。ただ違うジャンルというだけではなく、その各話が繋がっているところも面白い。読み終わって表紙の花火を見るとまた感慨深い。同じ本を読んだ人とお気に入りの話を語るのも楽しかった。

10・5点

あわのまにまに

吉川トリコ／KADOKAWA

石本秀一／丸善ジュンク堂書店関西外商部

▼10年ごとに語り手を替えながら遡る50年にわたる家族の物語。その時代時代の世相や流行を、変わりゆく人生観やジェンダー観を交えながら伝えられる様々な愛の形。結果を知ってからその原因へと時系列を逆行する構成がもたらす謎解き。物語と物語の間にある10年の空白と視点人物以外の登場人物の（とりわけ主人公いのりの）行動や心情の多くは読む側が想像で補うほかなく、そのことで深められる作品の奥行き。

これまで何度もトリコさんの作品に一票を投じてきたが、いつにも増して自信を持ってお薦めできる一作だ。

10点

うたかたモザイク

一穂ミチ／講談社

勝川ひなた／草叢BOOKS各務原店

▼愛おしさ、切なさ、苦しさ、一冊で様々な感情を味わえる料理のフルコースのようでした。読了後の胸をキュウッと締め付けるような心地は、淡い余韻となり、忘れられない煌めきになりました。

10点

コメンテーター

奥田英朗／文藝春秋

山津彩夏／三省堂書店岐阜店

▼大好きなシリーズでもう最新刊は出ないと思っていたから発売するというだけで嬉しかった。

相変わらずの伊良部先生で愛おしさ爆発！ 笑いと優しさとハラハラのバランスも丁度いい。

伊良部先生に生放送なんて…ダメ、ゼッタイ!!!笑笑

10点

鈍色幻視行

恩田陸／集英社

八木寧子／湘南 蔦屋書店

▼一言で伝えるならば、酩酊。読んでいる間、文章に酔い、作品の舞台である豪華客船の揺れに酔い、人間と人間が交わすさまざまな想いの波に酔い痴れていました。ミステリでもあり、何より、深淵な人間ドラマでもあり、極上のエンタテインメント。キャリアのある作家が長い年月を費やして構想し書き上げたのは、「小説を書く（ものを表現する）とはどういうことか」という大きな主題でもありました。文字通り、読書という非日常の旅にどっぷり浸かれた至福の時間。作中作『夜果つるところ』も読みごたえありました。

9・5点

夜果つるところ

恩田陸／集英社

南部知佐子／金高堂朝倉ブックセンター

▼美しい描写、盛り上がる展開、そして最後に驚きの真実！ 本当に一気に読みました。「鈍色幻視行」の

皆さんが映像化したくなる気持ち、わかります。店頭でお買い上げくださった初めましてのお客様と盛り上がってしまいました。私もお客様も映像化希望です。

9・5点
うるうの朝顔
水庭れん／講談社

匿名／愛媛県

▼過去のある1秒のずれを直すことができる、うるうの朝顔。たった1秒なので行動を変えることはできないけれど、見逃していた大切な一瞬を見ることができる。数年前にうるう秒がニュースで話題になった時、その1秒に実感はなかったが、そんな私は人生の中で見逃している大切な一瞬がたくさんあるのかもしれないと思った。人生の一瞬一瞬を大切に生きていこうと思える1冊。

9・5点
きみのお金は誰のため
ボスが教えてくれた「お金の謎」と「社会のしくみ」
田内学／東洋経済新報社

七戸祥希／未来屋書店碑文谷店

▼お金と投資に対する考え方がガラッと変わりました。

2023年、「税」という文字が今年の漢字に選ばれるほど、お金のことについて騒がれていましたが、聞き齧りの知識で騒ぐよりもまず「お金の本質」を知るべきだと思い知らされました。投資をするのも勿論大切ではありますが、投資される人を目指す、育てるのも大事！

9点
愛されてんだと自覚しな
河野裕／文藝春秋

匿名／兵庫県

▼ポップで癒される読書体験でした。壮大な物語ながら、身近な愛についてのおはなしであるところが魅力だと思います。

9点
未明の砦
太田愛／KADOKAWA

西本裕子／ジュンク堂書店松坂屋高槻店

▼衝撃的な冒頭、次々と切り替わる視点、展開のスピード感、先の読めなさ。ハラハラドキドキで楽しい読書体験となること間違いなしだけれど、同時に強烈なメッセージが込められた小説だ。「考えさせられる」どころではない。全ての働く人たちにとって、多かれ少なかれ当てはまるところがあるか、耳の痛い話と感じられるのではないだろうか。

このままで良いのか？　当然、良くないとして、果たして自分にできることがあるのか？

…自分ひとりにできることなんてあるはずがない。ついそう考えてしまう気持ちを、主人公達は、そして太田愛さんは、強く優しく叱り飛ばしてくれる。

「おまえが本当に勝ちたいのなら、まず闘う場所に立つことだ」

たったひと夏で人は大きく変わることができる。4人の変化は勇気をくれた。もっと多くの人に読んでもらって、知ってもらいたい。考えてもらいたい。

8・5点
君の六月は凍る
王谷晶／朝日新聞出版

高野典子／八重洲ブックセンター宇都宮パセオ店

▼どこか透明な世界を離れた場所からずっと眺めているような感覚から離れられないでいる。ものすごく好きなのに、ピタッと合う言葉が見つからなくて、ずっと棘が刺さったままのような。お薦めしたいのに自分だけのものにしたいような。いっそ歪なまま、溢れ出た感情を抱えていようとさえ思っている。

8・5点
京都東山邸の小鳥遊先生
望月麻衣／ポプラ社

木部裕梨／明屋書店豊前店

▼最初から最後まで頭の中に勝手に映像が浮かんできて、まるで1本の映画を見た様な不思議な読書体験が出来る作品。登場人物のキャラも濃く、思わず頑張れと応援したくなる。笑いあり、涙あり、美味しいもありの贅沢な1冊。

8・5点
わたしに会いたい
西加奈子／集英社

平山佳央理／三省堂書店有楽町店

▼世間的に女性の身体の事に触れるのはタブーとされる風潮がある。

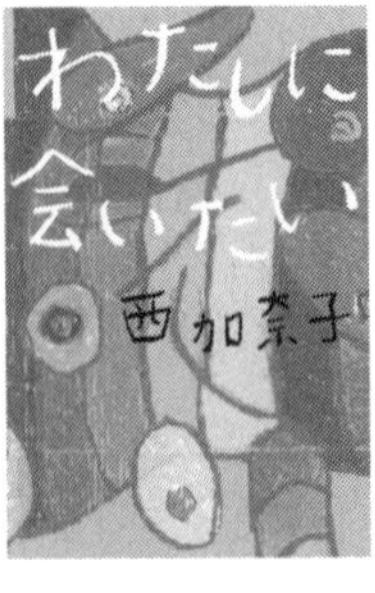

けれど、西さんが書くこの短編集はそんな風潮をカラリと爽やかな風で吹き飛ばすような力に満ちている。
おっぱいだ、乳首だ、おならだ何だと話の中で沢山出てきても、そこにいやらしさなんて物は全くなく、むしろ生きている！　これが自分の身体と共に生きているという事なんだ!!と、強く感じる。生命力とパワーに溢れた1冊だった。

8・5点
墨のゆらめき
三浦しをん／新潮社

本郷綾子／丸善丸広百貨店東松山店
▼もし目の前に一枚の白い紙があったなら、黒々とした墨をたっぷりと筆に浸らせたのち、私はどんな文字を浮かび上がらせるのだろう。そしてそれを見た人に、某かの感想を呼び起こすことができるのだろうか。この物語を読み終えて、ふとそんなことを考えた。
書の魅力、墨の匂いが漂うかのような臨場感。またひとつ、三浦しをんの代表作が生まれた。

8点
月夜行路
秋吉理香子／講談社

匿名／東京都
▼怒濤の展開とスピード感で、一気に読み終えました。ミステリ、恋愛、友情、家族愛、様々な要素が詰め込まれており、最初から最後まで目が離せません。自分は何者なのか、という疑問に正面から向き合う主人公に勇気をもらえます。

8点
彼女が言わなかったすべてのこと
桜庭一樹／河出書房新社

伊勢川詩織／紀伊國屋書店鶴見大学ブックセンター
▼この世界はたくさんのパラレルワールドが重なりあったり離れたりしながら存在していて、誰もがそれぞれの世界を生きている。それぞれは〝自分にもあったかもしれない〟世界でもあり、〝自分には起こりえない〟世界でもあり、〝これからそうなるかもしれない〟世界でもある。

でも共通するのはここにあるということ。そして、ともに生きているということ。自分や世界との向き合い方を一つ教わったような読後感でした。
くすっと笑える描写やハッとする言葉、一つ一つが心に残って何度だって読み返したい。そして、読んだ人と話したくてたまらない。そんな小説を読むことができてとても幸せだし、たくさんの人に読んでほしい1冊です。

8点
神と黒蟹県
絲山秋子／文藝春秋

久田かおり／精文館書店中島新町店
▼日本のどこにでもあるような地味な県、「黒蟹県」、って、もうその名前を聞いただけで面白そうな気配むんむん。そんなどこにでもあるような地方都市では、これまたどこにでもあるような市同士のあれこれもあるわけで。このライバル関係がすでに面白い。そこに降臨してくる半知半能の神がいい味出してるんだこれが。大きな事件もない、特別なこともない。一般ぴーぽーと神の何気ない毎日の尊さよ。そして一章ごとに挟まれる「黒蟹辞典」の完成度！　架空の方言やら商品名やらの作りこみ度がハンパない。

8点
襷がけの二人
嶋津輝／文藝春秋

森泰美／カルチュア・エクスペリエンス商品本部BOOK文具雑貨部調達グループ書籍
▼戦前から戦後、歳も立場も環境も、何もかもが移り変わっても、ていねいに日々を営むふたりの女性の絆。端正な筆致がぐいぐいと読ませる、優れたシスターフッド作品。読むとおなかが空きます。

7・5点
案山子の村の殺人
楠谷佑／東京創元社

三島政幸／啓文社岡山本店
▼余計な描写を削ぎ落とし、文章全てがミステリの真相に向けて精緻に

構成された本格ミステリ。ミスディレクションや伏線の妙味、主人公の二人の設定、二度にわたる「読者への挑戦」の大胆不敵ぶり。

　若い書き手がこのようなミステリを発表されたことは、日本ミステリの未来が明るいことを示しているように思う。早くも次作が楽しみな才能に、ぜひ今のうちに触れていただきたい。

7点
ビギナーズ家族
小佐野彈／小学館

遠山啓／TSUTAYA BOOK文具雑貨部

▼思えば、私立の学園ほどコンサバティブな社会はないかもしれない。そこにゲイのカップルとその養子があえて挑むという、前代未聞の大冒険物語。幕開け早々からお受験の暗部が赤裸々に描かれ、仰天につぐ仰天の連続だった。

　読みながら、二つの思いがずっと胸にあった。そこまでやるか、と。このひとたちは大事なものを見失っているのではないか、という二つである。今にして思えばそれこそが、著者からの「家族とはなにか？」という問いかけだったのだろうと思う。

　とにかくスケールが大きい物語で（特に金額感が）、ともすれば荒唐無稽になりがちなところを、圧倒的リアリティーでラストまでまっしぐら。お受験エンターテインメントの大傑作である。

7点
オール・ノット
柚木麻子／講談社

匿名／広島県

▼四葉さんはどう思うかわからないけれど、私は、四葉さんは強くて、しなやかで、オール・ノットのような人だなと思いました。

　いろんな形やいろんな色の真珠があって良いんだと思う。輝くには自分の力も必要だけど、それを手助けしてくれる、みんながちゃんと輝けるような仕組みのある、そんな世界になったら良いなと思いました。

6・5点
うるさいこの音の全部
高瀬隼子／文藝春秋

本郷綾子／丸善丸広百貨店東松山店

▼どこまでが創作で、どこからが現実なのか。それとも、読者にそう思わせることで、全ては著者の手のひらで転がされているだけなのか。その境界線に佇みながら唇を噛むと、ざらりと砂の味がした。芥川賞を受賞した著者が放つ、芥川賞受賞作家の女性の物語。

6・5点
帆船軍艦の殺人
岡本好貴／東京創元社

高野大輔／リブロ港北東急SC店

▼強制徴募により水兵となってしまった主人公から語られる当時の帆船の仕組みや船内の戒律といった18世紀イギリスの歴史背景がしっかりと描かれています。

　当時のイギリスを舞台にミステリが書きたいという作者の強い想いが文章の端々から滲み出ている印象を受けました。

　これはもう…愛ですね！

6・5点
キドナプキディング　青色サヴァンと戯言遣いの娘
西尾維新／講談社ノベルス

矢儀晋一／明屋書店東岐波店

▼夢中になって読んでいた「戯言シリーズ」。まさかの続編は私にとって今年一番のプレゼントです。ページを捲ると目に飛び込んできたパロディ目次に大笑い。人類最強のあの方の登場にテンションがドッと上がって気分は一気にあの頃に戻ったかのよう。最高の爆笑と至福の時間でした。

6点
ぼんぼん彩句
宮部みゆき／KADOKAWA

大牧千佳子／喜久屋書店宇都宮店

▼12の俳句の12の短編、どの短編もそこから長編ができそうな内容のぎゅっとつまった読みごたえあるストーリー。

　さすがだ、宮部みゆき先生。間違

いない。

日常の範疇にありつつ、踏み越えてしまいそうな危うさを孕んだミステリー。そのギリギリのラインを攻めつつ越さない。絶妙です。わたしは2話目の鶏頭の話が特に好きです、ぞわっと感がたまらないです。

6点
かっかどるどるどぅ
若竹千佐子／河出書房新社

脊戸真由美／丸善博多店

▼「右と左、さぁ、どっちがいいと聞かれて必ずスカを選んだあたしの人生」

これはわたしの物語だ、と手に取った。

「いじめか、いやがらせか。おお、そうか、なら、受けて立とうじゃないかってんで、余計な意地張って」

どこで見られてた？というくらいその通りに生きてきた。

「昼間のあたしはひたすら、ニンジンネギごぼうパン醤油、並べる並べる並べる並べる。お客は無造作に後ろのほうから取っていく。それでまたきれいに整える」

東野圭吾、並べる、並べる…まるで、わたしら書店員「ヨイトマケの唄」のような、スーパーの惣菜コーナーの仕事。

しょぼくれた老年。今後の参考になりそうだ、と読み始めた。ラップのごとく語られる老女の東北弁。先細りしていく余生は、ことのほか悪くなかった。エンディング曲は、岩崎宏美「聖母たちのララバイ」で間違いない。

6点
ヘルメス
山田宗樹／中央公論新社

水本伸一／フタバ図書TSUTAYA MEGA中筋店

▼三世代に渡るリアルで壮大な長編に酔いしれました、深い深い感動。2029年、衝突と予測された小惑星の危機を偶然乗り切った人類は、地下に巨大シェルターの建造を計画する。そして、2045年に実験地底都市「ヘルメス」の試験運用を開始する。小惑星衝突の危機が再び迫る中、ヘルメスが全人類にもたらしたものとは…。山田先生のSFは、どれも奥深いテーマでリアル感もあり、読了後に宇宙や地球に想いを寄せる時間の心地好さが、たまらなく気持ちいい。

6点
休館日の彼女たち
八木詠美／筑摩書房

小山貴之／TSUTAYAいまじんウイングタウン岡崎店

▼タイパが求められ、わかりやすい物が受け入れられる今の世界でこの作品は異彩を放つ。だからこそ読む人・読んだ時期によって捉え方の変わる小説は多くの人に読まれ、残っていって欲しいと願う。数年おきに再読したい一冊。

6点
回樹
斜線堂有紀／早川書房

村上望美／田村書店吹田さんくす店

▼表題作をはじめとして、様々な設定のSF短編の、そのどれもが本当に深く切なく胸に響く。特にラスト、表題作「回樹」の続きとなるエピソードは、最後の一言があまりにも素晴らしく、初めて読んだときにはその最後の文字がそのまま私の体めがけて飛び出し、貫いていった気さえした。何度も何度も読み直し、そのたびに「すごい」とため息を吐いた。異なる世界に誘ってくれる、狂おしいほどの魅力が込められた作品群だった。

6点
月のうらがわ
麻宮好／祥伝社

西和美／神奈川県

▼月の裏側に行けば死んだおっかさんに会える。

誰もが会いたい人がいるだろう。もし会えるなら。もしあの月の裏側に行けば会えるなら。どうやって行けるか考え続けるでしょう。

亡き人を思う悲しいだけの話ではなく周りの人たちの優しさにほっこりしたり頑張っている子供たちの姿

に涙したり。

悲しみも苦しみも人それぞれ。でもみんな一生懸命に前に進んでいる。

とにかく心を鷲掴みにする書き方がとてもうまいのだ。読後もあたたかい気持ちになった。今、読んでほしいと言える作品だ。

6点
鯨オーケストラ
吉田篤弘／角川春樹事務所

安田美重／三省堂書店東京ソラマチ店

▼「人はみな、未来に旅をする」

静かに流れる川のように、音楽と人が未来へと流れていくこの物語が私は好きです。

6点
はーばーらいと
吉本ばなな／晶文社

渡邊裕子／喜久屋書店小樽店

▼とことん負けてしまった時、他人の善意に感謝できず、悪意にさえ気付けないほど感覚が狂ってしまった時、私はこの物語を何度でも読むはず、自分自身がぶれない為に。

5・5点
きこえる
道尾秀介／講談社

谷由美／愛知県

▼頁をめくると現れるQRコードから動画サイトに飛んで音声を聞くというまったく新しい手法。本という媒体の新しい可能性を試す作者の心意気に拍手！

物語は、不穏で引っかかりがのこる記述に揺さぶられながら読み進むミステリー。動画の視聴の際は「いったいこれから何を聞かされるんだろう」という不安が膨らむ。こんな読書体験はこれまでなかった！

5・5点
本の背骨が最後に残る
斜線堂有紀／光文社

島田優紀／ブックセンタージャスト大田店

▼紙の本が禁止された世界に於いての〝本〟とは。もうこの設定が本好きにはたまらなくないですか！

かなりグロテスクな描写が多いのだけれど、読んでいる間それを感じさせないのは文章と言葉選びの美しさ故でしょう。

独特なこの世界をこれでもかというほど堪能させてくれるのも、同じく。ジャンルはホラー寄りのファンタジーでしょうか。

訴えかけるようなメッセージ性のある物語もいいですが、ただただ面白い本を読む時間をおすすめしたいという1票です。

5・5点
本売る日々
青山文平／文藝春秋

青柳将人／文教堂本部

▼今も昔も変わらず、本は人々の人生に実りを与えてくれることを再認識させられました。

どのお話も人情噺で終わらず、本を売る平助の目線で本を軸に描かれているのがとても良い。

シリーズ化を希望します。

5・5点
山ぎは少し明かりて
辻堂ゆめ／小学館

匿名／函館 蔦屋書店

▼女性三代、それぞれのかたくなさは何処からきているのか。

ダムに沈むふるさとで一人きりでも生きようとする祖母。

揺るぎないものを持つ人の選択に震えました。

三人のかたくなさを溶かすものはなんだったのか見届け、この物語は心に沈めてずっと持っていこうと思いました。

5点
##NAME##
児玉雨子／河出書房新社

細野志衣／三省堂書店名古屋本店

▼何も知らない学校の同級生や周囲の大人たちは主人公・雪那の過去を「闇」として扱いますが、本人にとっては彼女なりの努力を重ねた時間であり、仲の良かった美砂乃と過ごした楽しかった思い出でもあるという「感じ方のズレ」が作中随所に感じられたのがリアルでした。

昨今デジタルタトゥーという言葉があるように、どんな形であれ一度口に出して〝公《おおやけ》〟にしたものは一生消えることはありません。そこに個人を特定できる「名称」があればなおのことかと思います。投稿や発言の際に使うのはシステムや機械等の無機質なものだとしても、その末端にいるのは心を持った人間なのだという意識は忘れたくない、忘れてはいけないと改めて感じました。

5点
ローズマリーのあまき香り
島田荘司／講談社

川村佳代子／成田本店みなと高台店
▼やむを得ず娘を手放した実母と、育て上げ離れがたくなった養母。伝説のプリマドンナのストーリーが謎を深め、すべてのピースがピタリとはまり、過不足なくひとつの絵を描き出すラストが素晴らしい。

5点
の、すべて
古川日出男／講談社

日野剛広／ときわ書房志津ステーションビル店
▼現物を見て「なんだこれは!?」。
1ケ月かけて読んだ感想が「なんだこれは!!」。

超大作『曼陀羅華X』の余韻も束の間、またしても世界を挑発する更なる怪物作が降臨した。暴力のすべて、恋愛のすべて、時代のすべて、日本のすべて、この世のすべて、人間のすべてを描き切ったこの作品には、読者も読むというより挑むという言い方が相応しい。

これが小説でなし得るすべて、だ。

5点
ぼくはなにいろ
黒田小暑／小学館

稲益真理／TSUTAYA中津店
▼とんでもないものに出会った衝撃が今でも忘れられない…。
久々にしっかり揺るぎなく推せる本に出会いました。

誰かの一枠しかないその枠に、いつか自分も入れてもらえそうな気がして、頼むから未来よ、優しくあれ！と温かい気持ちにあふれる傑作でした。

5点
ラザロの迷宮
神永学／新潮社

匿名／神奈川県
▼安定の面白さでした。装丁も初めて見る形で丸ごと楽しめました。2024年の八雲イヤーも楽しみに待ってます。

5点
カーテンコール
筒井康隆／新潮社

宮崎雅樹／ジュンク堂書店三宮店
▼作者最後の作品集と言われるだけあり、其々の短編のオチがユニークで心地好く感じられた。最後であって欲しくない願望がそうさせるのか、世間の良識に抗う作家の真骨頂をしみじみと感じられた傑作である。

5点
解答者は走ってください
佐佐木陸／河出書房新社

平かのん／TSUTAYA三軒茶屋店
▼最後まで新鮮にシャキシャキしている文体の楽しさとその疾走感に身を任せていたら、いつの間にか自分の眼前すれすれに他人事だと思っていた物語が迫っている。こんな読書体験は初めてでした。決して交わることのない物語世界と我々のいる現実世界の境目がぶちぶちと破れていき、自分はどこにいるのか、主人公はどこにいるのか、もしかしたら私たちは今すれ違ったかもしれない、かと思えばまた彼は手元の活字の中にいる。この〈読まれる／読む〉の関係にある〈主人公／読者〉は同じ構造の中にいるということにゾクッとさせられました。そして、文章はこんなにも人を遠くまで連れていく力があるのかと、ときめきが止まらなくなりました。

5点
バールの正しい使い方
青本雪平／徳間書店

佐々木美樹／北上書房
▼物騒なタイトルと読後の爽快感、かけ離れた感情をお楽しみください。誰かを救うための嘘なら、私は許したい。

5点
アミュレット・ホテル
方丈貴恵／光文社

匿名／スガイ書店
▼映像化を期待したくなるスカッとするかっこいい展開でした。ほぼ全員が裏社会の人たちで、その社会な

らではの理屈で選ぶ行動が妙に納得できて、いろんな事件を解決する姿が見たいなと思いました。続編希望です。

5点
ヒロイン
桜木紫乃／毎日新聞出版

匿名／福島県

▼実際の事件を思いながら読んだ。流されて生きていく主人公の17年の逃亡劇。

タイトルが絶妙。

5点
リスペクト　R・E・S・P・E・C・T
ブレイディみかこ／筑摩書房

佐貫聡美／紀伊國屋書店コーポレート統括本部経営戦略室

▼冒頭のジェイドのスピーチで「やばい、面白くなる予感しかない……！」と確信。まるで映画のような胸熱展開に、私も一緒に「FUCK！ジェントリフィケーション！」と叫んでいました（笑）。

ジェイドの父親に対する「あの後ろ姿が剥奪されたものは人間の尊厳だったのだ」「尊厳のないところで人は生きられない」という描写が忘れられません。

彼らを見ていると、貧困とは食べ物や住む家がないという事だけではなく、その本当の恐ろしさは人から機会を、「立ち上がる力」を、「尊厳」を根こそぎ奪って再起不能にしてしまう事なのだと痛感しました。だからこそジェイド達の運動は「立ち向かう事をあきらめさせられた」人たちに、もう一つの道を示してくれたのだと思います。

「パンだけじゃなく薔薇も欲しい」――本書の根幹とも言えるこの言葉の意味を、読み終えてからもずっと考え続けています。

5点
踏切の幽霊
高野和明／文藝春秋

菅原章広／コーチャンフォー北見店

▼タイトルに幽霊とついているので、ホラー系の話かと思いきや、それだけでは終わりませんでした。

5点
むかしむかしあるところに、死体があってもめでたしめでたし。
青柳碧人／双葉社

樋口誠／TSUTAYA WAY橋本店

▼このシリーズが好きで1作目から面白く、楽しく読ませてもらった。昔話や童話を使っての発想が実に面白い。

5点
Row&Row
村山由佳／毎日新聞出版

庄田祐一／本と、珈琲と、ときどきバイク。

▼表面的には不倫小説であるが、これほどまでに夫婦生活の互いの孤独感や男女の心の機微が繊細に丁寧に美しく濃厚に表現された小説を僕は知らない。

人と人との繋がりの難しさ、自立と解放など、自分をどう生きるかに直結する、迷走と共感と激励と救いの物語。感情や思考の一つ一つを丁寧に伝えることの大切さや気づきが多く詰まった一冊。

言語表現の美しさがここまで際立つ濃厚なストーリーは初めて。ページをめくる手が止まらず、気づけば翌朝になっていた。余韻も深く、しばらく呆然として、何も思考ができなかったほどに中毒性すら感じる圧巻の超大作。

4・5点
空想の海
深緑野分／KADOKAWA

匿名／東京外国語大学生活協同組合ハッチポッチ

▼味わいの異なる11の短編をぎゅっと詰め込んだ一冊。様々なジャンルの作品を描く深緑さんの魅力に触れることができます。もっとたくさんの人に深緑沼にはまってほしい。

4・5点
聖乳歯の迷宮
本岡類／文春文庫

佐々木美樹／北上書房

▼冒険大作は海外だけのものではない！　イスラエルと日本、遠く離れた地が結びつくときに浮き彫りにな

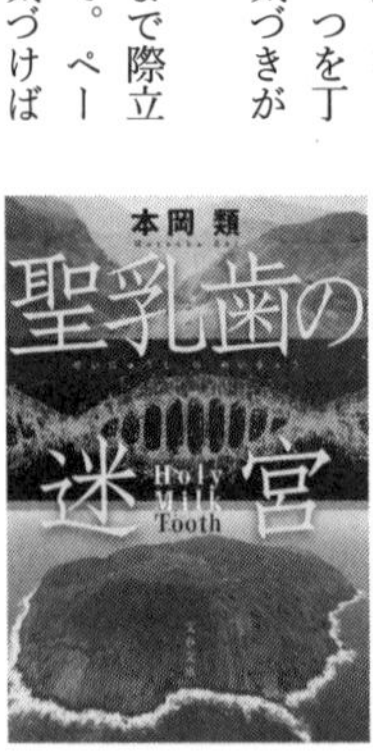

る危うさと狂気。まだまだ歴史の謎は深く、現在も左右させられる怖さと、希望を感じた。

4・5点
四日間家族
川瀬七緒／KADOKAWA

匿名／好文堂書店

▼とにかく川瀬七緒さんの本は設定と登場人物が面白い!!

ハラハラドキドキの一気読み。どうしても多くの人に読んでほしい作品、作家さんです。

4・5点
忘らるる物語
高殿円／KADOKAWA

森廣麻由美／丸善丸の内本店

▼怒りに満ちたファンタジー。

女であるというだけでどうしてこう男に思うままにされなければならないのだ。

皇后星に指名され、帝の子を産む為の道具として各国を巡る環璃《ワリ》。

そこで見た様々な支配を知り、抗い、立ち向かっていこうとする。

怒りや悔しさが自分にも伝染してページを捲る指先に力がこもった。

まるで壮大な神話のような、読み応えのある物語だった。

4・5点
物語の種
有川ひろ／幻冬舎

遠藤素子／山形県

▼身近で日常な日々からたくさん生まれた物語という種。心をチクチクと地味に刺し、しこりとして溜まる苦い種も有川先生にかかれば花が咲き軽やかに気持ちを上げてくれます。

4・5点
監禁依存症
櫛木理宇／幻冬舎文庫

漆原香織／山下書店世田谷店

▼ある日、性犯罪者たちの弁護を専らとする悪名高い弁護士の息子が誘拐された…。身代金目的か、それとも怨恨なのか。誘拐犯の真の目的とは。

今年も浜真千代が帰ってきた！そして期待を裏切らない活躍（？）!! さらに、新たな仲間にまさかの人物が!?

依存症シリーズ依存症の私は、早く次巻を読みたい。

4・5点
真田の具足師
武川佑／PHP研究所

林雅子／宮脇書店境港店

▼具足にかける職人の思いが紙面を通して伝わってくる。

凄いとしか言いようがない。

4・5点
街に躍《は》ねる
川上佐都／ポプラ社

阿久津武信／くまざわ書店錦糸町店

▼小5って世間から見たら子ども扱いされがちだけど、もう立派に大人であることがよくわかる。寧ろ世間の方が晶からいろいろ学ぶ世の中であってほしい。

4・5点
ビボう六
佐藤ゆき乃／ミシマ社

匿名／丸善アスナル金山店

▼わたしの知らないどこかで、もしかしたらわたしの事を想ってくれる人がいるのかもしれない。人はひとりでは生きていけないのかもしれない。

4・5点
すきだらけのビストロ
冬森灯／ポプラ社

五味雅子／紀伊國屋書店さいたま新都心店

▼『好き』は自分を幸せにしてくれるけど、時に妬みや不安、そして苦しみになってしまうこともある。

季節が変わっても、時代が変わっても、自分の心を灯してくれる『好き』があれば、今日より明日はちょっといい日になると思う。

私はそう信じたい、そう思えた1冊でした。

4・5点
蜘蛛の牢より落つるもの
原浩／KADOKAWA

北條由佳／紀伊國屋書店梅田本店

▼ホラー好きでミステリー好きな私のツボにすっぽり嵌った。登場人物の関係性も魅力的で、続編が読みたい！と思った。

4・5点
龍の墓
貫井徳郎／双葉社

豊田一弘／TSUTAYA三軒茶屋店

▼VRの世界と現実世界がシンクロする新基軸。現実に帰るのが良いの

か、VRのままのほうが良いのか…。現実世界が揺らぐ様は、まるで人類への警告のよう。

4・5点
あなたはここにいなくとも
町田そのこ／新潮社

菅原章広／コーチャンフォー北見店

▼様々な女性たちの短編集。私とは性別も立場も違うお話ですが、どんな内容でも読ませてくれる力はすごいと思います。

4・5点
青春をクビになって
額賀澪／文藝春秋

匿名／群馬県

▼青春を賭けた古事記研究者の道を諦めなければならない岐路に立った主人公。純粋に文学を愛し、研究に取り組んできた者たちの何が悪いのか。流行りの実学ではないからか？

研究の道から逸れず結果夢破れた者、方向転換を図りそれでも奥底では文学への愛情を捨てきれない者。それぞれの悩み、苦しみが胸に迫った。

どうにもならない現実のなか、それでも懸命に生きる若者の行く末が明るいものであることを願って止まない。切なくも愛おしい青春小説。

4・5点
27000冊ガーデン
大崎梢／双葉社

山野有里／平和書店アル・プラザ守山店

▼まずタイトルが魅力的。「27000冊」で「ガーデン」ですよ。書店員なら手に取らずにはいられません。

主に図書館の話ではありますが、お話の中が本、本、本だらけで天国です。

本は人を幸せにすると信じられます。

4・5点
あの魔女を殺せ
市川哲也／東京創元社

須藤晋平／コーチャンフォー新川通り店

▼『一般的な感覚は持ち合わせているつもりなので、市井の人が嫌悪感を抱くのは織りこみずみです』。作中の人物のこの発言は、まさにこの作品について自己言及的でしょう。グロテスクだ。魔術はある。行動原理に共感はできない。それでもなお、読後には奇妙な開放感があるのです。

4点
ナカスイ！ 海なし県の水産高校
村崎なぎこ／祥伝社

阿久津恵／TSUTAYA黒磯店

▼海なし県である栃木県に唯一ある水産高校に集まった子供たち。

主人公たちがそれぞれの事情を抱えてぶつかりながらも、互いを認めて仲良くなっていくのが、やきもきしつつも、すごく微笑ましく感じました。

「ご当地おいしい！甲子園」で3人が協力する姿は胸が熱くなって、周りの支えがあって困難を乗り切る場面は泣きそうになりました。

何もない田舎だと思っていた場所ですが、これほどわくわくした景色が見られるなんて。ナカスイの若鮎たちが精一杯青春しているのが、読んでいて清々しく、キラキラと輝く川面のようにまぶしかったです。

授業でわーわー騒いで、友達関係でちょっと切なくなったりして、みんなで大会に出て頑張る姿が見られる、元気がもらえる一冊です。

4点
ずっとそこにいるつもり？
古矢永塔子／集英社

福原夏菜美／未来屋書店碑文谷店

▼何気なく読み始めたら「えっ」と固まってしまいました。これはすごい小説。先入観って怖いです。

4点
不器用で
ニシダ／KADOKAWA

匿名／TSUTAYA BOOKSTORE梅田MeRISE

▼ニシダさんの小説を初めて読みましたが、普段のクズ芸人っぷりからは想像できないほど、細かな描写と表現力に大変感銘を受けました。今期読んだ本の中で一番早く読了でき

たくらい、ストーリーに惹き込まれてしまい、文学者・ニシダのファンになってしまいました。

4点
蒼天の鳥
三上幸四郎／講談社

匿名／ジュンク堂書店明石店

▼熱量を強く強く感じる作品。エンタメとしてもすごく巧みな上に、情景描写が秀逸で、大正時代の鳥取の空気の香りすら感じさせる鮮やかさでした。実在の（それもあまり知られていない）女性の小説家をモデルにしているところも、さらにこの小説に深みを増しています。次回作をとても楽しみに読み終わりました。

4点
毒をもって僕らは
冬野岬／ポプラ社

齊藤一弥／紀伊國屋書店仙台店

▼人は生きなければいけない。

たとえ余命幾ばくもなくとも、家族に先立たれても、いじめにあっても、束縛されても。

辛く、汚い、退屈なこの世の中を。

綺麗事を一切排除した厳しい世界を見せつけるこの作品はそれでも生きる事の光を感じさせる。

3・5点
極楽征夷大将軍
垣根涼介／文藝春秋

道圓正司／けやき書房

▼足利尊氏の生涯を、面白く描き親近感を持たせる。あまりなじみのない室町幕府成立の様子がよく分かり、その後の歴史とのつながりも理解できた。中高生必読。

3・5点
星に願いを
鈴木るりか／小学館

山田恵理子／うさぎや矢板店

▼前半は笑いながらも、後半は胸がしめつけられ、始終涙腺を刺激されました。るりかさんはどうしてこんなに老若男女の心がわかるのだろう。花実をとりまく人達を小学生で生み出し、激流のように全てが繋がることに驚きました。星に願いを、人生の中に咲く優しい花のような物語。

3・5点
とりどりみどり
西條奈加／祥伝社

遠藤素子／山形県

▼ぞくりとするほど業も情も深い、そして温かい家族の物語。ひとくせもふたくせもある姉たちに優しく見守る兄、主人公お鷺のまわりの騒がしくもあったかい日常が羨ましくなるほど優しいんです。

3・5点
私が鳥のときは
平戸萌／河出書房新社

山本亮／大盛堂書店

▼読み終えて思わず、バンザイ！と大声をあげてしまうエヴァーグリーンな本当に素晴らしい小説だった。とにかく色んな感情を包み込むバナミの想いがずっと心に残る。ぜひみんなにこの感動を体感してほしい。これからも長く心から応援したい作品だ。

3・5点
ごっこ
紗倉まな／講談社

長谷川雅樹／ブックデポ書楽

▼3篇が収録されているが、表題作である「ごっこ」がとくに秀逸。ふたりのあいだに永遠の断絶が横たわりつつも、どこかで繋がっている。そんな名状し難い不安定な関係性を愛と呼ぶこともあるなら、これは恋愛小説なのだろう。

ラストシーンが強烈で、ここに描かれる死のイメージは、「ごっこ」以外の2作にも共通して流れる。言葉の選び取り方や紡ぎ方にも独創性があり、借り物の小説の型に乗っかることを最初から拒否しているのが素晴らしい。読者の誰にでも共感できる概念かと言われると私にはわからないが、刺さる人には間違いなく刺さる。えぐみのある、それでいて純粋な、質の高い文芸作品。

3・5点
星くずの殺人
桃野雑派／講談社

阿久津恵／TSUTAYA黒磯店

▼面白くて一気読みしました！

宇宙で首つりが起こる。一体どうやって?? 自殺か他殺か??

電話もネットも使えない中でどんどん人が死んでいく。緊迫感と、恐怖。

宇宙でのクローズドサークルなん

て、スケールが大きすぎて頭の中が疑問符だらけのまま進んでいくのですが、最後には思わぬ展開を迎えて、それが本当に面白かったです。

　登場人物たちがとても魅力的だったので、シリーズ化してほしいなと思いました。

3・5点
スープの森　動物と会話するオリビアと元傭兵アーサーの物語
守雨／主婦と生活社

遠藤素子／山形県

▼まさしく温かいスープのような物語。あとがきにあるコロナ禍、そして戦争。心が疲弊し弱ってどうしようもないところに静かに染み渡ります。人と関わる中で心の忖度で自身を締め付けるのは辛い。だから、大事なものを守り穏やかな営みを守る。とても幸せな生き方だと教えてくれます。

3・5点
私労働小説 ザ・シット・ジョブ
ブレイディみかこ／KADOKAWA

日野剛広／ときわ書房志津ステーションビル店

▼この理不尽な世界に的確かつ鋭い言葉で切り込む著者は、どんなに綺麗で尊いと思われる事柄の中にも欺瞞があるということを見逃さない。しかし、欺瞞の中にも真実がある。ブレイディみかこはそのすべてをすくい取り、文章に落とし込んでゆく。
　本作は、著者がライフワークとして説き続ける「地べた」からのリポートを、もっとも私たちの身近に引き寄せた作品である。

3点
悪逆
黒川博行／朝日新聞出版

清水和子／正文館書店知立八ツ田店

▼犯罪は社会の結果論だと思う。この多様化している世の中で様々な要因が絡み合い、人間のどうしようもなさによって犯罪は生まれるのだろう。化けの皮を被った奴らはどこにでもいるんだろう。黒川博行は現在一番の社会派小説家だと思う。それをこんなエンターテインメントに昇華させるとは…！　玉川刑事と嗚呼一緒に働きたい。一緒に張り込みして、粘って粘って仕事を全うしたいものだ。

3点
きみはサイコロを振らない
新名智／KADOKAWA

立木恵里奈／くまざわ書店南松本店

▼私たちは知らない間にこの壮大なゲームに巻き込まれ、偶然によって生かされているのかもしれない。
　呪いという得体のしれない恐怖と終わりの見えない展開に、呪いにかかったような不安定な気持ちで読み進めました。

　最後には全てがきれいに回収され、怖さを残しながらも切なさで胸がいっぱいになりました。

　呪いは恐ろしいばかりではない、呪いは救いにもなる。

　傷ついた人々を呪いが癒す再生の物語です。

3点
青を抱く
一穂ミチ／角川文庫

匿名／ジュンク堂書店芦屋店

▼2015年にBLレーベルから出版されたものに若干の修正を加え一般向けに改稿しての再発行となった。BL小説によくあるご都合主義的な不自然さはなく魅力的なストーリーと登場人物に引き込まれていく。人と人が出会い愛し合い一緒に生きることの切なさと難しさが胸に迫る。

3点
赤泥棒
献鹿狸太朗／講談社

河野寛子／未来屋書店宇品店

▼3つの短編はどれも高校生たちの物語。純粋さに呑み込まれた彼らのあやうさを、キレッキレな言葉でパチリとはめてくる文章は快感を覚える。今年最高の青春文学作品。

3点
君が見たのは誰の夢？ WhoseDreamDidYouSee?
森博嗣／講談社タイガ

迫彩子／蔦屋書店熊本三年坂

▼読み終えると時代を一気に加速して目覚めたような浮遊感に包まれます。
　「未知の新種ウィルス」というキーワードもさることながら、やはり「共通思考」が出てきたあたりで熱を帯びてきます。

これまでのシリーズひとつひとつが伏線であって過去であって未来であるかのような、全てがマガタ博士の作った夢であるような…『すべてがFになる』からなにもブレていないマガタ博士が夢見た未来が（作中では）そう遠くないことにまた興奮して続編を心待ちにします。

3点
メロスの翼
横関大／講談社

中村有希／東京大学生協駒場書籍部

▼国際大会に突如現れた、謎の卓球選手は誰なのか。ミステリアスな展開に引き込まれ、読み進めるうちに胸がアツくなる。スポーツ小説かと思ったら見事に裏切られた。
　一人一人の登場人物がとても魅力的で、人が人を想う激しさや哀しさに涙が溢れ出す。時を超えた友情の物語。

3点
アンデッドガール・マーダーファルス4
青崎有吾／講談社タイガ

大山侑乃／福岡金文堂本部

▼もともとこのシリーズは大好きな作品でしたが、アニメを見て、登場人物を深掘りしたこの4作目を読んだらあまりにもおもしろく…！
　まだ読んでおらず、これから新しく読む人が羨ましいくらい、素敵な作品です。

3点
波の鼓動と風の歌
佐藤さくら／集英社文庫

内山博子／東京大学生協本郷書籍部

▼ファンタジーってこんなに面白いんだ！　現実ではないしっかりとしたファンタジーなのに、その他はリアルすぎて落差がすごい。
　ファンタジーの世界でも人間はどこまでも人間臭かった。
　ファンタジーは苦手と言う読書友達にも自信を持って薦めたい一冊。

3点
私はスカーレット
林真理子／小学館

松浦直美／蔦屋書店茂原店

▼実は未だに原作を読んだことがありません。分厚いゲラの束を、意を決して読み始めたら…惹き込まれて帰ってこられなくなりました。読後、いつまでもスカーレットが頭から離れてくれない。なんてこと！
　わがままで、時にイライラさせられるけれど、「私はスカーレット・オハラだ」という誇りがめちゃくちゃ格好いい。

3点
花に埋もれる
彩瀬まる／新潮社

原口葵／紀伊國屋書店梅田本店

▼今年の運命の一冊。花に誘われるようにふらふらと手にとっていました。まどろむ官能と芳香。艶やかな花弁は心臓まで深く根をはり、一生忘れることのない至福体験になる。彩瀬さんの花にずっと埋もれていたい。

3点
化石少女と七つの冒険
麻耶雄嵩／徳間書店

松本佑太／ブックファーストエビスタ西宮店

▼最高に面白い仕上がりになっていました。ミステリの馬鹿馬鹿しさは前作同様だが（前作よりは分かりやすい?）、学園物としても中々に面白みが出てきて読んでいて全く退屈しないです。そして安定のラスト、うーん麻耶雄嵩だ。
　世にも奇妙な関係性が出来てしまったところで次巻もあると仄めかすような展開、楽しみです。

3点
梟の好敵手
福田和代／集英社文庫

豊島寛子／ジュンク堂書店三宮駅前店

▼現代に存在する忍者の一族、梟。若き梟たちが身体特性やクールな思考で活躍する。めちゃくちゃ面白い。そんなシリーズが1年間で2冊も読めるなんてしあわせすぎた。2巻目『梟の胎動』は続きがどうなるのか色々気になるラストだったから、3巻目の『梟の好敵手』は続きが読める！というだけでドキドキし、読み始めると格好良くて面白く

て夢中になった。読み終えてすぐに続きを読みたくてたまらなくなる中毒性のあるシリーズの最新刊はやっぱりめちゃくちゃ面白かった！

3点
戦国女刑事
横関大／小学館

田村文／吉見書店竜南店

▼戦国の武将達がもし現在の刑事だったら！しかも全員女性!?　というすごい設定にこれは絶対面白いと思い即買いしました。武将達の様々なエピソードを現代の話に置き換えアレンジしてあり予想以上に楽しかったです。後半のクライマックスに向けて一気読みでした。

3点
2.43 清陰高校男子バレー部 next 4years〈I〉
壁井ユカコ／集英社

匿名／SuperKaBoS鯖江店

▼かつてのライバルを味方にし、新たなチームを作り上げて戦う大学バレー。相手チームを徹底的に調べ上げ、コート上で戦う選手を支えるアナリストの存在も大きい。一度負けたらそこで終わりのトーナメントとは違う、駆け引きの面白さがあるリーグ戦。長い長い我慢と努力の果てに、三村統《すばる》がようやくつかんだ光。福井の「悪魔のバズーカ」の復活を皆が待ち望んでいた。

　この物語の主人公は1人ではない。全ての登場人物がその仲間たちと共に物語を引っぱっていくから、全員を応援したくなってしまうのだ。

3点
ドードー鳥と孤独鳥
川端裕人／国書刊行会

青柳将人／文教堂本部

▼絶滅動物をめぐる自然科学小説と、ドードー鳥の謎を追うサイエンスミステリーの両側面がある本書は、今までに体感したことのない新たな学びと物語を読み手に提供してくれた。

　この1年、最初から最後まで知的好奇心を掻き立て、楽しませてくれた小説は唯一この作品だけ。

3点
完黙の女
前川裕／新潮社

匿名／高知県

▼今年もっとも「謎」を残し、「謎」のままであるがゆえに人間の一筋縄ではいかない「性」をおもわずにはいられない怪作。作中語られるようにこの小説は「ノンフィクション・ノベル」であり、現実世界では一部事件は裁判も結審している。しかし、事件の奥底には事件の一面から見ているだけでは見えてこない「何故」の「底の底」があり、それを知りたいという欲求をとめる事ができない。名探偵も、名裁判官もでてこないがゆえに、明快な答えも動機も不明のまま謎が謎を呼びつづける。そして、ノンフィクションとノベルの狭間で揺れ動き混然とするラストシーンに息を呑む。

3点
鳥啼き魚の目は泪
宇佐美まこと／小学館

匿名／愛媛県

▼作庭家、重森三玲に光を当てたミステリー。風のように爽やかで石のように孤高で水のように自由な人。作庭への思慮と困難と大いなる情熱がこの作品には満ちあふれている。実際の重森氏もこんなに魅力的な人だったのだろうか。

「あの恐ろしい夏が来たのは、その年のことでした」昭和モダンの上流階級。華やかな生活が繰り広げられる中、庭の虜になっていく吉田夫妻。この名家に起きる恐ろしい事件に心震わせながら読み進んでいく。

3点
アブソルート・コールド
結城充考／早川書房

月元健伍／宮脇書店松本店

▼バイオテック企業が牛耳る高層都市を舞台に、ミステリ的な結構で読ませるサイバーパンクSF。研ぎ澄まされた文体と、街とテックのディテール、ぐいぐい読ませられるアクションシーンと、キャラクターたちの関わりが愛おしい、傑作SFです。

3点
最果ての泥徒《ゴーレム》
高丘哲次／新潮社

加来智美／明屋書店豊前店

▼一人の泥徒が一人の少女との旅路の中で心を持つまでの物語。「PLUTO」に出てくる科学の子アトム

となんとなく重ね合わせてしまった。でも泥徒は秘律文と霊息《ネシャーマ》から成る古代技術の産物。そんな魔術的な雰囲気を纏うものが近代兵器のように使われてしまうような世界観が斬新だった。困難な世界の中の旅路ではあったけれど、マヤとスタルィの主従をもっと眺めていたかった。物語が終わっても二人の旅は最果ての世界で続いているような気がする。

3点
奇病庭園
川野芽生／文藝春秋

匿名／TSUTAYA嵐山店

▼そのタイトルからか、登場人物の造形からなのか、読んでいてイタリアにあるボマルツォの怪物公園のことをふと思い出した。

調べてみると、怪物公園の正式名称は「聖なる森」というのだと知って驚いた。

本書も歪さの中にどこか聖性を感じる。庭園に点在するモニュメントを行きつ戻りつ眺めるように、それぞれの物語の中をそぞろ歩くことができる本。

3点
藩邸差配役日日控
砂原浩太朗／文藝春秋

匿名／ザ・本屋さん音更OK店

▼なんでも屋と言われる差配役の里村五郎兵衛。陰謀蠢く荒波に飄々として信念を貫く。

3点
そして花子は過去になる
木爾チレン／宝島社文庫

佐藤暁哉／コーチャンフォー釧路店

▼こういう恋愛小説が読みたかった。

アナログ回帰も良いけど、デジタルと融合しつつのリアルが良いんだよな。これから来る時代を恐れずに受け入れてみようと思える作品。

3点
名探偵外来　泌尿器科医の事件簿
似鳥鶏／光文社

関彩／ときわ書房本店

▼とにかく面白い！

泌尿器科という神秘のベールに包まれた場所で巻き起こるさまざまな事件に、ぐいぐいと引き込まれます。

エッ、そんなところがそんなことに…!?という驚愕の連続。もうほんとに、読んでるだけで痛い。すごい。怖い。

笑ったり、手に汗を握ったり、とエンタメ的な面白さを味わえるだけじゃなく、読み終わる頃には健康についての意識まで改善された気分に！

3点
風と雅の帝
荒山徹／PHP研究所

光吉大典／PLANTBOOKコーナー

▼人呼んで「地獄を二度も見た天皇」。後醍醐天皇はじめ南朝の人々は、古来様々なかたちで文芸作品に描かれますが、北朝はどうしても足利幕府が中心となり、その皇統と周辺は大きく扱われることがありませんでした。この一作が、今まであまり知られてこなかった、心優しき天皇と、隠された歴史と、そして和歌文学を、広く紹介することになればと思います。

3点
怪物のゆりかご
遠坂八重／祥伝社

神谷真由／平和書店石部店

▼バディ好きな人必見！　そうでない人にも必ずどこかに心躍るシーンが見つかります！　青春の1ページのようなやり取りと恐ろしいシーンとのギャップにページをめくる手が止まりません。

3点
悪魔のコーラス
モモコグミカンパニー／河出書房新社

匿名／コーチャンフォー美しが丘店

▼人気絶頂のうちに解散した、BiSH元メンバーが記した一作。作家・モモコグミカンパニーの魅力と才能が溢れた作品に。

3点
無敵の犬の夜
小泉綾子／河出書房新社

野上由人／N-Cリテールズ

▼帯には「東京のラッパーを倒しに北九州からカチコミへ」とある。個人的には全く興味の持てない話だ。

しかしまあ、文藝賞受賞作だと思って試しに読んでみたところ、これが予想通りに興味の持てない界隈の話ではあるのだが、実にたのしい。福岡の言葉を取り込んだリズムのある文章で、少々乱暴な連中の不器用なやりとりを、クリアに言語化して読ませる。共感もしないし理解できるとも言わないが、知らない世界の（言ってしまえば）ばかばかしい話をたのしく読ませる小説家の技術は間違いない。内容紹介を見て興味ないと思った人にも「意外とおもしろい」ので手に取ってみてほしい。次回作もたのしみだ。

3点
白ゆき紅ばら
寺地はるな／光文社

長岡和可子／TSUTAYA八尾老原店

▼本を開き読み進めてすぐに、「この作品はわたしの大好きになる」と確信した。愛する人の為に自分を犠牲にすることも、愛する人を独り占めしたいのも、全て愛だ。色んなものが多様化して、人の在り方も人それぞれになっていく世の中で、「美しい愛」って何が正解なのか、そもそも正解ってあるのか、辛くて、歯痒くて、心臓の音が止まらなかった。

愛すること、愛されることに不安を抱える人にぜひ読んでほしい作品です。

3点
11文字の檻　青崎有吾短編集成
青崎有吾／創元推理文庫

匿名／佐賀之書店

▼表題作、「11文字の檻」が秀逸。ミステリとして堅固な骨格をもち、ゲーム的な遊びのある謎が読者に隙間なくハマる。

3点
おあとがよろしいようで
喜多川泰／幻冬舎

匿名／福岡県

▼夢もない、やる気もない、お金もない。でも地元にもいたくない。ないないづくしの主人公が、入学した大学での出会いによって、大きく変わっていく成長譚。書いてしまえばよくある話で、でもよくある話の良い話は実は貴重なんじゃないかなとも思う。安心して人に薦めたくなる。いい本です！

3点
やさしさを忘れぬうちに
川口俊和／サンマーク出版

鈴木凜花／須原屋コルソ店

▼シリーズ5作目。

そろそろ既視感がある話が出てくるかなーと思いましたが杞憂でした。ただただ感動です。今を大切に生きなくちゃいけないと再確認させられました。

3点
首都襲撃
高嶋哲夫／PHP研究所

常次恵子／うかいや書店太子南店

▼テロの少ない国、日本。そこへ首都を狙ったテロ。それに立ち向かうための犠牲、秘策、攻防戦！

一気に読みきってしまいました。

3点
厳島
武内涼／新潮社

昼間匠／NICリテールズ書籍仕入部

▼物語は毛利元就、弘中隆兼のふたりの視点からなっており、史実を基にした作品の為結末はわかっているが、この戦は負けるとわかっていながらも自身が仕える側について行かねばならない状況や悲哀の描き方が個人的にはとても良かった。負ける側の美学を感じとることが出来る作品でした。

3点
もゆる椿
天羽恵／徳間書店

山田恵理子／うさぎや矢板店

▼天翔る面白さに、極上の臨場感！無敵の2人のかけがえのない瞬間に、1ページ1ページが愛おしい。

こんなにも心揺さぶられっぱなしになるなんて、初めての感覚に包まれた。一度読んだら忘れられない時代小説がここにある。

3点
不死探偵・冷堂紅葉01.君とのキスは密室で
零雫／GA文庫

坂嶋竜／さわや書店イオンタウン釜石店

▼いつのまにか信じられていたラノベとミステリは相性が悪いという先入観を完全に打ち砕いた作品。立ったキャラと不可思議な事件群、そし

てあくまで謎解きはフェアな姿勢に感心させられた。この本からミステリに入るものは幸いである。

3点
小説家と夜の境界
山白朝子／KADOKAWA

丹下誠之／明屋書店喜田村店

▼らしい短編が続く。それが心地よい。現実ではないことだと分かっていても頭の片隅で本当にあるのかもしれないと思ってしまう。そして最終話で心を動かされる。

3点
それでも旅に出るカフェ
近藤史恵／双葉社

森土貴史／ブックマルシェ上尾店

▼「ときどき旅に出るカフェ」の第2弾。会社勤めの女性の日常の癒しと不安、カフェで出会う人々の悩みや問題に触れながら考えていく物語。現代的な問題を様々な角度から

考察しながら進行するお話も面白いが、カフェ・ルーズの世界各地の聴きなじみのないメニューがとても美味しそうで素晴らしく魅力的。カフェ・ルーズ…近所にあったら通うのになあ。

3点
最後の祈り
薬丸岳／KADOKAWA

大田原牧／未来屋書店明石店

▼愛する人を無惨に殺されても、人は赦すことができるのか？ 真に罪を償うとは、どういうことなのか深く考えさせられる。被害者家族である教誨師と死刑囚。重いテーマを見事に描き切った作品。

3点
それでも会社は辞めません
和田裕美／双葉文庫

匿名／TSUTAYA BOOKSTORE梅田MeRISE

▼自分の無能さを突き付けられた時やその仕事の意義などを考えてしまい悩む時、それでも目の前の仕事に取り組み続けることで見えてくることがある。

私自身は主人公のように力強くまっすぐ立ち向かうことが出来なかった経験もあり、もっと早く出会えていたらなぁと少し悔しくもなった。どんな時も周りにいる人との繋がりが大事ということを改めて感じ、元気と勇気をもらえる作品である。

3点
腿太郎伝説（人呼んで、腿伝）
深堀骨／左右社

福原夏菜美／未来屋書店碑文谷店

▼ページを開いて1行目、「昔昔のワンス・アポン・ア・タイム」で、もう心奪われました。「???」が止まらない。令和を代表するとんでもない本！

3点
標本作家
小川楽喜／早川書房

青柳将人／文教堂本部

▼異種族が棲む人類が滅亡した地球で、小説を書かされ続けている文豪？ この設定だけでどんな物語が展開するのかワクワクしてくる。

人が生きていくためには、やっぱり小説って必要！ それを壮大なSFで実感させてくれる、とっても贅沢な読書時間を過ごせました。

3点
すべての恋が終わるとしても 140字のさよならの話
冬野夜空／スターツ出版

匿名／兵庫県

▼最近はあまり本を読まないと言われる10代の女の子達がよく購入されていました。

恋愛物は好きだけど、本は苦手という方にお薦めの短編集です。

3点
飛鳥クリニックは今日も雨
Z李／扶桑社

伊野尾宏之／伊野尾書店

▼新宿・歌舞伎町で起こる数々のトラブルにグレーな主人公たちが解決しようと動く、アンダーグラウンドアクション小説。

フィクションとノンフィクション、表社会と裏社会、暴力と優しさ、緊張と緩和。

相反する二つを隔てる壁がここではとにかく薄く、どっちなのかがわ

からない。
　こういう作品を出せる扶桑社が素晴らしいし、本という媒体にはまだ大きな魅力があるんだということを再確認させてくれる。
　退屈に倦んでいるすべての人に読んでもらいたい一冊。

3点
名探偵のままでいて
小西マサテル／宝島社

加部小百合／紀伊國屋書店ららぽーと横浜店

▼ミステリー好きにはたまらない、小ネタ満載。キャラクターも、全員魅力的！

3点
をんごく
北沢陶／KADOKAWA

水戸幸枝／西沢書店大町店

▼大正時代の大阪を舞台としたホラーミステリー。時代と土地の空気感が伝わる描写が美しい。人間の愛情、業、寂しさ、やるせなさ…、それらを感じられる文章。ホラーではあるが、何とも余韻の残る作品だった。

3点
シェニール織とか黄肉のメロンとか
江國香織／角川春樹事務所

竹内佑輔／リブロ別府店

▼たんたんと描かれる日常の中に、ぐっとくるエピソードやセリフ。さすが江國先生です。

3点
薬屋のひとりごと14
日向夏／ヒーロー文庫

大山侑乃／福岡金文堂本部

▼今ではタイトルを知っている人もかなり多くなりましたが、ぜひ原作の文庫を読んでいただきたい。
　謎解きという点でも読み応えがある物語です。

3点
コンビニエンス・ラブ
吉川トリコ／U-NEXT

匿名／福島県

▼とにかくラストの衝撃。思わず声が出てしまった。うわーそうきたか…!!　ポップに進む物語に皮肉や毒がポコポコと浮かんでくるのが小気味よい。「推し事」とは?を改めて考えさせてくれる1冊。
　U-NEXTさんの【ハンドレッド ミニッツ ノヴェラ】レーベル。読みやすく手に取りやすいものなので注目されてほしいという思いも込めて票を投じます。

2点
名探偵の生まれる夜　大正謎百景
青柳碧人／KADOKAWA

匿名／東京都

▼実在の人物たちの同時代感がとても楽しい時代ミステリー。与謝野晶子ほか。（レターパックで本屋大賞送れはすべて詐欺です）

2点
青瓜不動　三島屋変調百物語九之続
宮部みゆき／KADOKAWA

匿名／大阪府

▼三島屋変調百物語九之続「青瓜不動」編。言わずもがな天才宮部みゆき先生の作品です。なぜこんなに毎回毎回面白いのか！　宮部みゆき先生の才能が溢れかえっている今作。このシリーズ本当に面白い。おちか（1巻－5巻）からバトンを受けた富次郎シリーズ（6巻－）4作目です。おちかと比べるとちょっと、なよっちいなと思った富次郎ですが、噛めば噛むほど味がでるスルメイカのような主人公。戸惑い迷い、苦しみ、悩みながら少しでも前へと進む富次郎が愛おしいです。

2点
魔女と過ごした七日間
東野圭吾／KADOKAWA

匿名／明屋書店西条福武店

▼東野圭吾らしい科学的要素を含めた冒険活劇。

2点
無限の月
須藤古都離／講談社

匿名／東京外国語大学生活協同組合ハッチポッチ

▼前半から張られた数々の伏線をしっかり回収しつつ、さらに斜め上に放り投げられたような結末にしびれました。章ごとに入れ替わる視点に

翻弄されないためにも、紙の本で行ったり来たりしながら読むことをお勧めしたい一冊。

2点
わたしの幸せな結婚 七
顎木あくみ／富士見L文庫

匿名／神奈川県

▼シリーズの途中ではありますが読んでいてとても幸せな気持ちになれたので…。
　やっと大団円かと思っていたら、え？で、まだ楽しませてもらえそうで期待しています。

2点
骨灰
冲方丁／KADOKAWA

匿名／兵庫県

▼東京地下、呪術、家族。
　手に汗握る、骨太ホラー小説に、ワクワクさせられました。また、こんな小説を書いて欲しい!!!　熱望するほど面白かったです。

2点
茉莉花官吏伝 十五 珀玉来たりて相照らす
石田リンネ／ビーズログ文庫

大山侑乃／福岡金文堂本部

▼密かにはまっている作品です。少女もののようで、がっつりミステリー作品だと思っています。心理戦の描写が素晴らしく、続きが楽しみです。

2点
となりのナースエイド
知念実希人／角川文庫

匿名／落合書店イトーヨーカドー店

▼ナースエイドとして働く主人公に焦点を当てた小説。主人公の過去と、病院のトップたちをめぐるミステリードラマ。まさかの結末。

2点
霜月記
砂原浩太朗／講談社

清水末子／平安堂長野店

▼草花の色や香り、鳥や蝉の鳴き声、居酒屋の肴、季節の移ろいを感じながら物語に入ってゆく。
　若くして町奉行のお役目についた総次郎、突然姿を消してしまった父、名奉行と言われた祖父、草壁家三代の物語。抑えた表現に味わい深い文章。時代は違えど神山藩に生きた人々の息づかいを確かに感じとることができる。

2点
愛媛県新居浜市上原一丁目三番地
鴻上尚史／講談社

南則康／明屋書店新居浜松木店

▼初の自伝小説集！　当店は鴻上さんのご出身の町にあります。この本を多く販売させていただきました。TVやSNSで拝見しますが、鴻上さんの見えない部分が垣間見えました。当店は推させていただきます。

2点
レーエンデ国物語 月と太陽
多崎礼／講談社

小田香陽／くまざわ書店横須賀店

▼前作とは打って変わったストーリーに、多崎礼さんの技量をこれでもかと見せつけられました。圧巻。

2点
もぬけの考察
村雲菜月／講談社

匿名／ザ・本屋さん白樺コロニー店

▼アパートで起こるミステリー。初めて本を出された帯広出身の作家さんなので応援したいです。

2点
エレクトリック
千葉雅也／新潮社

谷垣大河／清風堂書店

▼千葉さんの小説には言葉で表現できない良さがある。何気ない場面の映像が頭にずーっと残るような。

2点
息
小池水音／新潮社

原口葵／紀伊國屋書店梅田本店

▼喘息がほぼ完治した安全地帯から読みました。息ができないというシンプルな死の淵を覗いてはまた一夜を生きのびる。寄る辺のない誰かの救いになるのか。だけど、どうかこの物語の存在を知っておいてほしい。

2点
食べると死ぬ花
芦花公園／新潮社

須藤晋平／コーチャンフォー新川通り店

▼その家族は、世代を越えてとある美しい青年に翻弄された。と、邪悪なサンタクロースの贈り物のせいにしても、間違いではありません。とはいえ、なるべくしてなった、そういう話ではあるのです。報いが下っ

たからには、そのはじまりには悪しき行いが〈あってほしい〉というのも、素朴な祈りの一形態であるという発見を突きつけられる作品です。

2点
恋ははかない、あるいは、プールの底のステーキ
川上弘美／講談社

芝健太郎／有隣堂店売事業本部

▼読みながらこうして年を重ねるのもわるくないものだと感じた。
軽やかでユーモアたっぷり。エピソードひとつひとつが面白く、都築響一の写真みたいな部屋、お父さんのつけるあだ名とか、日本の歴史00巻とか、なんですかもう、引き込まれてしまうじゃないですか。

2点
トゥデイズ
長嶋有／講談社

匿名／広島県

▼築50年のマンションに住む夫婦と小学生の息子、3人の暮らしを描いた作品。
序盤いきなり、マンションからの飛び降り事故があり不穏な感じがするものの、それも日常生活の1つのスパイスに過ぎないといった感じ。

「何も起きない」けど、日常とはこんなものと感じさせてくれます。

2点
共に明るい
井戸川射子／講談社

田中沙季／紀伊國屋書店小田急町田店

▼井戸川さんの作品を読んでいるといつもすこし泣きたくなる。どの人物もあまりに細やかで、いつだって目の前の誰かを気遣っているので、彼らの幸せを願わずにはいられないのだ。
『風雨』がとくに好きだった。わたしの学生時代もこんなふうに見守られていたのかもしれない。

2点
歩山録
上出遼平／講談社

伊野尾宏之／伊野尾書店

▼製薬会社に勤める主人公が一週間の登山行に向かうが、綿密に計画したはずの登山は、山中で事前には予測しえない数々の出来事に直面する。
大量の虫。突然の天候変化。熊。そして謎の同行者。
主人公を襲うアクシデントはリアルで、どこからがフィクションかわからない。
一方で「これはなんだ?」という驚きも用意されている。
読んでいるこちらも、現実世界と虚構世界の狭間に迷い込んだような、磁力の強い登山小説。

2点
本当に欲しかったものは、もう Twitter文学アンソロジー
麻布競馬場、霞が関バイオレット、かとうゆうか、木爾チレン、新庄耕、外山薫、豊洲銀行網走支店、pho、窓際三等兵、山下素童／集英社

原口結希子／本のがんこ堂野洲店

▼「5分後に、虚しい人生」という帯のコピー通り、虚しさを前面に押し出したネット文芸アンソロジーですが、幾つかの作品で表現された虚しさ侘しさ物悲しさ恥ずかしさは太宰治の域にまで達しているのではないかと思いました。五十年後の読者には書かれている風俗、習慣、オマージュが伝わらなくなっているであろうと思われる同時代性も、自分にとってはとてもいとおしいものと感じられます。ネタバレになりそうなので作品名を挙げることも控えるしかないのですが、2023年のマイベストSF作品も収録されており、Twitter文学に興味のない人にもぜひ届いてほしいと願っております。

2点
魔女の原罪
五十嵐律人／文藝春秋

常次恵子／うかいや書店太子南店

▼この街はおかしい。街で起こった事件をきっかけに、主人公が自分の出自、人々の不可解な行動を理解し、立ち向かっていく。暗くなりがちな話に一筋の光明が差した気がしました。

2点
ロールキャベツ
森沢明夫／徳間書店

匿名／愛媛県

▼就活を控えた大学生の物語。思い返すと、この時期は悩むことも多かったが、時間を自由に使える貴重な時期でもあった。どのように過ごすかは、本当にその人次第。主人公た

ちは、たまたま出会った仲間と意気投合し、部活を作ってカフェを開く。とても充実してキラキラした青春を見ることができた。

2点
赤い月の香り
千早茜／集英社

匿名／石川県

▼『透明な夜の香り』の続編となる本作ですが、前作未読でも楽しめました。まさに香り立つような文章が美しい一冊でした。

2点
義経じゃないほうの源平合戦
白蔵盈太／文芸社文庫

中西若葉／KaBoSイオンモール新小松店

▼こんなに共感できる歴史小説はないのでは!?

主人公の心の声が漏れてくる度に「わかる。」と、なってました。

天才と天才の間に挟まれた凡人武将のお話ですが、中間管理職の才能のかたまりです。さらに周りも味方につけ良き理解者もいる。客観的に見たら、もう出世するしかない人物。

歴史小説はだいたい主人公が死ぬ&良い人が不条理に死んでいくのが悲しくて敬遠しがちなのですが、白蔵さんの書く小説はタイトルが秀逸過ぎて、え、何そのエピソード、何か面白そう！と普通に歴史への興味で読んでしまいます。

それでも歴史小説だから最後はやっぱり切ないけれど、本作の源範頼のようにその後については諸説あるよという希望もあって、何より登場人物がみんな人間味溢れて描かれていて、面白いものを読んだ満足感でいっぱい！ そんな小説です。

2点
ふりさけ見れば
安部龍太郎／日経BP

光吉大典／PLANTBOOKコーナー

▼「邪馬台国」の例を挙げるまでもなく、我が国の古代の姿や成り立ちを知る上で、どうしても国内の伝承と大陸の史書との突き合わせが欠かせません。本作のテーマがまさにこれで、近世の学者たちがはじめたことを、主人公の阿倍仲麻呂にやらせてみたというのが肝でしょうか。むろんそこに至るまでの、仲麻呂と盟友吉備真備、そして国境を越えた様々な人物たちの群像劇が見ものです。

2点
アイリス
雛倉さりえ／東京創元社

齊藤愛美／BOOK PORT栗平店

▼耽美な世界観にどっぷり。終わらないでと思ってしまうずっと読んでいたい物語でした。

2点
レモンと殺人鬼
くわがきあゆ／宝島社文庫

村岡奈々／八文字屋商品部

▼本を購入する際、どなたにも自分の趣味嗜好があり、内容を吟味されるかと思う。だが、本の装丁だけで購入を即決する、いわゆる「ジャケ買い」をしてしまう事はないだろうか。私の場合、イラストレーターの雪下まゆさんが手掛ける本を見ると、「ジャケ買い」の衝動が抑えられなくなるのだ。ちょっと不機嫌そうな女の子のイラストにどうも惹かれてしまう。今回も、実はそのパターンで本書を購入。購入した時点で満足したが、何やらミステリー大賞の受賞作でもあるということなのでページをめくってみた。帯には「二転三転四転五転の展開」とある。ミステリー小説は好物なので、ある程度のどんでん返しには慣れている。それでも、驚きの展開に圧倒された。装丁にも、内容にも大満足の一冊であった。

2点
彼女はひとり闇の中
天祢涼／光文社

坂嶋竜／さわや書店イオンタウン釜石店

▼大きく扱われるようになってきた社会問題とフーダニットとが見事に融合したミステリ。幼なじみを殺した犯人を懸命に捜す主人公と、疑いの目を向けられる被害者のゼミ教官

のやりとりの中に真相へのルートがあるはずなのに、それは誰にも見えないという作者の試みが憎い。この作品を読むと自分の目が曇っていたことを知るだろう。

2点
可哀想な蝿
武田綾乃／新潮社

匿名／BOOK PORT203鶴見店
▼物語の展開が衝撃的であるとか斬新であるというわけではないのに、内容が頭の中にこびりついて離れない。描写の繊細さと表現力に脱帽。

2点
恋とそれとあと全部
住野よる／文藝春秋

近藤修一／BOOKSえみたす大口店
▼何て甘酸っぱい作品なんだ。読み進めて行く間に知らず知らず自分自身が主人公に成り代わっているような気持ちになりました。

2点
トランパー　横浜みなとみらい署暴対係
今野敏／徳間書店

中野博之／BOOK PORT中野島店
▼二転三転する展開に、ハラハラドキドキしました。物語の真相は最後まで予測不可能でした。

2点
おもいでがまっている
清志まれ／文藝春秋

匿名／坂本文昌堂
▼ミステリーのような要素もありつつ、明かされた老人の長年の秘めたる想いは想像を超えていて、感動しました。

2点
ニジンスキーは銀橋で踊らない
かげはら史帆／河出書房新社

匿名／兵庫県
▼天才バレエダンサー・ニジンスキーとその妻ロモラの物語は小説や舞台などで色々描かれていますが、こちらはまた新解釈な感じで楽しめます。

2点
棕櫚を燃やす
野々井透／筑摩書房

匿名／滋賀県
▼余命一年の父親とその姉妹の生活がやさしい文章で綴られています。
作中の澄香（妹）のセリフに泣きそうになりました。
「これからの一年を、わたしたちはあまさず暮らそう」
「なにが起ころうとも、おはようとかおやすみとか、きちんと言い合う、みたいなこと」
時間をかけて丁寧に読みたい作品です。

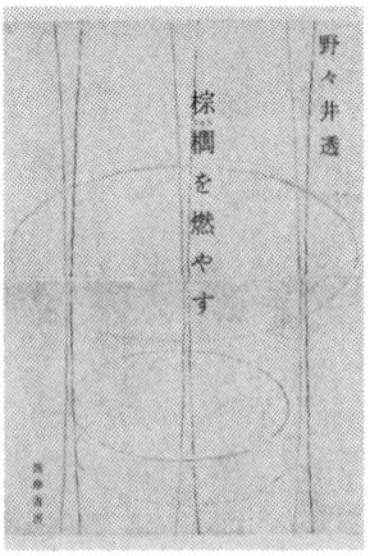

2点
透明になれなかった僕たちのために
佐野徹夜／河出書房新社

匿名／大阪府
▼他の人からの自分の見え方や人物像は、必ずしも本当の自分ではない。内に秘められた心情やそれに伴う行動など周りから見れば分からないこと、それがアリオやユリオ、他の登場人物から感じられたから。

2点
ホワイトデス
雪富千晶紀／光文社

木崎麻梨子／ジュンク堂書店松山三越店
▼何度も心臓が痛くなる恐怖に読了まで体が保つか心配だった。
この本が映像化されたら間違いなく「ジョーズ」を超えるんじゃないだろうか。

2点
恋する殺人者
倉知淳／幻冬舎

田村文／吉見書店竜南店
▼冒頭の一文にまんまとやられてしまいました。殺人犯は主人公への歪んだ強い愛により次々と罪を犯す。これも大好きな彼のためと…その犯人が実は!!!
読者の予想を最後に全てひっくり返す仕掛けに驚愕します。

2点
笑って人類！
太田光／幻冬舎

昼間匠／NICリテールズ書籍仕入部
▼平和への願い、未来への希望、笑いの力など太田さんが誰よりも信じている事が作品全体に濃縮されており、だからと言って決して小難しくなく、主人公以外にもたくさん登場する個性的なキャラクターも誰もが魅力的で、最終的にはそれぞれに見せ場のシーンも用意されており最後まで飽きることなく楽しみました。
特に普段は見せない太田さんのピ

ユアな部分が垣間見れるスワンボートの場面が個人的には印象的でした。

ＳＦでもありコメディでもあり、これぞエンターテインメントという作品。

2点

雨露

梶よう子／幻冬舎

大高竜亮／高知 蔦屋書店

▼今は桜の名所になり、美術館や博物館、動物園に多くの人が訪れている上野公園。今から１５０年余り前の雨の日に、そこは焼け野原と化していた。江戸が終わり、新時代が始まること。焦点は、決まって時代を動かした側に当てられる。時代の変転に犠牲となった市井の人々には光は当たらない。守ること、それは決して悪ではないはずなのに、後の世では革新を推し進めたことがとかく賞賛される。しかし、この作品を読み終えた私には、全身全霊で江戸を守ろうと命を懸けた者たちこそ、眩しい存在に思えてならない。

2点

夜が明けたら、いちばんに君に会いにいく～Another Stories～

汐見夏衛／スターツ出版文庫

中川侑香／八重洲ブックセンター京急上大岡店

▼２０２３年に映画化された夜きみの数年後を描いた作品。映画には登場がなかった茜のお兄ちゃんも登場。

この投票文を書いてる今、映画版が配信サイトで独占配信になった。夜きみシリーズは学生のうちに出会いたかった作品。

2点

心眼

相場英雄／実業之日本社

大平健司／小山助学館本店

▼昨今は監視カメラの数がどんどん増えて、それも街頭だけではなく人工衛星さえも駆使して精度は増すばかり。ちょっと無機質な気味の悪さを感じることがあります。この物語は見当たり捜査班に配属された片桐捜査官の物語。

ＡＩ至上主義の捜査方法VS地味でコツコツのアナログの闘い。それは気の遠くなるような作業の繰り返し。ＡＩはリレーションシップ、人間片桐は先輩の後を追いかけて人間関係の構築から。出し抜かれたり、出し抜いたりとスピード感のある作品でした。

2点

それを世界と言うんだね 空を落ちて、君と出会う

綾崎隼／ポプラ社

前川早穂／BOOK PORT203鶴見店

▼自分が物語管理官だったら、あの大好きなお話のあの登場人物をこんな風に…と妄想がとまらなくなった。

子供のころに読んでいたらもっともっといろんな作品を物語管理官になった気分で読み漁っていただろうな。

たくさんの子供たちにぜひ読んでもらいたい作品です。

2点

二律背反

本城雅人／祥伝社

匿名／ザ・本屋さんダイイチめむろ店

▼野球とミステリーという帯に惹かれて読み始めました。

野球の面白さも殺人事件の経過も気になりながら読み進めましたが、殺人事件のほうはまさかの展開でミステリーとして大変楽しかったです。

2点

未知生さん

片島麦子／双葉社

阿久津武信／くまざわ書店錦糸町店

▼設定自体は新しいものではないけれど、読者が増えれば増えるほどそれぞれの未知生さんが現れ、ここに書かれていることが真実味を増すだろう。

2点

坂を下りてくる人

魚住陽子／駒草出版

匿名／TSUTAYA嵐山店

▼どこで知ったのかも思い出せないまま、いつの間にか自分の中の片隅に潜んでいた作家の名前というものがあって、魚住陽子はそのうちの一人だった。

本書は作者が個人誌として出した『花眼《ホウエン》』の中の短編を纏めたもの。小説だけでなく収められた「あとがき」もまた素晴らしいし、あとがきに書かれた誌名『花眼』の由来もまた美しい。叶うならば個人誌そのものをいつか手にしてみたい。

2点
転職の魔王様 2.0
額賀澪／PHP文芸文庫
大貫愛理／丸善さんすて岡山店

▼転職の魔王様シリーズ、待望の続編。魔王様健在万歳。気持ち悪い社畜を卒業し、一人前のCAに成長した未谷。そこに現れる転職の天使様?! 今回もやっぱり、来栖は善良な人間でした。大好きです。

求職者はなぜ、転職エージェントを頼るのだろう。いい転職先を紹介してもらいたいから？ 転職に失敗したくないから？ それもあるかもしれない。でも一番の目的は、迷子になってしまった自分の本音を一緒に探してもらうことなのかもしれない。あなたの人生の責任者はあなたです。だから、自分で悩んで、決断する必要があるんです。それができないのなら、人の力を借りてでもいいから自力で悩め。そのために、シェパード・キャリアがある。手助けをするために。

本音迷子のまま働き続ける大人たち、必読です。「これからも働いて生きていかなくちゃいけない大人たち」に対するエールを、人生のヒントを、受け取れる作品。20代、30代の人には特に、今出会ってほしい。

2点
私雨邸の殺人に関する各人の視点
渡辺優／双葉社
玉井美幸／明屋書店営業本部複合商品課

▼ミステリファン大好物のクローズドサークル。そこで殺人事件が起きるが、明らかな探偵役が存在せず、複数の視点で物語が進む。それぞれに他人を疑い、それぞれに事件を捜査する登場人物たち。確かに実際にこんな事件が起きたらこうなるかもな…というリアル感があった。「犯人が誰なのか」だけでなく、「最終的に探偵役が誰なのか」という二重のフーダニットを味わえる。複数の視点という構成が事件解決に繋がり、更には物語のラストにも繋がっていて、技巧の効いたお見事な一冊。

2点
6
梨／玄光社
長谷川雅樹／ブックデポ書楽

▼著者の「梨」さんって、とんでもなく賢い方とお見受けしておりまして、その創作物すべてが、あらゆる面・角度から計算しつくされたうえで構成されている気がします。われわれ読者のことを常にそのペン先から覗いているエンターテイナー。読者のことを考えて創作される著者さんって意外に少ないですからね。それができる著者さんは強い。2024年、もっとご活躍されるハズ。ただ、こちらの本、梨さんの作品のなかでもとびきり「（いい意味での）不安定さ」が際立っていまして。梨さんの仕掛けたことばたちが、化学反応と言いますか、呪詛的な何か（？）を引き起こし、とんでもない位置に本作品を連れていってしまった印象…めちゃめちゃ良いです、好き。本のデザインも秀逸で、個人的に装丁大賞をあげたいです。

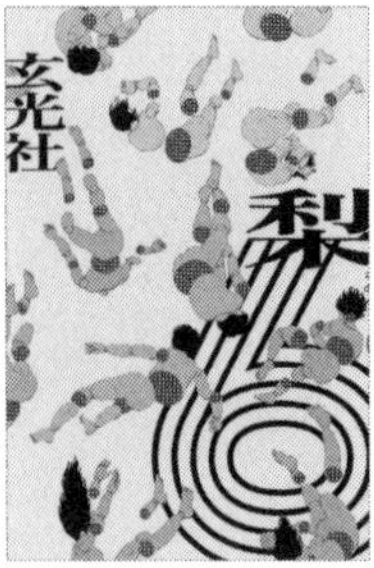

2点
悪役の王女に転生したけど、隠しキャラが隠れてない。5
早瀬黒絵／TOブックス
匿名／ジュンク堂書店芦屋店

▼ひとりひとりのキャラが濃く、主人公しか目に入らない隠しキャラがとても良いです！ これからヒロインがどう関わってくるのか、ワクワクドキドキです！

2点
きょうも芸の夢をみる
ファビアン／ワニブックス
平井太／平惣徳島店

▼芸人青春小説の新たな傑作。ショートショート的要素を取り入れた短編全11篇はとても読みやすい。当県

出身著者で又吉さんと一緒に様々な活動もされている。ぜひ多くの方に知ってもらいたい。

2点
横浜ネイバーズ
岩井圭也／ハルキ文庫
小山貴之／TSUTAYAいまじん ウイングタウン岡崎店
▼現代的な犯罪を取り上げエンタメに昇華している作品。今の時代の記憶として残していきたい一冊。

2点
追放された公爵令嬢、ヴィルヘルミーナが幸せになるまで。
ただのぎょー／アース・スターエンターテイメント
匿名／東京都
▼店長になったことですし、店で取り扱っているものが何なのか理解しないとね、という軽い気持ちから手を出した異世界小説の山。売れる予想どころか分類するのもおぼつかず、分け入っても分け入っても青い山の中。ここんとこずっと遭難したままで、自分がどこにいるかもわからないので小声ではありますが、面白かったんですーと伝えたい本だったので推薦します。
　定番の婚約破棄されて家から放り出される悪役令嬢のお話なんですが、令嬢、断罪されたのはぬれぎぬじゃなくてキッチリ暗殺企ててたりとかしてあんまりかわいくない。その後も、金を集めビジネスを成功させ自分の立場を作る。そんな女の子の苛烈であることが肯定される物語。魔術だ公爵だなんだとファンタジーの煙幕の中からマインドや主張がちゃんと姿を現してきて、やっぱり読むことは面白いなぁと思った本でした。よかったらぜひー。

2点
穏やか貴族の休暇のすすめ。17
岬／TOブックス
神谷真由／平和書店石部店
▼人たらしの貴族が往くファンタジー冒険！　現代世界から異世界ではなく、異世界から別の異世界へ。舞台化もされた作品。

2点
黄金蝶を追って
相川英輔／竹書房文庫
匿名／佐賀之書店
▼日常へのエッセンスが効いた短編集。読者を一本釣りするフックから、SFの展開で駆け抜け、情を揺さぶるドラマが胃に落ちる。満足感は折り紙付き。

2点
苺飴には毒がある
砂村かいり／ポプラ社
匿名／ジュンク堂書店名古屋栄店
▼れいちゃんと寿美子が距離を置くまでの、幼少期を含めたあの陰鬱な時間は『苺飴には毒がある』という表現にぴったりだと感じるくらい、粘着質な甘さとじわじわと広がる不快感にぞくぞくしました。
　浪岡きょうだいの清廉さは、前半のれいすみの陰鬱さのおかげでより強く感じられて、れいちゃんと真逆の存在として寿美子に作用しているなと思いました。

　寿美子がれいちゃんに引っ張られつつも、ちゃんと自分の人生を選択していき、栞の助けもあって、不健全な共依存から抜けられたのには、すごくほっとして、寿美子強い子偉い子‼と思わず拍手で称えたくなります。

「誰かのことを憎みきらなくていいし、無理に許しきらなくてもいい。自分の感情を頑張って加工しなくていい。戸惑いながら手探りの日々を生きていたあの頃の自分に、今ならそんな言葉を届けてあげられる気がする。」

　ラストのこのフレーズがとても刺さりました。

2点
華ざかりの三重奏
坂井希久子／双葉社
匿名／アカデミアイーアスつくば店
▼初版の帯に「お金、健康、孤独……先の心配尽きぬとも今を楽しみ尽くす令和の還暦小説」とある通り、60歳を迎えた女性3人がひとつ屋根の下で暮らす中で起こるあれや

これやを描いた作品です。

3人と同年代かそれ以上の同性の読者がいちばん共感を抱くかもしれませんが、立場は違っても誰もが通る道なので、老若男女全ての読者に届いてほしいと思います。

3人はもちろん、それ以外の登場人物にもそれぞれの事情があって、息苦しい人生を送っています。個人的には、芳美とその夫・寿司さんのエピソードが特に胸に刺さって苦しかったです。それぞれの事情を、自分は元より周囲の人の手や力を借りてどうやって乗り越えていくか、それをハラハラしながら見守ってほしいと思います。

2点
うどん陣営の受難
津村記久子／U-NEXT

鍋倉仁／戸田書店江尻台店
▼代表選挙に揺れる会社のある数日間、一人一人の悶々とした気持ち、あーだこーだ後悔と熟慮と咄嗟の行動を繰り返し、まるで細道をチクチク縫うように辿る感じのその描写が良かった。

1・5点
息が詰まるようなこの場所で
外山薫／KADOKAWA
匿名／東京都
▼タワマン文学という言葉には少なからず揶揄が含まれていて、それはふた昔前の「ケータイ小説」に近いノリかと感じます。ただ、それはいちばん現代の感覚に寄り添っているということ。いま現在も街のどこか高いところで人生や自分について思いを抱えている人がいるのかもしれないという共感が、タワマン文学を無視できない存在にさせているような気がしてなりません。

1・5点
夜空に浮かぶ欠けた月たち
窪美澄／KADOKAWA
匿名／群馬県
▼とても優しい1冊でした。色々な原因で心が疲れてしまった人たちのお話。まるで自分が言われているようで頷いたり涙したりと一気に読み終わってしまいました。疲れた心に寄り添える自分でありたいと再認識させてくれる作品でした。人それぞれ心のケアは必要、人との繋がりも感じられる。そんなお話でした。

1・5点
小説版ラブライブ！虹ケ咲学園スクールアイドル同好会　紅蓮の剣姫 ―フレイムソード・プリンセス―
矢立肇原作、公野櫻子原案、五十嵐雄策著／電撃文庫
竹村真志／三省堂書店成城店
▼2023年は、沢山の『大好き』が試される年だったように思う。
数年ぶりに声出し可能なイベント等が各地で復活し、仲間たちと触れ合うことも解禁になり、活気と賑わいを取り戻していった一方で、一部報道などによって、やるせない、複雑な想いを抱える日々の続いた界隈もあり、大好きだから楽しい、大好きだから苦しい、そんな一年だった。

本作でキーパーソンを担う少女・優木せつ菜は、自身の『大好き』を伝えるため、そして皆の『大好き』を守るため、スクールアイドルとして日々、全力で、本気で生きている。

僕にはこの小説が、新たな門出を迎えるコトになった、せつ菜のバトンタッチの物語のように感じられた。ふたつの魂を乗っけた唯一無二の存在として、これからも『大好き』を貫いていって欲しい。

そんな、「とってもエモエモで尊みが深くて草」なこの物語に一票を捧げる。

僕もまた、「読書」という『大好き』を伝えるために書店員になったのだから。

1・5点
アラベスク　後宮の和国姫
忍丸／富士見L文庫
樋口美雲／明屋書店川之江店
▼醜女でありながらも、その気高さと優しさから慕われていた姫が、過酷な運命の果てに異国の後宮へ流れ着いたところから物語が始まります。
どんな逆境だろうと折れず、正しいと思ったことを貫く姿に感銘を受

けました。
　彼女の姿を知ってもらいたいと思い、推薦いたします。

I・5点
領怪神犯
木古おうみ／角川文庫
匿名／神奈川県
▼コミカライズが面白かったので原作を読んだのですが、民俗学ホラーらしい明快に答えのない不気味さと「ゾッとさせて終わる」美しい幕引きが最高でした。

I・5点
彼女はそこにいる
織守きょうや／KADOKAWA
谷戸美奈／宮脇書店韮崎店
▼ホラーだと思ってビクビクしながら読み進めていたら、まさかの展開に二度も裏切られた。ホラーより怖いサイコパスに唖然。読者を騙す作者の布石は完璧すぎる。

I・5点
歩く亡者　怪民研に於ける記録と推理
三津田信三／KADOKAWA
匿名／パルネット狭山店
▼刀城言耶シリーズが好きで購入しました。「死相学探偵」を先に読んでおけばさらに楽しめると思います。

I・5点
化け者手本
蝉谷めぐ実／KADOKAWA
小屋美都樹／紀伊國屋書店梅田本店
▼なんと言っても言葉のリズムが良い。流暢な語り口に乗せられて化け者たちがはびこる芝居の世界へ誘われます。好きという想いの強さと恐ろしさにぞくりとさせられる作品。

I・5点
白蕾記
佐藤雫／KADOKAWA
匿名／こみかるはうす新瀬戸店
▼疱瘡で苦しむことのない世を切り開くために粉骨砕身した緒方洪庵の姿を、彼を支える妻、適塾の門下生たちとともに描いた歴史ロマン。予防接種の概念の礎を築くとともに、「己の適する道を歩いてほしい」という思いを込めて適塾を主宰し、大村益次郎や福沢諭吉などの英才を育成した。洪庵と妻・八重の結びつきには、比翼連理という言葉が頭に浮かびました。柔らかくて優しく、丁寧で読みやすさを感じる文体であり、歴史小説が苦手な人にも、ぜひ読んでもらいたい物語です！

I・5点
黒い糸
染井為人／KADOKAWA
中村有希／東京大学生協駒場書籍部
▼次々と発生する不可解な事件、誰もが怪しく思えページを捲る手が止まらない。そして明らかになった真相の理不尽さに慄然とする。一気読み必至のノンストップサスペンス！

I・5点
陰の実力者になりたくて！ 06
東西、逢沢大介／KADOKAWA
神谷真由／平和書店石部店
▼勘違いコメディ作品で、シリアスなシーンがあってもどこか安心でき、次の展開が楽しみで仕方がない！

I・5点
僕の殺人計画
やがみ／KADOKAWA
匿名／丸善名古屋本店
▼ミステリーでありホラーであり展開がテンポよく場面の映像が浮かびます。二転三転して最後は…鳥肌!!! これはもう一度始めから読みたくなります。二度読み必至！　読書の楽しさを再確認させてくれる一冊です。

I・5点
バスに集う人々
西村健／実業之日本社
中野博之／BOOK PORT中野島店
▼路線バスに乗りながら謎を解く。探偵役は元刑事の…。そして急展開のクライマックスに、今回も楽しませていただきました。

I・5点
侠《きゃん》
松下隆一／講談社
鈴木康之／くまざわ書店南千住店
▼粋を感じた時代小説、「侠」。題名からすると江戸の任侠物かと思ってしまったが、これはまさに義理人情に熱い主人公銀平の感動作。これほどまでに惚れ込んだ時代小説はかつ

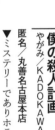

てなかったと思います。あなたも読んで感動して下さい。涙して下さい。読まずにはいられない大傑作間違いなしです。

Ⅰ・5点
ケチる貴方
石田夏穂／講談社

平かのん／TSUTAYA三軒茶屋店

▼自分が存在するためには切っても切れない己の身体。主人公たちがそれぞれに憎んでいる彼らの身体が、外部の不条理や冷酷さに触れることでその輪郭をくっきりと浮かび上がらせ、そこに慈愛を見出していく描写が堪りませんでした。人間の内面というと精神的なものだけであると勝手に考えていましたが、その精神に形を与え存在させてくれる自分の身体も、内側の一番外側であるというだけで、大事な内側の一部であると認識を変えられた一冊でした。

Ⅰ・5点
あした、弁当を作る。
ひこ・田中／講談社

奥村恵美子／ブックハウスひらがきエイスクエア店

▼児童書だけどいろんな世代に読んでほしい。思春期の反抗期と呼べるかも微妙な僅かな気持ちの揺らぎ。急に襲う違和感や嫌悪感。

　思春期真っ只中、自分もそうだっただろうかと思い起こしてみた。そして自分の子どもたちはこんなだっただろうか。

　むずむずする様な心の変化に戸惑う子どもはもちろん、その世代の子どもをもつ親にもぜひ読んでほしい。面白い発見と気付きがあるはず。

Ⅰ・5点
逆転のバラッド
宇佐美まこと／講談社

匿名／愛媛県

▼名もなき四人の男たちが平和な日常と社会正義を守るために立ちあがる冒険物語。

　表紙がいい。カッコよくない男たちを海に沈む太陽が誇らしく照らしている。

タイトル通り痛快でラストシーンも味わい深い。四国松山が舞台なのも愛媛に住む私には嬉しい。

Ⅰ・5点
ぼくらは星を見つけた
戸森しるこ／講談社

井上加奈／紀伊國屋書店武蔵小杉店

▼自分を守り、相手を思いやる気持ち故に、お互いが抱える過去から目を背けて暮らしてきた「家族」のお話。

　雪の舞う夜空と音楽に包まれて、本当の思いが打ち明けられる様子はキラキラ輝いていました。装丁の世界観そのままです！

Ⅰ・5点
真夜中法律事務所
五十嵐律人／講談社

浜崎広江／今井書店殿町店

▼幽霊が視える検事、幽霊の話を聞くことが出来る弁護士。彼らはこの世をさまよっている幽霊たちの心を救い、成仏させる。

　それは、彼らを手にかけた真の犯罪者を明らかにすること。

　独特で凝った設定と犯人当ての面白さが際立つ本格ミステリー。また亡くなった人たちに心を寄せる優しさも感じられる。

　冤罪や有罪率の異常な高さなど、今の司法の在り方についても言及している。

Ⅰ・5点
嘘をついたのは、初めてだった
講談社編／講談社

匿名／文教堂人形町店

▼十人十色の読み口にわくわくが止まらなかったからだ。今を時めく作家の短編ばかり収録されており、名前は知っていたが読めていなかった作家の読み口を体験し、次に読みたい作家を発掘することができた。

Ⅰ・5点
どうしようもなく辛かったよ
朝霧咲／講談社

匿名／広島県

▼バレー部の仲良し女子7人組の中学3年生の夏から卒業までのお話。(不登校になった子がいるので実際

は8人ですが。）その中の5名の思いを綴ったもの。
　部活という繋がりがあることで、傍から見ると仲良さそうに見えたが、各々の本心は…。
　共感できる部分も、共感できない部分もありますが、「若い」とはこういうことでしょうか。

Ⅰ・5点
ハジケテマザレ
金原ひとみ／講談社

大竹真奈美／宮脇書店青森店
▼陰キャも陽キャも寄っといで！　超絶普通なあなたも、普通からはみ出がちなあなたも、はじけてまざればパワーみなぎる！　ノリ良し！テンポ良し！のワチャワチャグルーヴで、どんなハチャメチャが押し寄せてこようとチャラでヘッチャラな最強バイト小説がここに君臨！　多種多様な人たちが交ざり合うバイト先という特殊な場所で、様々な人たちとの関わりから見えてくる多面的な自分。バイト仲間たちから生まれる三位一体のハーモニーは、まさにカレーのように独特のスパイスが効いていてたまらなくクセになる。陰キャ、普通オブ普通、平凡すぎる自分に抱く劣等感は、陽キャな仲間たちの中でもみくちゃになりながら、煮込まれて深みが増すように少しずつ変化していく。金原さんの作品は、いつだって流れる時間に血が通い、時代がリアルに循環している。「人と違ってもいいじゃん」と多様性に理解を示す傾向にある今、「超絶普通でもいいじゃん」と肯定してくれる作品。

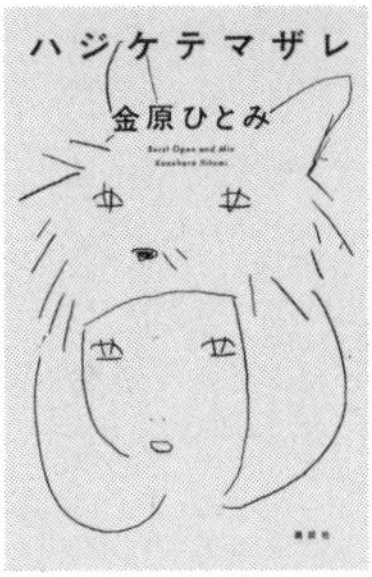

Ⅰ・5点
楊花の歌
青波杏／集英社

大江真央／啓文社商品部
▼自分を自分たらしめるもの、名前。作品に登場する女性たちは自分の意思に反して名前を奪われ、変えられる。そのことに心を痛める暇もなくスパイ活動を余儀なくされる。住む場所も、名前も、自由も、生きるために捨てていく。そんな2人の結末をどうしても見届けたかった。あの最後の風景をあの2人と一緒に私も見届けた。

Ⅰ・5点
瀆神館殺人事件
手代木正太郎／星海社FICTIONS

坂嶋竜／さわや書店イオンタウン釜石店
▼決して万人に薦められる作品ではない。だが淫祠邪教の徒の如く、健全な世界からはじき出されてしまった人たちを救うための徒花とでも言うべき作品であることは間違いない。
　霊媒師たちが館に集うとき、始まる惨劇。霊の力を借りて犯人を捜そうとするが、止まらない凶行。伝承と殺戮と官能に満ちた事件を、ひと筋の論理が切り裂き、美しいラストへと導いてくれる。同好の士に薦めたい一品。

Ⅰ・5点
あえてよかった
村上しいこ／小学館

匿名／愛知県
▼『みんな、それぞれのリズムで、それぞれの速さで成長していけばいい。』この言葉が心に響く。子供も大人も、悩んでもがいて成長していく。大事なのは、生きようとする力。喜び、悲しみ、癒し、優しさが一杯詰まった心に温もりを感じさせる一冊です。

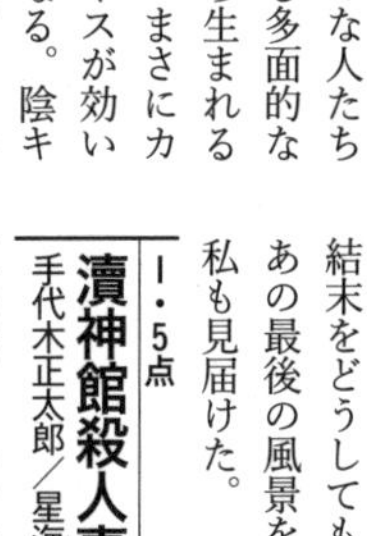

Ⅰ・5点
縁切り上等！　離婚弁護士　松岡紬の事件ファイル
新川帆立／新潮社

庄田祐一／本と、珈琲と、ときどきバイク。
▼へぇ～となるほどが詰まった離婚専門弁護士による痛快エンタメ。昭和の男社会に縛られた当たり前の結婚観を打破する魅力に溢れた物語。作中に描かれる男性が全てではないけれど、かくも男というのは身勝手で女性を下にしか見ていないんだと痛感させられる。男性にとっては自分を改めて見つめ直すきっかけになるし、女性にとっては自分をどう生きるかについて前を向く、背中を押

してくれること間違いなしの一冊！「離婚」というものをこれほどハッピーなものに変換してくれる小説を僕は知らない。世の男女の価値観に間違いなくメスを入れられる希望の物語。

Ⅰ・5点
ピアノマン『BLUE GIANT』雪祈の物語
南波永人／小学館

匿名／宮脇書店西宮店

▼文字から〝聞こえる〟音楽作品が増えてきましたが、本書は繊細さと豪快さがいい塩梅で混じっていて、読みながら熱くなりました。漫画を知らなくても楽しめます。

Ⅰ・5点
焔と雪　京都探偵物語
伊吹亜門／早川書房

山崎蓮代／紀伊國屋書店名古屋空港店

▼事件現場を駆け回り、関係者との関わりから数々のピースを集める鯉城。蓄積された頭脳を駆使して事件のカタチを解き明かす安楽椅子探偵の露木。互いに補い合いながら探偵事務所は機能している。ふむふむとうなずき、解決したはずの謎解きにまさかそんな展開が待ち受けているとは！　露木の生い立ちと独白、まだ語られていない鯉城の過去、続編が待ち遠しい。ブロマンス小説としても高まりました。

Ⅰ・5点
狭間の者たちへ
中西智佐乃／新潮社

阿久津武信／くまざわ書店錦糸町店

▼一言で片付けるなら「気持ち悪さの極み」であり読むのはかなりしんどい。しかし、認めたくないリアル、見たくない真実が、この1冊に閉じ込められているのは間違いない。

Ⅰ・5点
一寸先の闇　澤村伊智怪談掌編集
澤村伊智／宝島社

小林佑一／ジュンク堂書店大宮高島屋店

▼怖いもの見たさをとても満たしてくれる短編集です。

1冊に沢山載っているからと油断して読み進めると、気持ちが底の奥底から戻ってこられなくなります。

それでも次が読みたくなるのが澤村伊智だなって。

Ⅰ・5点
魔女推理　嘘つき魔女が6度死ぬ
三田誠／新潮文庫ｎｅｘ

保母明子／精文館書店豊川店

▼三田誠が新潮文庫ｎｅｘに⁉というだけでとりあえず買いです。今の若い人にどんな風に刺さるのかな、もっとゴリゴリの三田誠が読みたいなー、と思いつつ続編が出るのでまあ良しとする。

Ⅰ・5点
17歳のビオトープ
清水晴木／幻冬舎

山道ゆう子／未来屋書店宇品店

▼自分が何者なのか、その存在価値をやみくもに探し回っているような17歳という生きもの。

いくつもの壁にぶち当たり立ち止まってしまう時、手を引くわけでも背中を押すわけでもない。それが人生先生。

ただ、自分で前に進むことができるようになるまでずっと付き合ってくれる。

穏やかで柔らかな人生先生が時折見せるヒーローの顔は、生徒も読んでいる私もとても心強かった。

人から与えられるものではなく、自分で見つけ出した答えにこそ大きな意味があることを教えてくれる作品だった。

Ⅰ・5点
夜のだれかの岸辺
木村紅美／講談社

匿名／ＴＳＵＴＡＹＡ　ＡＶＩＸ福知山店

▼「どうにか好かれたい」ふれられたい人からふれられなくて、そういうことに憧れるけど苦手かもしれなくて、他人を羨ましく思うけど周りと合わせることもできなくて、好かれたいと思う割に好かれるようにはつとめない。そんな主人公が心のなかで吐いたこのひと言から目が離せなくなった。心を持っていかれた。

この主人公や物語から、ふれあうことのあたたかさみたいなものを感じるとか見出すことはあまりできなくて、それがむしろよかった。

Ⅰ・5点
文豪、社長になる
門井慶喜／文藝春秋

塚中良平／学運堂
▼菊池寛についてはあまり知らなかったのですが、現在まで100年続く雑誌創刊時の思い、仕事を通じた様々な人との交流など菊池寛の良きにせよ悪しきにせよ人間としての魅力が伝わってきて興味深かったです。

Ⅰ・5点
はるか、ブレーメン
重松清／幻冬舎

匿名／スガイ書店
▼自分が死ぬ間際、一体どんな走馬灯が流れるのかとっても気になりました。流れるとするなら、幸せな思い出がたくさんあった方がいいけれど、時には悲しい思い出もあった方がいいのかなとも思え、なんとなく過ごしている今この瞬間も大切にしていこうという考えが持てたお話でした。言葉選びがとても優しくて、やはり重松清さんの本は素敵だと再認識しました。

Ⅰ・5点
アンと幸福
坂木司／光文社

匿名／福岡県
▼大好きなシリーズの新作で楽しみにしていました。新しい登場人物も増えて、一波乱おきるか?どうなるか?とちょっとそわそわしてしまいましたが、いつも通り優しくやわらかく時には少し苦いお話を楽しませていただきました。アンちゃんのこれからがさらに楽しみです!

Ⅰ・5点
小説集 Twitter終了
青井タイル、足立いまる、乙宮月子、根谷はやね、九科あか、斜線堂有紀／中央公論新社

匿名／大阪府
▼まず表紙で摑まれた。大好きな画家、ルネ・マグリットの作品だから。Twitterの青い鳥のアイコンをそのまま使用しない所がにくい。

6人の著者が紡ぐTwitterが無くなった世界はそれぞれの個性があり、かつ短編なので読みやすい。

Ⅰ・5点
はだかのゆめ
甫木元空／新潮社

高橋学／金高堂土佐山田店
▼小説?ノンフィクション?
映像的な小説に脱帽。

Ⅰ・5点
グレイの森
水野梓／徳間書店

久田かおり／精文館書店中島新町店
▼人の心、という眼には見えないものを扱うこと、「完治」のない治療を続けること、真っ暗な心の奥深くにともに沈み込みただただそばにいる、という信号を送り続けること、いまここにいるあなたとわたしの間に起こっていることを目をそらさずに見続けること、それが臨床心理士の仕事だ。無差別殺人事件の両側にいる加害者の母親と被害者の母親の、その苦しみと恐怖と後悔、そしてぬぐえぬ愛を目をそらさずに受け取った。

Ⅰ・5点
おわりのそこみえ
図野象／河出書房新社

野上由人／NICリテールズ
▼いってしまえば「どうしようもない人」の話。外から見れば「ダメな人」なのかもしれないが、おそらく本人にも「どうしようもない」のだろう。その「自然」を活写する。面倒で厄介な人々を飾らずに描く内容ながら、どこか距離のある視点から冷静に見ているような乾いた文体もあって読みやすい。第60回文藝賞優秀作。

Ⅰ・5点
ガウディの遺言
下村敦史／PHP研究所

鈴木直基／三洋堂書店新開橋店
▼ガウディ建築やサグラダ・ファミリア建築の背景、スペインの人たちのナショナリティを舞台に繰り広げられる衝撃的なミステリ。

二転三転する物語の行方、読み応えたっぷり。
スペインに行った時のことを思い出すし、また行きたいなぁと思わせてくれる作品でした。

Ⅰ・5点
しおかぜ市一家殺害事件あるいは迷宮牢の殺人
早坂吝／光文社
笹倉巧至／KaBoSららぽーと新三郷
▼緊張感あふれるミステリ。
複雑な謎と予想外の展開が読者を驚かせる、心理戦の傑作です。

Ⅰ・5点
黒蝶貝のピアス
砂村かいり／東京創元社
匿名／滋賀県
▼こういう系の話は割と主人公の彼氏が不穏な人だったりするのだけど(個人的意見です)、環の彼氏がステキ過ぎた。それだけで推せます。

Ⅰ・5点
浮遊
遠野遥／河出書房新社
匿名／千葉県
▼ゲームの世界と現実の世界を行き来する描写が面白い。

Ⅰ・5点
敵前の森で
古処誠二／双葉社
熊谷隆章／TSUTAYA BOOKSTORE本山店
▼戦場ならではのミステリーとロジック。ビルマを舞台にした作品を書き続けていても、いつも違う驚きがある。古処誠二にしか書けないと思わせる凄みがある。

Ⅰ・5点
逆転正義
下村敦史／幻冬舎
福島多慧子／紀伊國屋書店バンコク店
▼「人にはそれぞれ事情がある」。私たちはそのことを忘れて、自分の目に映ることだけを見て、自分の価値基準で物事を判断してしまう。そういうことを突き付けられるどんでん返しにどきっとしつつも、痛快だった。

他人の考えやバックグラウンドなど知らなければ想像つかないのは当たり前だが、他人の事情は想像もつかないということだけでも自覚しておかねばという気持ちになった。

Ⅰ・5点
ドールハウスの惨劇
遠坂八重／祥伝社
東美登里／フタバ図書TSUTAYA TERAイオンモール福岡店
▼遠坂さんのクスっとくる小気味良いテンポ…からのスムーズなシリアス展開に合わせてサクサクと読み進めてしまいました。

Ⅰ・5点
野球の子盟友
かみじょうたけし／二見書房
武原勝志／WAY書店和歌山高松店
▼高校野球ファンなら全員読むべき！　気付いたら泣いていました。何度も。かみじょうさんの高校野球愛が全身を貫きます。

Ⅰ・5点
100年のレシピ
友井羊／双葉社
木部裕梨／明屋書店豊前店
▼普段レシピ本を読む人や、料理が好きな人は是非読んで欲しい。現代から戦後までの時代背景の中に料理と謎解きが上手く融合され、お腹も心も満たされる1冊。

Ⅰ・5点
palmstoriesあなた
津村記久子、岡田利規、町田康、又吉直樹、大崎清夏／palmbooks
匿名／埼玉県
▼手のひらサイズの短編小説のアンソロジー。個性豊かな物語が詰まっていてわくわくする。

Ⅰ・5点
沈没船で眠りたい
新馬場新／双葉社
渡部知華／TSUTAYAサンリブ宗像店
▼医学、科学、機械が発達してありとあらゆる生活が変化した世界で、ただひとつ変わらないもの…究極の愛を見せつけられました…！
自分の体がどんどん機械へと変わ

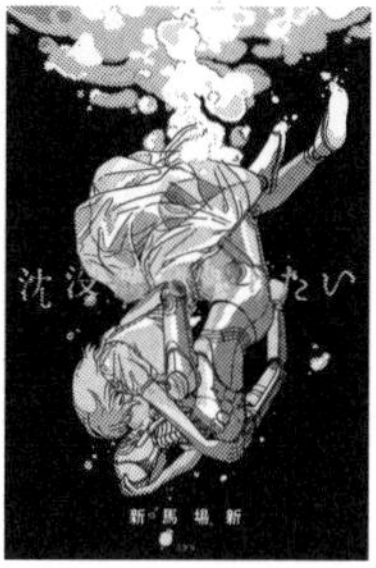

っていき、どこまでが人間なんだろうと悩む悠と、そんな悠に寄り添い続ける千鶴の愛に、胸がいっぱいになりました。

めいっぱい命の煌めきを感じることのできる、最高のSF作品です！そしてこれからの未来を想像しつつ、人間とは何なのかを改めて考えさせられる作品でもありました。

たくさんの人に読んでもらいたいです！

Ⅰ・5点

ミナヅキトウカの思考実験

佐月実／産業編集センター

猪俣あづみ／うさぎやTSUTAYA宇都宮東簗瀬店

▼怪異×思考実験のシナジーがすさまじい！

有名な思考実験を使って事件を解決するという展開にわくわくしながら一気読みしてしまいました。

Ⅰ・5点

幸せの国殺人事件

矢樹純／ポプラ社

常次恵子／うかいや書店太子南店

▼閉園してしまった、地元の遊園地で起きた殺人事件。その謎に挑む3人の中学生。

名推理に脱帽です。

Ⅰ・5点

さよならの向う側 Time To Say Goodbye

清水晴木／マイクロマガジン社

佐々木君枝／うさぎや栃木城内店

▼優しくて心が温かくなる、そんなステキな作品です。

Ⅰ・5点

ホテル・カイザリン

近藤史恵／光文社

匿名／須原屋コルソ店

▼短編集ながら読了後の余韻が深く、1つ1つの物語に登場する人物たちの持つ個性にどんどん惹かれていきました。また、それぞれの物語が持つテーマも独特で、現実とフィクションの狭間にいるようでいて、気づいたら物語の世界観に浸かってしまっているような感覚が心地よかったです。

短い物語も少し長めの物語も、少なからず心を動かされる瞬間があり、大変読みごたえがありました。

Ⅰ・5点

五歳で、竜の王弟殿下の花嫁になりました

須王あや／TOブックス

匿名／ジュンク堂書店芦屋店

▼ふたりの相手を想う気持ちにほっこりします。色々と横槍は入りますが、お互い無意識の内に助け合い仲を深めていく姿がとても良いです。

Ⅰ・5点

夢に追われて

朝比奈弘治／作品社

松村幹彦／図書館流通センター仕入部

▼カフカのような、百閒のような、安部公房のような、なんなんだこれは！と読み終えるたびに驚かされるフランス文学者にして名訳者が手がけた16の短編集。

Ⅰ・5点

いつまで

畠中恵／新潮社

匿名／大阪府

▼江戸の長崎屋と言えば、若だんなですよね！ほんとこのシリーズ大好きです。病弱で非力だけど優しくて思いやりがあり妖達が大好きなあの長崎屋の若だんなです！

今も昔も変わらないのが人の世、しかし妖の世界も人とそんなに変わらないものがあります。それは感情。「好き・嫌い・楽しい・寂しい・嬉しい・悲しい」他人を慮る「察しと思いやり」この世でも大切な言葉です。若だんなは病弱で非力だけど人一倍思いやりの人。自分よりも皆を救いたい優しい思いやりがこの話のメインテーマではないでしょうか。

Ⅰ・5点

名著奇変

柊サナカ、奥野じゅん、相川英輔、明良悠生、大林利江子、山口優／飛鳥新社

後藤唯那／明屋書店ユートピア野間店

▼話のベースは昔の作品なのにホラーの部分が現代ならではでどの作品も親しみやすいと同時に鳥肌が立ち

ました。

　展開が気になって読む手が止まらなかったです。

I・5点
ちょっとこわいメモ
北野勇作／福音館書店

牧谷佳代子／未来屋書店木曽川店

▼怖がりなぼくが、怖いと思うことをメモすることで「なんだ、怖くないじゃないか」と思えるようにしようとするが、そのちょっとだけ怖いことって、ちょっとだけなんだけど…もやっとしててすごく怖いんだよね。

I・5点
奥州狼狩奉行始末
東圭一／角川春樹事務所

櫻井美怜／成田本店みなと高台店

▼熊が食べ物を探して町中まで下りてくるというニュースを今年は本当に多く見た。
　今より山深かった昔も、当然獣による被害は起きていたわけで、狼による狼害を防ぐために、狼を狩るお侍さんがなんと八戸に居たらしいというではないか。

　物語の舞台が青森、というひいき目抜きにしても、親が死んだ真相を探るミステリ要素、そしてモフモフ好きとしては賢く大きな狼との対峙はそれだけで胸アツである。生き物との共存の難しさ、人間の強欲さなど、現代社会に全て置き換えられる物語だ。

I・5点
この限りある世界で
小林由香／双葉社

村岡奈々／八文字屋商品部

▼書店には毎日200点ほどの新刊本が入荷する。村上春樹さんのような初刷20万部超えの大型新刊はほんの一握り。そのほとんどが、片手で数えられるくらいの入荷部数である。書店員の醍醐味の一つに、新刊本の中からキラリと輝く原石のような本と出会う瞬間があげられる。一冊だけ入荷したものを追加手配して、新刊台に積む。売れていく。誰かに届けられたという幸福感に満たされる。
　小林由香さんの著書も、もっと多くの人に届けたいと思う本の一つ。復讐や虐待などずっしりと重いテーマを扱うことが多いのだが、文章の一節一節に温かさと優しさがにじみ出ている。ミステリーを読んで、感涙を流すという体験をたくさんの方に味わってほしい。それが叶う作家の一人だと思う。

I・5点
不思議カフェNEKOMIMI
村山早紀／小学館

河東優衣／紀伊國屋書店クレド岡山店

▼永遠に続く、可愛い黒猫と彼女の旅。景色も、音楽も、おいしいご飯もすべてが愛しい魔法。
　空を見上げて、不思議なランプに願いを込めて、やさしい魔法に出会いたい。世界のどこかで出会いたい。どこまでも青く透き通る空を見上げて、魔法を探したい。

　空のどこかで。黒猫と彼女の微笑みに出会えるかもしれないから。

　心温まる魔法にかけられたいとき、きっと不思議な幸せが待っている。この物語がもう、魔法をかけてくれる。旅に出かけたくなる、大好きな物語！

I・5点
一億円の犬
佐藤青南／実業之日本社

西和美／神奈川県

▼いやぁ設定がおもしろすぎる。ひとつホッとするとひとつドキドキする。
　何度も「早く正直に言っちゃいなさいよ！」と声をかけたよ。

　嘘を嘘で上塗りしていくととんでもないことになるよね。けどうまくいけばと考えると更に嘘を重ねてしまう。大金が手に入るかもと思うとおかしな行動ということを忘れてしまうのだなぁ。

　そんなことしないでしょと思いながら読んでいるのだが、でもなんだかわかるなぁ、と感じてしまう怖さ。

　私も書籍化のオファーがくるようなSNSでも始めるか。

特別企画

全国書店員が選んだ
いちばん！
売りたい本
翻訳小説部門
2024年本屋大賞

2024年本屋大賞　翻訳小説部門

ようこそ、ヒュナム洞書店へ

ファン・ボルム
牧野美加訳／集英社

得票 16票

全国書店員が選んだ
いちばん！
売りたい本
翻訳小説部門
2024年本屋大賞

☆今年も特別企画「翻訳小説部門」を実施した。二〇二二年十二月一日から二〇二三年十一月三十日までに刊行された翻訳小説から「もっと売りたい」と思った本を三作まで（一作でも二作でも可）投票、最多得票の作品が「本屋大賞翻訳小説部門」に決定する。ご注目いただきたい。

【受賞のことば】

本屋大賞翻訳小説部門1位を受賞し、とてもうれしく思います。何より、書店員のみなさんが選んでくださった賞ということで、その意味も格別です。この小説を刊行するとき、書店で働く方々がどう読んでくださるかが一番気になっていました。心配な気持ちもありました。でも、こうしてすばらしい賞をいただけて、それも杞憂だったように思います。ありがとうございます。

韓国で本が出たあと、トークイベントのためいろいろな場所へ出かけていきました。ある日、トークイベントの準備をしているとき、ふと、この小説の主な登場人物はみんな、成功や安定という名のルートからは外れた人たちだという事実に気づきました。今考えると、わかりきっていたことなのですが、そのときは新たな発見をしたように思えたのです。それで、自問してみました。なぜ自分は、ルートを外

【訳者より】

今回の受賞を、翻訳を担当した者として、とてもうれしく思います。また、著者をはじめ、この本を一緒に作り上げたみなさんと喜びを分かち合うことができて幸せです。ありがとうございます。

本を読んでくださった感想の中に「ヒュナム洞書店のような本屋さんがあったらいいのに」というものをたくさん見かけました。わたしも同じ気持ちです。ヨンジュの選んだ本を見て回り、ミンジュンの淹れたコーヒーを味わい、サンスにオススメの本を教えてもらい、編み物をするジョンソ

れた人ばかりを登場させたのだろう。答えはすぐに見つかりました。わたしが自分を、ルートを外れた人間だと考えているから、そして自分の書いた小説を通して自分の人生を応援したかったから、です。

作家を目指し、部屋にこもって文章を書くことは好きでしたが、一方で、自分の歩んでいる道が世間の基準からどう見えるのかも知っていました。不安定な道、無謀な道、無責任な道に見えたはずです。でもわたしは自分の選んだ道が好きだったし、その道を歩んでいる毎日が大切でした。

もちろん、こんな生き方をしていていいのだろうかと、心が揺らぐこともありました。筆も思うように進みませんでした。特に苦しかったころ、この小説を書きはじめました。世間から注目される場を退いた人物たちを描きながら、どういう道に進んでも人生は続いていくことを伝えたいと思いました。人生が続いていく限り、思ってもみなかった幸せや満足を手にすることもある、ということも。そして、もしかしたら、以前の人生より今の人生のほうが好きになるかもしれないと。それは、わたしの経験がわたしに教えてくれたことです。

この小説を書いたあとも、わたしの人生は続いています。みなさんの人生も続いているはずです。

すばらしい賞をいただき、改めてありがとうございました。

島と島のように離れて存在していたわたしたちが出会った瞬間
2024 ファン・ボルム／写真：Jimin Seong©Clayhouse

FOREIGN NOVELS AWARD

の手元をぼーっと眺めていたいです。お互いに適度な距離を保ち、相手の気持ちを尊重する、あの心地よい空間でのんびり過ごしてみたいです。

昨年の第20回本屋大賞を記念した特設ページにはこうありました。「20年経って、あらためて思う。本屋は、本を愛する気持ちでできている」。これはまさにヒュナム洞書店のことだと思いました。本を愛する気持ちにあふれるヨンジュやスタッフたちが、今回の受賞の知らせを聞いたらどんな反応をするだろうかと想像してみました。きっとワーッと大喜びしたあと、また淡々と、本への熱い思いを胸に、書店の営みを続けていくのでしょう。

この小説には10人ほどの人物が登場し会話文も多いため、当初は、それぞれの人物を日本の俳優さんに当てはめ、どんな話し方をするかイメージしながら翻訳していました。でもいつの間にか、そんなことをしなくても、彼らは「自分の言葉」で話しはじめていました。わたし自身もヒュナム洞書店にいて、そばで会話を聞いているような気分で翻訳を進めました。物語は最後のページで終わっていますが、彼らの人生は今も続いているように感じます。いつか、その後の彼らと出会ってみたいです。

このたびは、この本を応援していただきありがとうございました。

牧野美加

書店員推薦のことば　『ようこそ、ヒュナム洞書店へ』

竹腰香里／丸善名古屋本店
▼会社を辞め、ブックカフェを始めたヨンジュ。悩みながらも本と人が出会う懸け橋となる店を作り上げていく。ヨンジュと周りの人たちの程よい距離感。悩みは尽きないけれど、少しずつ前に進んでいくヨンジュたち。立ち止まっても、本がそっと背中を押してくれる。胸にぽっとあかりが灯るような物語です。

中目太郎／HMV&BOOKS OKINAWA
▼短い章立てでエピソードを積み重ね、たくさんの人物を有機的に繋ぎ合わせる手法が見事。書店が建つ町や書店を取り巻く人々、さらに主人公のヨンジュ自身も立体的に描かれている。さまざまな悩みを抱えた人たちがそれぞれの答えにたどり着く様子を読んで、自分の生活をじっくり考えるきっかけになった。

日野剛広／ときわ書房志津ステーションビル店
▼本屋とは、悩む人たち、孤独を感じる人たち、傷ついた人たち、迷う人たち、答えを出せないでいる人たちの居場所ではなかったか。答えなんか簡単に出なくていい。本屋に寄るだけで何となく次の日も生きてしまう。本屋とはそんな場所ではなかったか。ということを思い出し、30年も本屋に勤めていながらいまだに自信の持てないオレにとって、答え合わせのような本だった。

松浦直美／蔦屋書店茂原店
▼何か思うことがある時に、即決する必要はないんだなと少し安心した。
　大きな目標を立てたり、目に見えて前進したりしているわけじゃなくても、一歩ずつ日々を過ごしていけば、いつか分かるようになるのかもしれない。日常はただの繰り返しではなく、何かは変化しているから。気づかないうちに、自分の気持ちも。
　あと、冗談があると毎日がちょっと明るくて楽しい。これはとても重要かもしれない（笑）。

匿名／大阪府
▼完璧な人生なんてないけれど、「これでいい」と思える今日はある。
　そんな紹介文に惹かれました。立寄る書店が心休まる場所である、そう言ってもらえる書店員に私もなりたい。

山本亮／大盛堂書店
▼本に触れていると、いま解決できなくてもいつか理解できる希望と、大切な人生をみんなで分かち合える喜びが、心のなかにじんわりと積み重なっていく。そんな力に満ちたヒュナム洞書店に寄り添う読者がみんな幸せになれるように。読み終えると、掛け替えのない素晴らしい世界が広がっていくはずだ。

荒木香里／くまざわ書店松戸店
▼ヒュナム洞書店のヨンジュのように自分の好きな本を置く癒しのあるオアシスの様な本屋さんをいつかできたらいいなと思いました。元気をもらえる一冊です。

藤井美樹／紀伊國屋書店広島店
▼そんなに大きくない町の、新刊もそんなに入ってこない書店。泣いてばかりいた若い女店主と近所の常連さんたち。店内に漂うコーヒーの香り。心動いてしまいました。だけどみんなが仲良しこよしじゃない。言いたくないことは言わないし。そうやって距離を置いていたのに、少しずつそれぞれの気持ちが溢れてきて…。

舞台は韓国だけれど主人公のヨンジュをはじめとして社会や家族との関係に悩む彼らに共感できるところが凄く多かった。応援したりもらい泣きしたりとても胸がいっぱいになる作品でした。

田中由紀／明林堂書店フジ西宇部店

▼「休《ヒュ》」の字が入ったヒュナム洞書店は、その名の通り、走り続けた人、悩み続けた人が、一旦足を止めて訪れる場所。そこには、スタッフを含め、訳ありの人々が集う。その誰かに自己投影して読むと、自ずと進むべき道が見えてくるかも知れない。たとえ答えが見つからなくても、あなたへの応援歌になるだろう。

島田優紀／ブックセンタージャスト大田店

▼書店が舞台の話なので書店好き、本好きな人にぜひぜひおすすめしたい。

　つまり、本屋大賞に興味のある人には読んでほしい。人生に行き詰まって本屋を開く人は資金面を考えるとなかなかいないだろうけど、いろいろなタイミングが重なって開業に至る人もいるかもしれない。

「自分の本屋」をどういう雰囲気に仕上げていくか考えると、このヒュナム洞書店のように人の集まる場所にしたいのはもちろんだろう。人が集まる場所に本がある。本屋だから、本を読むことができ、買うことができる。そして、集まった人たちと言葉を交わし、会話になり、そこから人間関係が築かれていく。そういう場所で築いた人間関係が今後の人生に大きく影響を与えることもあるだろう。

　書店はドラマティックであれというわけではなく、そういうドラマも多く起こり得る場所だと私は思う。幼い頃、初めて自分で絵本を選んだこと。学生時代、友達と朝読書の本を買いに行ったこと。クリスマスに親友とお互いに本を贈りあったこと。強く残る記憶ではないかもしれないけれど、何かのときにふと思い出すような記憶の舞台として書店があるといい。そう思わせてくれる作品だった。それから、バリスタのいる書店ということで、珈琲好きさんにもぜひおすすめしたい。

　それにしても、本と珈琲って何でこんなに相性がいいのだろう。

久田かおり／精文館書店中島新町店

▼本とコーヒーはよく似合う。心が疲れた人を癒してくれる場所のひとつに本屋があるコトにほっとする。読み終わった後、優しい気持ちになれる一冊。

中澤めぐみ／大垣書店京都本店

▼装丁がきれいでひとめぼれ。韓国の書店を舞台に、書店に集まる人々を描いた小説。本も、書店もまだまだ捨てたもんじゃないと希望が見えた気がしました。

2位｜⑮票
卒業生には向かない真実
ホリー・ジャクソン
服部京子訳／創元推理文庫

近藤綾子／精文館書店豊明店

▼『自由研究には向かない殺人』から始まるシリーズ。主人公のピップが魅力的で、この最終巻も最後は寂しいけれど、とても楽しみにしていた。ピップは、正義感が強く、実行力、行動力もあり、ＳＮＳなどを駆使していく様は、とても格好良く、魅力的。一方で、このピップの責任感の強さ、

2024年本屋大賞｜翻訳小説部門

正義感の強さ、行動力が、かなり危うく、ハラハラすることが多く、心配していた…していたけど…何これ?! 信じられない！

鍋倉仁／戸田書店江尻台店

▼3部作の最後の作品で、前2作とは途中からガラリと様相が変わった。謎解きだけでは終わらない作品で、いろいろ考えさせられた。個人的には主人公は他にやりようがあったのでは？と疑問を感じた。でも読者によって読後感がかなり違うだろうから、読んだ他の人の意見や感想を聞きたくなったし、自分の感想を聞いてほしくなった。

伊賀理江子／福岡金文堂志摩店

▼この本を手に取り大好きなピップにまた会えると喜んでいた。読む手が止まらないとはまさにこの事。しかし。まさか。想像もできなかった物語に胸が苦しくてたまらなかった。これが真実なのだろうか。

ピップは愛と正義に溢れた主人公で、このシリーズがたまらなく好きだ。どうかまた会えますように。

井上哲也／高坂書店

▼『自由研究には向かない殺人』から始まった三部作を締め括るのに相応しい一冊。驚愕の展開、結末。

全ては本作の為にちりばめられていた一巻からの伏線に作者の見事な職人技を見せて貰った。

ミステリ史上最高の完結編に脱帽である。

吉井めぐみ／宮脇書店ゆめモール下関店

▼まさか！の展開に衝撃でした。

ピップが心配で心配で。グッド・ガールからの脱却がこんな衝撃とは思わなかった。作中にもあったが別の選択肢もあったはず。今までの主人公ならそっちを選ぶんじゃないだろうか。ピップだからこその選択。思わず応援してしまう。

そして、大人をいかに信用してなくて、でもある意味信用していて作戦を練っていく。どれだけあの町のティーンエイジたちがあらゆる方面で苦しんでいるのかわかる。『自由研究には向かない殺人』からの三部作はすごい作品であり全てを読むことでとても深く張り巡らされた伏線に気づく。素晴らしい！　ぜひ途中でやめず今作品まで読んで欲しい。

匿名／こみかるはうす新瀬戸店

▼三部作の1巻目を読んだ時は「爽やかな青春ミステリの傑作」と称え、2巻は終盤の驚きで「ピップの進む道を届けたい」と思い、そして想像どおり重苦しいスタート

の完結編は「ミステリ史上最も衝撃的な3部作」のコピーに納得の内容です。当初は作者もこのような真相を考えていなかったみたいですが、まるで意図していた伏線のように繋げていくのには凄さを感じました。未読の方は1800頁を超えるピップの物語を一気に読んでいただきたい。

佐伯敦子／文教堂平塚駅店

▼女子高校生探偵ピップが、活躍するシリーズの3作目で、完結作。今どきの高校生探偵は、こんなふうに事件を調べるのかと、このシリーズを読むと時代が変わったのがよくわかります。しかし、SNSというものは、やっかいなものです。それに、本当に手に汗にぎる展開で、おいおい、ピップ、それはヤバいよとつい気をもんでしまいました。そして、なんかなあ、この結末は、これでいいのかと思いながらも、読み応えだけは、存分にあるなと思わずにいられませんでした。この作品は、読む前に前作をさらっとおさらいすることをお薦めいたします。何倍も楽しめること間違いなしです。

竹村真志／三省堂書店成城店

▼2021年の『自由研究には向かない殺人』から始まる、女子高校生・ピップが地元の事件に立ち向かっていく三部作の完結

編。シリーズものの第3巻に敢えて票を投じるなんて、と我ながらどうかと思わなくもないのだけれど、それでも、このシリーズを愛し、我らが《部長刑事》ピップを見守ってきたひとりの読者として、この作品を讃えないワケにはいかない。

本作中盤以降の「衝撃」という言葉ですら生ぬるい、まさに筆舌に尽くしがたい感情を覚えるこの展開を、結末を…いや、「真実」を一体誰が予想できただろうか。ホリー・ジャクソン、あなたは一体いつからこの三部作（トリロジー）を構想していたのですか…!?

必ず、1作目から順番に読んでいただかなければならない、言うなれば上・中・下巻のような三部作だ。

長き道のりではあるけれど、ピップの辿り着く真実を、作者が本シリーズに込めた想いを、どうか、受け取って欲しい（最後の謝辞までもが秀逸！）。

僕はこの物語を、ピップという少女を、生涯忘れるコトはないと誓う。

3位｜⑭票
不便なコンビニ
キム・ホヨン
米津篤八訳／小学館

礒野あかね／北海道
▼とても温かいストーリーでありながら、登場人物に見え隠れする悲しみや冷たさ、ままならなさから人生の深さをヒシヒシと感じさせられました。

自分の人生が嫌になってもそこから逃げ出すことはできないこと、人生に向き合って生きるしかないこと、そしてやり直すことができることを魅力的な人々が教えてくれる素敵な物語でした。

小滝香／卓示書店河口湖BELL店
▼行き詰ったコンビニに関わる人たちが、ある日突然オーナーが連れてきた白熊のような男によって変わっていく。

劇的に何かが変わるわけではないものの、ゆっくり変わっていく様は、ドキュメンタリーを見ているようでした。今の日常も、ワルくないかもと思える作品。

嘉納芙佐子／リブロ江坂店
▼コンビニの人手不足は、世界共通なんだろうなと。国境を越えて、共感できる部分と、韓国ならではの温かさを感じることができます。

共通の悩みと国が違うからこその問題点など馴染み深い〝コンビニ〟を通して、お互いを知ることができる、ほっこりできる小説でした。

道楽息子に手を焼くお母さんも、共通なんだなと思うと、微笑ましかったです。

山中真理／ジュンク堂書店滋賀草津店
▼絶望、あきらめ、自暴自棄が人と出会い、心を揺るがし、気持ちが大きく好転する。人は間違うことはある。その間違いをも包み込み、新たな光を見つけることができる。優しい気持ちで満ちあふれました。

山田恵理子／うさぎや矢板店
▼人は一面だけでないと、深く広い視点に胸打たれました。コンビニには様々な人生が交差し、地域の人々の繋がりに心温まります。作中に出てくるトウモロコシひげ茶を飲んでみたくなり、優しい味がしそうです。

2024年本屋大賞／翻訳小説部門

石坂華月／未来屋書店大日店
▼下町のコンビニを訪れる客も働く面々も、どこにでもいるような親しみを感じる。誰だって自分の居場所や将来、家族の悩みを抱えているもの。
　独孤《トッコ》という一人が今までの日常に加わっただけで、小さな化学反応が起きてしまったようです。それぞれの視点から描かれるコンビニでのやりとりは、心にぽっと明かりを灯してくれるみたい。そして独孤自身にも変化が。
　前にも後ろにも進めない、そんな時も人生にはある。誠実であること、自分ができることをする。信じてみること、話を聞くこと。簡単そうに見えることが実は難しくて、でも、きっとやっぱり簡単なことで私たちは笑顔で生きていけるんだとそんな風に思った。とびきり、素敵な物語でした。

⑩票 あなたを想う花

ヴァレリー・ペラン　高野優監訳、三本松里佳訳／早川書房

山口智子／三洋堂書店新開橋店
▼最愛の娘との永遠の別れという喪失と後悔の涙の海に溺れ、生きる意味を見失ってもやがてたどり着いた場所で心の土を耕し花を咲かせ息を吹き返していく。
　この本は長く果てしないと思われた喪失の旅の終わりは忘却の彼方に追いやるのではなく新たな世界で共に生きる事と教えてくれた。大切な人を失った時、きっとこの本を読み返すだろう。

馬場あゆみ／精文館書店商品部
▼真相を追い続けるうちに、夜が明けていた。読書で夜を徹したのは数年振りだった。本書は恋愛小説でもあり、ヒューマンドラマでもあり、ミステリーでもある。だが最後に残ったのはあたたかな希望だった。
　人は死ぬまで選択し続ける。未来へ進むために愛を選びなおすこと、過去と決別することは決して悪ではない。生きてさえいれば、人は選びなおすことができる。死の瞬間まで。本書はどんなに大きな喪失も、あなたの全てを損なうことはないと語り掛けてくる。誰かの命が消えても、彼らの存在は胸のうちに残る。いずれ失われる自分の命も、同じように。世界から失われたはずの誰かの愛を感じる時、それは希望に変わる。

望月美保子／あおい書店富士店
▼愛した夫には自分だけを見ていて欲しいのに願いは叶わず、花を育て花を愛で花に囲まれ彼女の生活は徐々に満たされていく。死者を祀る墓地でさえ好きだった花を供え愛した人を想いながらひとは皆これからを生きていくんだと、慈愛に満ちたこの一冊が私の心を優しさでいっぱいにしてくれた。

⑦票 頬に哀しみを刻め

S・A・コスビー　加賀山卓朗訳／ハーパーBOOKS

宮田修／ふたば書房光明池店
▼彼らは、聖人君子ではない。ましてや、いい父親でもない。あるのは、後悔と贖罪の日々だ。それでも、息子を愛していた。
　その息子が、突然奪われた。

死の後までの、辱めを受けたとき、2人の猟犬が目を覚ます。
これは血風吹き荒れる男達の挽歌である。

山本智子／文真堂書店ビバモール本庄店

▼息子を殺され復讐に走る、黒人と白人の父親2人。
ジェンダー、人種、様々な差別。血で血を洗うさまから目が離せませんでした。

白人であるバディ・リーが徐々に、黒人であるというだけで様々な迫害を受けるアイクを理解していく様子が見事でした。

肌の色の違いで、ここまで差別され、人として扱われない。

そこにジェンダー問題も絡められて色々なことを考えさせてくれる作品。

❼票 トゥモロー・アンド・トゥモロー・アンド・トゥモロー

ガブリエル・ゼヴィン 池田真紀子訳／早川書房

宇田川拓也／ときわ書房本店

▼二〇二三年もっとも拾い物だったのが本作。ゲームは子供の頃のファミコンで卒業してしまった私のような者には、正直「ゲーム制作」にそれほど惹かれるものはなく、いい読み手にはなれないかもと心のどこかで覚悟していたが、杞憂であった。ゲームによってつながったボーイミーツガールとして動き始めた物語は、ラブストーリーでは描くことのできない関係性を映し出していく。同じ方向を向き、その先に輝く光に向かってともに走り出したはずなのに、次第にズレが生じて仲が壊れていく様は、自身の人生にも心当たりがあり、他人事とは思えずに読んでしまうひとも少なくないだろう。とはいえ本作は、ただ人生や仕事における諦念を示すだけの内容ではない。ここからが真の読みどころで、それでもなお失われることのない人間の強い結びつきには、心を大いに動かされた。

伊勢川詩織／紀伊國屋書店鶴見大学ブックセンター

▼ゲームと相棒への愛が迸る、最高の青春小説。ゲームについてそんなに詳しくないんだよな…なんて読む前の心配は杞憂でしかなく、その圧倒的熱量で駆け抜けました。誰かとともに何かに打ち込んでいる人、打ち込んだことがある人には特にたまらないんじゃないかと思います。サムとセイディの四半世紀はもちろん成功ばかりじゃなく、たくさんの挫折もあり、時に立ち止まることもある。でも、そのすべてを抱きながら、それでももう一度、もう一度とプレイし続ける。その姿がどうしようもなく胸に迫り、心を熱くさせる愛の物語でした。

❻票 他人の家

ソン・ウォンピョン 吉原育子訳／祥伝社

鈴木沙織／ジュンク堂書店藤沢店

▼8つの短編には、表題作の『他人の家』、ミステリや近未来想定のSF、『アーモンド』の番外編もあり、様々な味わいに満たされている。どれもおもてだった激しさやスピード感があるわけではないのに、感情のスイッチをどんどんONに切り替えられるような感じで、個人的には『アリアドネの庭園』が一番しっくりときたし、今の自分に馴染みました。

宗岡敦子／紀伊國屋書店福岡本店

▼一冊にミステリー・SF・ヒューマンドラマが盛り込まれ

た、色鮮やかな8編の物語で、ワクワクが止まりません。短編なのに、長編のような深い人間ドラマと、驚きの世界観。

多種多様な輝きを放つ物語に、あっという間に魅了されてしまいます。人間の深層心理に迫ったような心の機微が、じんわりと肌に伝わってくるようでした。希望と絶望が表裏一体となり、気づかずこぼれ落ちていた感情を、掬い上げてくれるような物語。喜怒哀楽の感情が、どんどん溢れるような人間ドラマに、圧倒されました。

❺票 五月 その他の短篇
アリ・スミス
岸本佐知子訳／河出書房新社

大竹真奈美／宮脇書店青森店

▼木に恋をする表題作の「五月」は、ある木にそっと想いを寄せ続けている自分にとっては特別思い入れのある短篇。一篇でひと月、全篇で一年を巡る十二篇。脳内にふわふわと浮いているものが、自由に言葉をまとっていく。とりとめもなく無邪気に、とめどなく流されるような感覚が、奇妙でありながら絶妙に癖になる。ある程度形に見当を付けながらも、パチンと嵌まらないパズルのピースに、どことなく安心を覚える。揺るぎなく記されない限り、想像力は思いのまま描く。その余白が心地良く、どうしようもなく虜になる。ユーモラスに心を巡る極上の短篇集。

❺票 処刑台広場の女
マーティン・エドワーズ
加賀山卓朗訳／ハヤカワ・ミステリ文庫

藤原郁子／郁文堂書店庭瀬店

▼ミステリに愛されし女神（悪の女神か？）の登場か!?

あの香り高き黄金期のミステリを思わせる舞台装置が複雑に絡み合った謎の糸をより豪華な物にしている。何よりも登場人物の個性が豊かで魅力的。ころころと変わる場面にページを捲る手は止まらず、かと思えば、登場人物の描写は今の時代を生きるような親近感をも感じさせられる。ラストへと向かうスピード感が何よりも秀逸でそこは、冒険小説でも読んだ様な気分でした。二度読み間違い無しの作品です。シリーズ次作が楽しみです。

❺票 8つの完璧な殺人
ピーター・スワンソン
務台夏子訳／創元推理文庫

匿名／滋賀県

▼小説を元にした殺人事件から始まる小説ですが、元小説を知ってても知ってなくても楽しめます（ネタバレ受けるのはしかたない）。

他にもしかけがあり、ラストは思わず声が出ました。さすがピーター・スワンソン！

❹票 記憶書店 殺人者を待つ空間
チョン・ミョンソプ
吉川凪訳／講談社

小川誠一／谷島屋マークイズ静岡店

▼『銭天堂の書店バージョン？しかも命がけ』

エンディングまで実は長いプロローグだったのかもしれない。というのも、想像を超えた結末と次回作への期待を匂わせるまとめ方に驚いてしまったからだ。作中で紹介された小説の数々に日本の作品が思いのほか登場していたことが嬉しかったし、本好きの人間の描写にも納得できる箇所が多かった。しかも極めつけはホラーハウスのよ

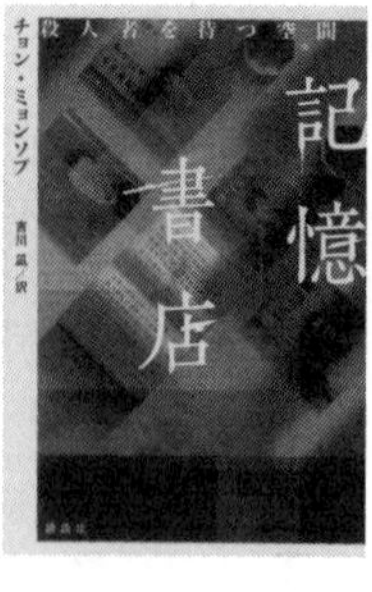

うな作りの書店という発想が斬新！　遊び心満載だ。これはぜひシリーズ化して欲しい。ユ教授は今後チームを増強するだろうし、いつの日にか日本にも支店をだすだろう。（たぶん神田に）法の傘で守ることが難しい人たちを非合法に支援する書店にとても興味をそそられます。

❹票 厳冬之棺

孫沁文
阿井幸作訳／ハヤカワ・ミステリ文庫

保母明子／精文館書店豊川店

▼とんでもない方法ですごい殺され方をする！　こんなにびっくりの殺され方は「斜め屋敷の犯罪」以来だなと思います。中国ミステリはトリックでこちらの度肝を抜いてくるのがよいところですが、問題は登場人物の名前が覚えられないこと。誰が殺されたんだっけ…陸さん一族が呪われて連続殺人なので被害者も全員陸さん…。覚えられない！　でも面白い！

❸票 アロハ、私のママたち

イ・グミ
李明玉訳／双葉社

松村智子／ジュンク堂書店旭川店

▼胸に期待を膨らませて朝鮮半島からハワイへ渡った同郷三人の「写真花嫁」。過酷な現実に打ちのめされ、独立運動を巡る同胞の分裂に翻弄され、それでも手を取り合って自分たちの居場所を確立しようと懸命に生き抜く彼女らの絆に心打たれました。

彼女らの話し言葉の方言が柔らかな関西弁で訳され、その中に「アイゴ」や「イモ」といった朝鮮語が混ざることで、自然で生き生きとした会話が伝わってきます。そしてハワイで生まれ母語が英語の子どもの朝鮮語は標準語で、親子間のアイデンティティの違いもその訳から読み取れます。物語も翻訳も素晴らしいと感じた作品でした。

❸票 過去を売る男

ジョゼ・エドゥアルド・アグアルーザ
木下眞穂訳／白水社

鈴木ひとみ／ジュンク堂書店三宮店

▼語り手のヤモリは主人公フェリックスの家に住み込んでいる。フェリックスはヤモリが笑う事で意思が通じている事がわかり少し嬉しくなる。彼の職業は依頼人に新しい過去を作る事。

しかし、突然やってきた依頼人に過去だけでなく全てを書き換えて欲しいと頼まれ引き受けてしまう。この事からあらゆる事が不自然に動き出す。アンゴラの内戦や社会情勢も影を落とし、読みながら本の螺旋迷宮に連れて行かれた気分だ。過去とはなんだ。自分の頭に残ったかけらか。読み終わっても不完全燃焼気味でまた最初から読みたくなる。ヤモリの存在は大きくああ今ここだとグラグラした頭を戻してくれる。

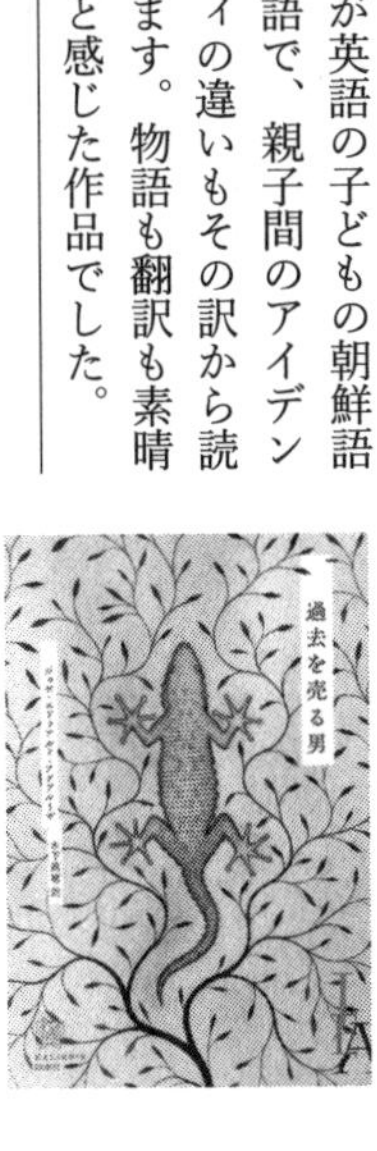

❸票 グレイラットの殺人

M・W・クレイヴン
東野さやか訳／ハヤカワ・ミステリ文庫

藤田真理子／旭屋書店池袋店

▼シリーズ史上最高をまた更新してしまった！　とにかく大好きな海外ミステリの最新作。700ページを超える大作だが、すっきりまとまっていて分かりやすい。犯人に寄り添えるポーの人柄が好ましく、バディのティリーとは勿論のこと、FBI捜査官リーとの関係性も良い。読み終わる度に早く続きが読みたいと思える。

2024年本屋大賞／翻訳小説部門

❸票
鋼鉄紅女
シーラン・ジェイ・ジャオ
中原尚哉訳／ハヤカワ文庫SF

村上望美／田村書店吹田さんくす店

▼巨大ロボットに乗って敵と戦う、一組の男女。しかし女性は一回の戦闘で死に至り、道具のように使い捨てられ、また補充される。おぞましい程の男尊女卑世界で、その世界をたたき壊そうと傷だらけでハンマーを振り上げるヒロイン、則天がとにかくかっこいい。則天をとりまく男性二人との関係性も秀逸にして新鮮。そしてとにかく、SFロボットものとしてむちゃくちゃ面白い。続編が本当に楽しみな作品です。

❸票
死と奇術師
トム・ミード
中山宥訳／ハヤカワ・ミステリ

久田かおり／精文館書店中島新町店

▼64年ぶりのハヤカワ・ミステリの袋とじ本ですって⁉ しかも密室&名探偵、そして読者への挑戦状という超本格ミステリてんこ盛りですって⁉

これぞ本格ミステリ！と満足して読み終えた後、コーヒー一杯飲んで心を落ち着けてからじっくりと解説を読むと、あぁ、そういう深みがあったのかと自分の中で終わった物語がまた勢いよく膨れ上がる。

最後の問題提示も含め、もう一度読み直したくなる。

❸票
人類の深奥に秘められた記憶
モアメド・ムブガル・サール
野崎歓訳／集英社

中村江梨花／未来屋書店新浦安店

▼絶対に読んでほしい！ 本屋大賞翻訳小説部門に相応しい一冊。すっかり魅了されてしまった。多重構造の迷宮的語り口、作家の謎を解くというミステリ的な冒険譚。文学とはなにか、人種差別とはなにかを問う。非常に重厚ながらも、スイスイと読むように惹きつけられる。ボルヘスや村上春樹にも少し言及していて、文学好きにはニヤリとさせられるだろう。

❷票
フィリックス エヴァー アフター
ケイセン・カレンダー
武居ちひろ訳／マグノリアブックス

渡部彩翔／田村書店吹田さんくす店

▼多様性がうたわれる世の中で、新しい言葉が沢山生まれていて正直ついていけてないと感じていました。読書をしていても、恋愛の多様性を目にするたびに、理解できない自分にがっかりし、無意識に誰かを傷つけてしまっているのではないかという不安、心の中で思う言葉にまで気をつかうような息苦しさを感じていました。共感したくても、誰かへの共感は誰かへの否定・批判に繋がったり、知るだけでも良いかと言われれば、中途半端な知識がかえって相手を不快にさせたりすることを知り、行き止まっているような感覚を覚えていました。

でも、この本を読むと自分が思っていたよりも人を知ることって難しくないんだと肩の力が抜けていきました。

私自身、いい歳になっても自分のことを理解できていない部分があるように、皆それぞれ生きている限り自分のアイデンティティを探し続けているのかもしれない。そう思うと、簡単に理解できなくて当然で、知らないことが恥ずかしいことでもないと思えます。自分がどんな人でありたいか、自分はなにを愛したいのか、決められるのは自分だけ。

『自分は愛される価値のない人間だ』と、自らの痛みや心の傷を欲しがっていることに気づいたフィリックスが、恐れずに自分の内面と向き合おうとする様子に共感することが多く、励まされました。

　他人を許すことは難しいけれど、許すことは自分もまた解放することになる。身近な幸せに気づいたら、それを受け入れる勇気が大切だと教わります。もっといろんな人のことを知りたいと前向きに思えるようになりました。私のように多様性という言葉に疲れてしまっている人、人を理解することに疲れてしまった人、そういう本を読むことに嫌気がさしてしまっている人にも一度手にとってみてほしいです。

❷票
ピュウ
キャサリン・レイシー
井上里訳／岩波書店

佐貫聡美／紀伊國屋書店コーポレート統括本部経営戦略室

▼アメリカ南部の小さな町の教会に、性別も年齢も国籍も分からない、正体不明の人間がたどり着く。信徒席で眠っていた「彼？彼女？」を人々は「ピュウ（信徒席）」と名付け保護するが…。
　善意のかたまりのような住人たちの利己的で卑小な面が徐々に明らかになる様は、同じく南部を描いた作家、フラナリー・オコナーを彷彿とさせ、作品全体を包む不穏な空気はシャーリイ・ジャクスンのようでもあり…。人種、宗教、偏狭なコミュニティ、人間の善悪の問題…読む人によって多面的な顔を見せる、不思議な魅力に満ちた作品。

❷票
ある犬の飼い主の一日
サンダー・コラールト
長山さき訳／新潮社

鈴木ひとみ／ジュンク堂書店三宮店

▼ベテラン看護師ヘンクと老犬スフルクのなんでもない日々。同僚や親族も出てくるけど特に何もない。犬が病気になってしまうが、全てが自然に流れていく。ただちょっとした会話や食事、読書が彼らの心に栄養を与えてくれる。

❷票
この世界からは出ていくけれど
キム・チョヨプ
カン・バンファ、ユン・ジヨン訳／早川書房

川田有美／丸善高島屋大阪店

▼どんなに心を通わせた相手でも、その人とずっと一緒にいられること、ずっと同じ方向を見続けられることは奇跡に近いと思っています。でも、出会えた誰かとほんの一瞬でも何かを共有できたなら、それだけで生きていくには十分なのかもしれません。私の中にも、もう会うことはないかもしれないけれど出会えた人たちとの一瞬の重なりがたくさんあって、だから今までもこれからも決して孤独ではないんだと気づかせてもらいました。

❷票
リンカーン・ハイウェイ
エイモア・トールズ
宇佐川晶子訳／早川書房

山中由貴／TSUTAYA中万々店

▼最っ高、私の今年イチ。まさにまさに！
　更生施設から出所し、愛車のスチュードベーカー（真っ青でかっこいいクラシックカー！）でカリフォルニアを目指す兄弟と、彼らを振り回す少年たち。とにかくなにひとつ予想通りにならないストーリーが素晴らしく、エイモア・トールズ、よくこんな展開にしたな！と、各章ごとにスタンディングオベーシ

ヨンを送りたくなる。ずっとにまにましながら読んで、読み終わってしまうのが心底いやで、この本から離れたくなかった。

　私はダチェスが大好きだしウーリーが愛おしいしエメットは最高にかっこいいしビリーは英雄だと思ってる。ほんとうに、すべての章が痛快だった…！

　この本を開く時間がいつも待ち遠しく、胸躍ったし、一生持っておきたい本になった。大好きだ。みんなが最後まで読んだらどんな感想になるのか、とても知りたい。

❷票

だからダスティンは死んだ

ピーター・スワンソン
務台夏子訳／創元推理文庫

匿名／丸善ラゾーナ川崎店

▼ボストン郊外に越してきたヘンとロイドの夫婦は隣の夫婦から家に招待され、食後に入った書斎でとある置物を見つける。ヘンは隣家の旦那が殺人犯だと思うものの、過去に起こした事件から周囲の人には信じてもらえない。彼女が決定的な場面を目撃しても信用してもらえない歯痒さを感じつつ読み進めていると…！　スワンソン作品を読んでいる人ならお分かりでしょうが犯人が分かったと思えばまた新たな展開が!!

❷票

ナイフをひねれば

アンソニー・ホロヴィッツ
山田蘭訳／創元推理文庫

辻本陽子／喜久屋書店明石駅ビル店

▼シリーズものですが、全く飽きません。新作が出るたびに更に好きになります。

　あらすじを読んだ時に、主人公が容疑者になるという今までにない展開でどう話が進んで行くんだろうと思いましたが、期待を裏切らないどんでん返しであっという間に読み終えてしまいました。毎回思いますが、早く新作が読みたいです！

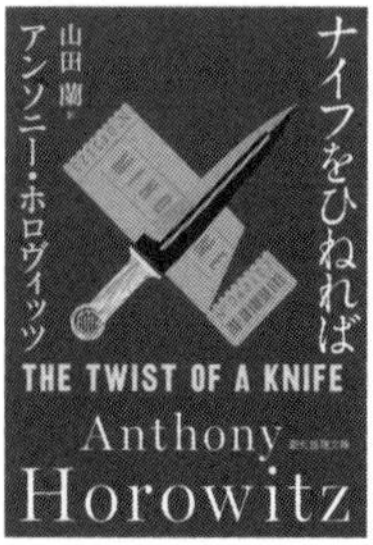

❷票

甘くない湖水

ジュリア・カミニート
越前貴美子訳／早川書房

匿名／石井書店

▼強権的な母のもと、貧困家庭に生まれたイタリアの女の子の物語。そもそもややこしい思春期の人間関係が、貧困と家族の存在で、さらに厳しく難しくなる彼女。テンポの良い文章で、まるで自分が彼女になったような心持ちで物語にのめりこめる。

❷票

ルクレツィアの肖像

マギー・オファーレル
小竹由美子訳／新潮社

高橋美羽子／有隣堂戸塚モディ店

▼16世紀のイタリア。トスカーナ大公の3女ルクレツィア。

　小さく大人しい彼女は、憧れる母とも、姉たちとも違う精神を持っている。ルクレツィアは15で病死した姉の代わりに、フェラーラの領主に嫁ぐ。政略結婚、期待される世継ぎ。嫁ぎ先で彼女は、夫の冷酷さを知ってゆく。豪華な衣装や宝石を身につけ、公爵夫人と呼ばれ、でもルクレツィアは、自分の目で見、感じ続ける。夫の不興と不穏な空気。幼い時に、父の飼う虎に一瞬触れ、共鳴したルクレツィア。小さな非力な女性の、魂の飛翔の物語。

❷票

呪いを解く者

フランシス・ハーディング
児玉敦子訳／東京創元社

猪股宏美／東京旭屋書店新越谷店

▼幻想的で、危険を感じる世界観に圧倒された。

　人が人を呪う事のできる世界に生きるケレンとネトル。

　呪いを解く力を持つケレンと、かつて呪われた事のあるネトルが人々の呪いを解きながら、大きな力に巻き込まれ、立ち向かう物語。
呪うほど誰かを憎んでしまった人の苦しみ。
呪いをかけられてしまった人の呪いを解いてもらった後の苦しみ。
現実世界にも通じる問題や痛み、そして希望の物語。

❷票
覚醒せよ、セイレーン
ニナ・マグロクリン
小澤身和子訳／左右社

岡田菜織／HMV&BOOKS SHINSAIBASHI

▼オウィディウスの『変身物語』に出てくる女たちが、今、力を持って物語を語り直す、という形の短編集です。彼女たちの悲痛な叫びが迫ってきて、彼女たちと同じように怖くて悲しくて悔しい思いをしました。理不尽に力を振り回してくる人たちのせいで、大好きだった場所が奪われ、大好きだったものが嫌いになるなんて…と怒りに震える場面もありました。他の誰かのせいで自分を変えて生きないといけないなんて絶対におかしい。読んでいてとても苦しい作品でしたが、自分を奮い立たせてくれ、後押ししてくれるような素晴らしい作品でしたのでぜひ多くの人に読んでもらいたいです。

❷票
地球の果ての温室で
キム・チョヨプ
カン・バンファ訳／早川書房

匿名／佐賀之書店

▼ダストが世界を覆い、人類を滅亡寸前まで追い詰めるという筋書きが、コロナ禍と重なり合い、終末表現の現実感が肌を刺した。以前よりも現実的に感じられる終末世界での登場人物たちの生き様に心を動かされた。植物から過去を辿っていく物語は、知識と発見があり頁を捲る手を急かした。

❷票
地下図書館の海
エリン・モーゲンスターン
市田泉訳／東京創元社

匿名／神奈川県

▼入り組んだ迷宮のような作品世界と、様々な文学のオマージュ、ところどころに挿入される不思議な寓話に本好きの心がくすぐられました。

❷票
父から娘への7つのおとぎ話
アマンダ・ブロック
吉澤康子訳／東京創元社

島田優紀／ブックセンタージャスト大田店

▼父親が残した7つのおとぎ話に隠された真実を辿り、生き別れていた父娘が再会を果たす。一言で表すとありきたりなものになってしまうのが悔しいのだけれど。父親が残したおとぎ話（作中作）がとても魅力的で、暗く深く引きずり込まれそうで、その危うさがまた「おとぎ話」の雰囲気を濃くしている。母親の語る父親と娘の記憶の中の父親、そして調べていく中で知る父親の違うところと共通するところをすり合わせていく過程と受け入れるための感情の整理のリアルな描写がぐいぐいとページを捲る手を止めさせてくれない。一人の人間を多数の人間から見たとき、それぞれに抱く印象が違うのも当然で、それは関係性や当人の立場によっても変わるだろう。それから、自分にとってのその人がどうであるか、それを信じることも大切なのだけれど、自分の中のその人と実際の本人の差異を受け入れられないこともあるけれど、す

こしずつすり寄せていく努力も必要だろう。そういう、人と人との間で起こる摩擦も、誰かと生きていく中で大切なことだ。父と娘の物語は一つに繋がるのか、楽しんで読んでほしい。

❷票
殺したい子
イ・コンニム
矢島暁子訳／アストラハウス

中村江梨花／未来屋書店新浦安店
▼現代版「藪の中」。殺された女のコをめぐって、食い違う18の証言。誰かからみればめちゃくちゃいい子なのに、誰かからみればすごく嫌な子で、人ってほんとにある一面だけでは語れない。真相はどうなのか、誰が殺したのか。一気読み不可避のミステリー。

❶票
思い出すこと
ジュンパ・ラヒリ
中嶋浩郎訳／新潮社

匿名／平安堂書籍事業部商品管理部
▼詩人・作家・研究者。三者を自在に行き来し語られる、自由かつ独創的な物語。著者の新境地でありながら、読後の味わいはラヒリそのものだ。

❶票
台湾漫遊鉄道のふたり
楊双子
三浦裕子訳／中央公論新社

坂本まさみ／明文堂書店TSUTAYA戸田
▼兎にも角にも、次々に出てくる台湾料理の描写がとんでもなく美味しそうで、鉄道での道中や訪れる場所の魅力的な描かれ方はそれだけで充分なガイド誌のようで、また、千鶴子の明るさと千鶴の聡明さの組み合わせの良さによって、前半は楽しくワクワクと読み進みました。
しかしその実、そこに秘められた問題は奥深く、支配する側の無意識と支配される側の言い表せない感情を下敷きに、ふたりの心はどのように繋がるのか、本当に友情は成せないのか、後半は辛く苦々しくてハラハラしながらの読書となりました。

活気に溢れ美味しい料理に心躍るような目に見える場面から一転、千鶴が秘めていたように支配を受ける側の目に見せない感情を追いかけ理解をしようともがくラストに向けて全く目が離せず、物語の納め方の仕掛けも新鮮で本当に面白かった。

翻訳物は苦手だったのですが、そんな気持ちがどこかへ行ってしまうほど楽しめました。

❶票
ガーンズバック変換
陸秋槎
阿井幸作、稲村文吾、大久保洋子訳／早川書房

坂嶋竜／さわや書店イオンタウン釜石店
▼語り手がストーリーを相手に届けること、という物語の基本形をSF的発想によって様々な形で表現した素敵な短編集。中でもチョムスキーの言葉からタイトルを取った「色のない緑」は言葉の伝達に着目したオールタイム級の傑作だと思う。

❶票
哀惜
アン・クリーヴス
高山真由美訳／ハヤカワ・ミステリ文庫

河部信之／未来屋書店東久留米店
▼海辺の街で発見された男性の遺体。彼の死の秘密を警部マシュー・ヴェンが解き明かしていく。静かな、おさえた筆致で、主人公たちの独白をはさみながらストーリーは進む。緻密に組みたてられた謎解きミステリであるとともに、胸に残る人間模

様を描いた小説としてもすばらしい。こんなシーンがある。マシュー警部が父親との記憶を探る回想場面で、初めて父親のある思いに気付くところ。情景描写のみでああ、そうだったのか、と読者に納得させてしまう力がある。うまい。うますぎる。こんな小説を読みたかった、と読後に思わせてくれる最高の作品です。

❶票
異能機関
スティーヴン・キング
白石朗訳／文藝春秋

渋谷宙希／ブックスタジオ大阪店

▼とにかく圧倒的に面白かった！　2023年国内外で出た小説の中で一番面白かったと思います。超能力を持った少年が謎の施設に拉致され、そこから逃げ出すという割とありがちな設定なのに、キングが書くとこんなにも面白いのか！って驚愕しました！　特に、脱出してからの展開が胸熱で最高です。

❶票
九月と七月の姉妹
デイジー・ジョンソン
市田泉訳／東京創元社

山地敏弘／宮脇書店泉佐野店

▼セプテンバーとジュライは姉妹で、セプテンバーの言うことを、ジュライが操り人形のように従う一方で、いじめられるジュライをセプテンバーが守るお互いにかけがえのない存在です。

そんな姉妹という関係から生まれる、独特の絆で結ばれた二人に訪れた、ある事件。その事件をきっかけに、家族がセトルハウスという一軒家に引越をするところから物語は始まります。

文章に漂う、姉妹愛と過去に起きた事件の不穏な空気感が、作品に独特の雰囲気を与えており、その雰囲気に惹かれて再読したくなるような魅力を持っています。ジュライ視点で描かれるセトルハウスの日々に訪れる結末には、理屈や常識とは相容れない感情に、寄り添い手を取ってくれるような不思議な温もりを感じました。

休日の前夜など、少し多めに読書の時間が取れる日に、じっくりと一気読みするのにオススメです。

❶票
狙撃手ミラの告白
ケイト・クイン
加藤洋子訳／ハーパーBOOKS

三石耕三／紀伊國屋書店堺北花田店

▼第二次世界大戦時に実在したソ連側の女性狙撃手、リュドミラ・パヴリチェンコ氏の生き様を題材に書き上げられたミステリー。

普通の女学生が「戦争」という過酷で逃れられない時代に飲み込まれ、同胞たちをはじめ残酷な死に対峙しながらも狙撃手として成長してゆく姿を力強く書き切っている。さらに交互に描かれる彼女の過去と、同じ時代を生きる個性的な登場人物たちがよりミラの存在を際立たせ、物語を濃密に組み上げている。時代を憎みながら、それでも決して絶望せず生き抜いてゆく彼女に出会えた事を一読者として幸せに思う。

「戦場のアリス」「亡国のハントレス」をさらに超えたケイト・クイン氏の最高到達点！

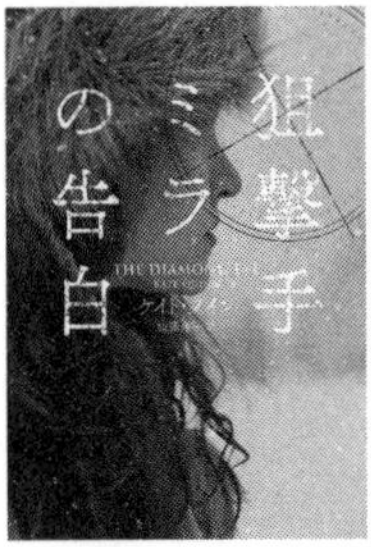

❶票
滅ぼす
ミシェル・ウエルベック
野崎歓、齋藤可津子、木内尭訳／河出書房新社

鈴木崇広／ときわ書房本八幡スクエア店プラスゲオ

▼ウエルベックの新たな最高傑作。今作は構成が凄い！　前半から続くエピソードが、主人公が重病になり回収されず崩し的に物語が終わるという素晴らしい展開です。

❶票
グッゲンハイムの謎
ロビン・スティーヴンス、シヴォーン・ダウド原案
越前敏弥訳／東京創元社

五十嵐みゆき／文学館岡本店

▼前作『ロンドン・アイの謎』の続編。作者の原案を引き継いで書かれた。今回も事件を解決するテッドの思考とその周りの人間に心がうごきました。

❶票
ホワイトノイズ
ドン・デリーロ
都甲幸治、日吉信貴訳／水声社

杉木茂弘／丸善丸の内本店

▼かつて都甲幸治氏は、この長編を「自分の解釈の外に出て他者と出会う」物語と評したことがあるが、その意味はどう受け止めるべきだろうか。

　アメリカの地方都市でヒトラー学を講じる大学教授ジャック・グラッドニーの日常を描く第一部と、有毒廃棄物の流出事故による避難行が描かれる第二部は、ジョン・アーヴィング的なディフェンスの小説として読みうるであろう。複雑な血縁関係を持つ一家のバランスをとりながら、災害から家族を守り抜こうとする主人公の姿は、容易にT・S・ガープを連想させる。だが小説の後半を占める第三部では、防御の主題は奇妙な攻撃性に捩れていく。

　産業汚染物質ナイオディンDに接触して死の恐怖に取り憑かれたジャックは、そこから逃れるために殺人を計画する。なぜなら殺すことは生命の預金を得ることであり、誰かを死ぬ側の人間にすることで自分の死は乗り越えられるからである。この倒錯した論理は、アメリカ文化が潜在的に孕む暴力への志向とも関連づけられるだろう。彼は自らを救う楽園を、殺人という行為の彼方に見出そうとするのだ。

　しかし、計画が実行に移されるクライマックスで生じるのは

暴力の祝祭ではない。そこに描かれるのは、「コントロール不可能な他者との出会い」である。ここで訪れる決定的な転回に、都甲氏は「他者とのコミュニケーションを開くには、言語的に構成された信念の体系を破ることが必要だ、という現代社会において非常に重要な主題」を読みとっているが、自分がつくりあげた物語を突き崩された時、その混乱と無力感の中で初めてジャックは生身の存在である絶対的な他者と対峙する。そこで示されるのは、攻撃＝防御という二元論には回収され得ない共存の可能性である。

　その後に続く教会の診療所の場面は、見方によってはそれ以上に重要なエピソードであるかもしれない。生命の永遠という幻想を信仰のイメージの中に求めることで精神の安寧を得ようとしたジャックに対して、修道女ヘルマン・マリーは冷水のような言葉を浴びせかける。自分が正しいと確信するためには誰も真剣に受け止めようとしないことを信じる人間の存在が必要なのか、自分が信じてもいないことを信じる役割を私たちに担わせようとするのか、と。ここでジャックは、自分が真理を語る側の人間であると自惚れるために他者を道化の役割に貶めてきた、自らの傲慢さとナルシシズムに直面させられているのだ。彼が遭遇した試練は、幻想の自我を自分自身から切り離す通過儀礼としての、去勢という意味を持つ体験であったとも受け止めることができるのではないか。

　近年は、多様性の尊重という耳あたりの良い文句が頻繁に口にされる。だが、自分とは異なる主義・主張を持つ他者を容認

するというのは、本来ならば自らの価値観そのものを揺るがされる不安と苦痛に満ちた体験であるはずなのだが、そういう危機に自分を曝す覚悟を常に抱いている人間が、果たしてそれほど数多くいるものだろうか。むしろ多くの人は、自分が共感したり同意できるような多様性のアクアリウムをつくりあげて、そのテリトリーの中における受容や寛容を説くことで、そのような危険を回避しているのではないのか。そのこと自体は必ずしも非難されるべき態度ではないだろう。しかし本当に困難なのは、その水槽の外に居る了解不能な真の他者との間に生じる摩擦や軋轢を、いかに調停するかという問題なのではないか。

発表以来40年近い歳月を経ても、いまだそのような問いを突きつけてくる力を持つという点で、この作品は現代の重要な小説であり続けているのではないかと思う。

❶票
神
フェルディナント・フォン・シーラッハ
酒寄進一訳／東京創元社

荒木香里／くまざわ書店松戸店

▼安楽死、自死の介助についての戯曲。法で裁く事の難しさを感じ結論は永遠にでない問題だと考えさせられました。

❶票
死の10パーセント
フレドリック・ブラウン短編傑作選
フレドリック・ブラウン
小森収編　越前敏弥他訳／創元推理文庫

越沢智紀／シビコ正文館書店

▼色褪せたと言ってはいけない。絶版も多い中、初翻訳他を今読める幸せをかみしめて。きっかけはSFから来たか、ミステリーから入るか。その多面性

がフレドリック・ブラウン的。私事では他短編のタイトルを引用した、たがみよしひさ「依頼人（スポンサー）から一言」から流れたクチ。

❶票
アメリカへようこそ
マシュー・ベイカー
田内志文訳／KADOKAWA

山中由貴／TSUTAYA中万々店

▼これはファンタジー？寓話？SF？　どの作品もものすごくおかしな設定に面食らう。でもシリアスで、ユーモラスだけど根暗だし、風刺的だけど豊か。辞書にありもしない言葉「幽霊語」をつけ加える仕事をしている辞書編纂者の物語や、空っぽの肉体で新生児が生まれるようになった世界で我が子に魂を宿すために妊婦たちが収容される特別な施設の秘密や、ある男の人生が逆再生される四次元的光景や。奇想天外にもほどがある。でも設定が奇妙なのが要じゃなくてそこで語られる人々の血肉の温かさがちゃんと伝わるのが凄いのだ。「ツアー」という作品がまたとんでもなくて、謎の超絶技巧性感マッサージ師に施術してもらう描写が何ページにもわたって怒濤の比喩の羅列で書かれているのだが、それがめちゃくちゃ文学していて、そこに選びとられた言葉たちの虜になって、一体なにを読んでるんだろう…となりながらも心揺さぶられて泣きそうになった。小説の可能性よ…！

小説はいろんな媒体のなかでもいちばん受けとる人に「空想させる」ものだと思うのだけど、この作者はその「空想させる」筋肉をめちゃくちゃ撃ってくる。悲鳴も出るし筋肉痛にもなるしでぐったりするけど、次

2024年本屋大賞／翻訳小説部門

の日にはまた立ち向かいたくなる。もう一作、もう一回撃たれたいと思わされる。圧巻です。

❶票
ポストカード
アンヌ・ベレスト
田中裕子訳／早川書房

山田実波／書房すみよし まるひろ南浦和店

▼フランスの実話を基にした小説。著者のアンヌ・ベレストの母親の家に謎のポストカードが届いたところから始まるストーリー。

ユダヤ人の先祖を持つアンヌと母が祖母やその家族がどんな境遇を生き抜いて来たかを知るため行動していく。ユダヤ人迫害の渦中で生き残るにはどれだけ大変で過酷な事だったか、辛

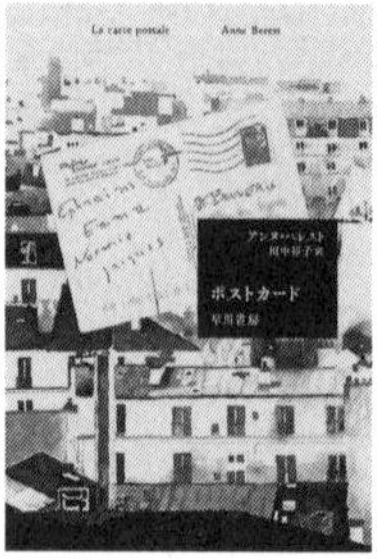

いけれども読みやすい文章で綴られています。特に信じる宗教がない私ですが、宗教とは何か、迫害によって失われてきたたくさんの人の命について想いを馳せる事ができた作品です。

目を背けたくなるような内容だけれど本を読む事によって彼らになり、悩み、苦しむ事ができるのが読書の醍醐味だな、と改めて感じた作品。

❶票
青いパステル画の男
アントワーヌ・ローラン
吉田洋之訳／新潮社

石田祥／草叢BOOKS新守山店

▼「赤いモレスキンの女」や「ミッテランの帽子」のアントワーヌ・ローランのデビュー作。シヨーモンは自分にそっくりな肖像画を見つけて必死に落札。しかしそれを持ち帰っても誰もそれをわかってくれない。その不可解な絵の謎を探ろうとするシヨーモンと共に、大人のおとぎ話の世界にひたれます。

❶票
破果
ク・ビョンモ
小山内園子訳／岩波書店

脊戸真由美／丸善博多店

▼45年間、人殺し稼業。65歳のばあちゃんが、引退してそのあとどこに転職できるというのか。殺人能力はつぶしがきかない。これからチキンを揚げたり、クリーニング屋をはじめたりなんてまず無理な話だ。これまたウン十年、本屋でしか働いてない私が、飲食店の面接に5連敗したこと思い出す。皿洗いも不採用。主人公の失われゆく判断力と身体能力に我が身を重ねた。

❶票
寝煙草の危険
マリアーナ・エンリケス
宮﨑真紀訳／国書刊行会

大倉公平／教文館キリスト教書部

▼雑音や不整脈、第三心音、ギャロップリズムなどなど、最高の心音を持つ人はいつ現れるだろう…宮﨑真紀さんの翻訳は、

どこか豊かな創造力と、読者の感性に刺激があたえられます。そして心に火がつきます。スパニッシュホラーに、新しい文芸の扉に遭遇いたしました。

❶票
絵物語　動物農場
ジョージ・オーウェル
金原瑞人訳／パイインターナショナル

石田祥／草叢BOOKS新守山店

▼冷酷な人間たちを追い出し、ブタを中心にして動物たちが農場を運営しようとします。しかし、動物たち同士でやはり噛み合わないことが増えていく…。

ソビエト連邦のスターリン体制を風刺で表現した作品で、ジョージ・オーウェルの皮肉と、カンタン・グレバンの美しい挿絵が楽しめる作品。

❶票
アリとダンテ、宇宙の秘密を発見する
ベンジャミン・アリーレ・サエンス
川副智子訳／小学館

匿名／有隣堂セレオ八王子店

▼偉大な哲学者の名前を持った80年代アメリカのティーンが、いろいろある日々を生きていくなかで、ある夏「宇宙の新たな謎」ことダンテ・Qに出会う…。ありそうで意外とそれほどはない「YA」で「ボーイ・ミーツ・ボーイ」で「明るい、ハッピーエンド」のお話でした。

男子に生まれて、別段そのこと自体には異論ないのだけども、周囲を見渡して帰納法で考える限り男ってのはカスなのではないかという結論がどうしても導き出されてしまう。

性自認であるとかセクシュアリティとは別軸で、自分の生まれ持った性に愛想を尽かしてしまうという状況は今のティーンたちにとってもきっと切実な問題なのではないかなと思います。

カスな性などというものはない、ということに十分納得して、最大限自分のありようを肯定できるようになるといいです。

アリとダンテがお互いにとってそうであったように、読者にとってはこの作品が助けとなっておのおのの素敵な宇宙の秘密へと導いてくれるのではないでしょうか。昨年映画が公開されたほか、原語版ではすでに続編が発表されているとのこと。映画の日本公開、続編はもちろんのこと他のサエンス作品の邦訳刊行も待ち遠しいところです。

❶票
葉っぱの地図
ヤロー・タウンゼンド
井上里訳／小学館

山田恵理子／うさぎや矢板店

▼植物の声を聞く少女が主人公。庭の中、森の中で、植物たちはさざめきながら少女に話しかけ、互いに守り守られる運命共同体のようだ。葉っぱの地図をたよりに、あきらめない心に励まされる。母を想い友を想う、愛ある冒険物語。

❶票
蘭亭序之謎
唐隠
立原透耶、大恵和実、根岸美聡、柿本寺和智訳／行舟文庫

富田晴子／未来屋書店有松店

▼「蘭亭序の謎」という実に魅惑的な主題。名前は知っている！という人物がそこかしこに登場する虚実入り交じった歴史ミステリロマン！　聡明でまっすぐなヒロイン、謎だらけのヒーロー。面白くない訳がない！

唐代後半の歴史的背景や頻出する漢詩等、難しい要素が多いが、グイグイ読めてしまう。むしろそれらが新たな興味の扉を開いてくれる。終盤の最高潮の盛り上がり、えっと思わず口にしてしまう展開。どうか読んでほしい。共に続刊を首を長くして待ちわびる仲間を増やしたくてたまらないのだ！

❶票
イスタンブル、イスタンブル
ブルハン・ソンメズ
最所篤子訳／小学館

原口結希子／本のがんこ堂野洲店

▼自分が拷問にかけられるのを待つ間に物語を語り合うというあらすじを聞いただけで圧倒されます。政治的な読み方や同時代としての共感を拒むような、わからなさと力強さをもった小説でした。

❶票
夜に啼く森
リサ・ガードナー
満園真木訳／小学館文庫

清水和子／正文館書店知立八ツ田店

▼必ずあの男に報いを受けさせる…！　異常者から奇跡的に生還したフローラ。何年経っても

2024年本屋大賞／翻訳小説部門

傷は消えず、生活の全ては他の異常者からの攻撃に備えている。この怯えと両立した人生を送ることは出来るのか。希望を感じられるラストでとてもホッとした。

❶票 トゥルー・クライム・ストーリー
ジョセフ・ノックス
池田真紀子訳／新潮文庫

尼子慎太／ページ薬局

▼これは現実に起こった事なのか？　そんな錯覚を覚え、不気味な背筋の震えを感じ、まるで事件の渦中に巻き込まれたかのような気分になる今作。とにかく【不穏、不穏、不穏!!】モキュメンタリー形式で進むため、ページの厚さに似合わずスルスルと読めてしまう、そしてズルズルと沼に落ちる。どいつもこいつも胡散臭く、読み終わったあなたは震撼するだろう。

　とにかく、とんでもない問題作であることは間違いない。果たして女子学生のゾーイは一体どこへ…？　是非あなたも、今作を読み解きトゥルー・クライム・ストーリーの真実を一緒に考えて欲しい。

❶票 ネイティヴ・サン アメリカの息子
リチャード・ライト
上岡伸雄訳／新潮文庫

佐貫聡美／紀伊國屋書店コーポレート統括本部経営戦略室

▼「お前など人間以下の存在だ、お前たちがいくら努力した所で何ひとつ成し遂げられる事などないし、手に入るものなどひとつもない―」生まれた瞬間からそんな暮らしを強いられてきた黒人青年と、理想主義的で善意の白人の若者たちとの出会いによってもたらされた悲劇は、その発生から結末まで、あまりにも、あまりにも悲しい。

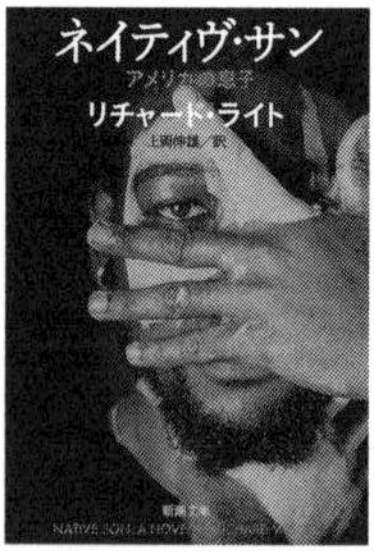

彼が犯罪を犯したことで初めて「生まれて初めて、他人に奪い取られることのないものを持った」と感じるとき、このビッガーという青年を生み出してしまった社会の、歴史の責任の計り知れなさに打ちのめされた。読後しばらくこの作品の事しか考えられないほど、本当に圧倒的な物語だった。原稿ノーカットの「完全版」を新訳で読めて心の底から良かったと思う。

❶票 はなればなれに
ドロレス・ヒッチェンズ
矢口誠訳／新潮文庫

間室道子／代官山 蔦屋書店

▼65年前の作品なのに、令和の若者小説みたいで驚いた。満足のいかない人生の途中にいる男2、女1の3人組が犯罪に手を出すのだけど、がむしゃらさがない。己のスタイル優先で、なにも考えていません、という無軌道だけが動力。この辺にシビれ、ゴダールは映画化したのだろう。原題は『Fool's Gold』。カッコイイね。訳の矢口誠さんにスタンディング・オベーション。

❶票 キリング・ヒル
クリス・オファット
山本光伸訳／新潮文庫

原口結希子／本のがんこ堂野洲店

▼日本人が横溝正史作品を読んでおぼえるゾワゾワ感を、アメリカの人もこの作品に対して感じたりするんだろうかと気になってしまうミステリーです。読んでいる内に「誰が殺した」とか「なんで殺した」とかはどうでもよくなってしまうほどに、かかれている町と自然と人間たちに没入してしまうのですが、

謎が解けたら解けたで非常に納得がいく、一枚の絵が完成したような達成感を得た物語でした。

❶票
メグレとマジェスティック・ホテルの地階〈新訳版〉
ジョルジュ・シムノン
高野優訳／ハヤカワ・ミステリ文庫

原田里子／マルサン書店サントムーン店
▼単にミステリーでは収まらない、人間に寄り添ったドラマと余韻がある。この先もメグレ物を翻訳し続けていって欲しい。読みたいと切望する。

❶票
木曜殺人クラブ　逸れた銃弾
リチャード・オスマン
羽田詩津子訳／ハヤカワ・ミステリ

大洞良子／くまざわ書店名古屋セントラルパーク店
▼益々4人が大活躍、レギュラーメンバーや新キャラも濃い。ギャグセンスにも磨きがかかり、笑いあり、切ない気持ちにさせられる場面ありと最後まで読者を飽きさせないストーリー展開に次作への期待大です。

❶票
となりのブラックガール
ザキヤ・ダリラ・ハリス
岩瀬徳子訳／早川書房

間室道子／代官山　蔦屋書店
▼主人公のネラは若い黒人女性で、NYの有名出版社の編集アシスタントをして二年。熱意はあるのに「自分以外すべて白人」というオフィスで、やりたいことが実現に結びつかない。そんなある日二人目の「若くて」「黒人で」「女性の」「アシスタント」が採用される。で、「二人が手を組み、シリアスに、時にコミカルに、わからずやの上司たちや会社と闘う」というストーリーを私は予想したの。でもぜんぜん違う！　お話の半ばである白人男性作家が出てくるのだけど、ここでは私は自分を恥じた。彼のうすっぺらさは私にもあった。だってさっきの読む前予想はなによ。「メジャーの中のマイノリティ」という時、私はなぜこんな、戯画モドキの陳腐な話しか考えないのか。作者のザキヤ・ダリラ・ハリスさんは「なめとんのか」といいたいでしょう。というわけで本書は「え、そういう話なの?!」という仰天の展開になるのだが、現代のアメリカを描く作品を訳し続ける岩瀬徳子さんに拍手。

❶票
うけいれるには
クララ・デュポン＝モノ
松本百合子訳／早川書房

脊戸真由美／丸善博多店
▼あそこに転がってる石だって、わたしが生まれるずーっと前から存在していて、わたしが死んだ後、また次の一生を見届ける。あの子が泣いてるところも、怒ってるところも、困難を乗り越えたことも口を出さずそこで見守る。この本を読み終わったあと、山にある大きな石を触りに行った。わたしもことあるごとに手をあて、心で話しかけていたからだ。

❶票
超新星紀元
劉慈欣
大森望、光吉さくら、ワン・チャイ訳／早川書房

栗城梓／くまざわ書店営業推進部
▼この著者の設定やスケールはデビュー時からどこまでも大きかったんだなと思いました。ただ人類が死に絶えるのではなく、大人だけが滅亡し、子どもたちだけの世界になり、子どもたち

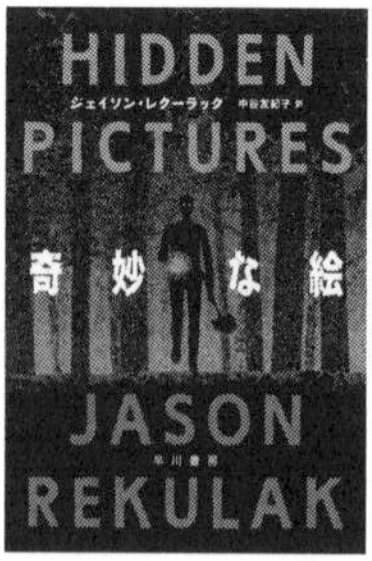

は自分たちのやりたいようにやりつくし…結局人類を皮肉っているのだと思います。大人も子どもも同じ、下手したら少し分別がつくだけ大人のほうがいくらかマシなのかも。ただ子どもたちは思いもよらない選択をし、自宅を出て行く李智平の気持ちは切なかった。そして人類は（子どもたちは）したたかだなあと思いました。

❶票
奇妙な絵
ジェイソン・レクーラック
中谷友紀子訳／早川書房

豊島寛子／ジュンク堂書店三宮駅前店

▼薬物依存からのリハビリを経て、新たな生活へと踏み出す主人公マロリー。新しい場所で努力する姿を読んで、うまくいきますように、と願いつつ読み進めていたのに。彼女が住み込みでベビーシッターをすることになった裕福な家庭の子ども、テディが描く奇妙な絵。

ホラーなのかサスペンスなのか、最後までぞわぞわしながら読み終えた。

❶票
蒸気駆動の男
朝鮮王朝スチームパンク年代記
キム・イファン、パク・エジン、パク・ハル、イ・ソヨン、チョン・ミョンソプ
吉良佳奈江訳／新☆ハヤカワ・SF・シリーズ

青柳将人／文教堂本部

▼「朝鮮王朝」「スチームパンク」。副題だけで心躍りました。

実在の人物、事件に基づいて書かれているそうですが、朝鮮の歴史を全然知らなくても巻末の年代表と、それぞれの短編の冒頭に訳者の解説があるので、安心して楽しく読めました。

特に「知中事《チシンサ》の蒸気」は、政治が入り混じった濃厚な愛憎劇にドキドキさせられました。

歴史小説が好きな方に是非読んで欲しいですね。

❶票
偽者《フェイクアカウント》
ローレン・オイラー
岩瀬徳子訳／早川書房

間室道子／代官山 蔦屋書店

▼女性主人公には、そろそろ別れようと思っている彼氏がいて、ある夜彼が寝ている隙にスマホを覗き見た。するととんでもないものが。よくある「ロリコンでしたー」とか「１００人と浮気してましたー」とか「テロリストでしたー」とかではない。コレがでてきたら皆様もきっとドン引き。うわあ、ナニコレ。別れは当然。ふんぎりがついた。でもあることが起き、彼女は「自身の意思で彼とおさらば」ができなくなるのである。SNSにドはまりする人々の実態を活写する作品で、特にネットに溢れる偽者たちは、嬉々として別人になりたいのか、それとも今の自分から逃れたいのかという方向性が興味深かった。現代アメリカをヴィヴィッドに描く作品を訳し続ける岩瀬徳子さん、ブラボー。

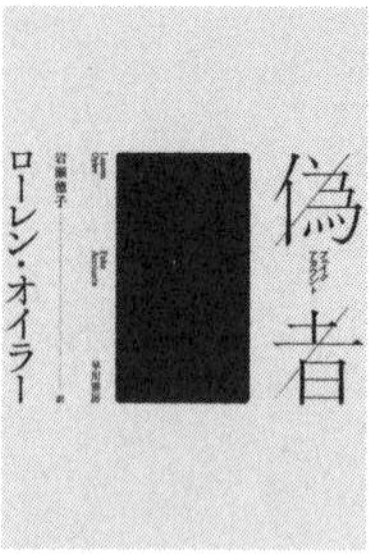

❶票
グレート・サークル
マギー・シプステッド
北田絵里子訳／早川書房

中嶋あかね／TSUTAYAウイングタウン岡崎店

▼１９５０年、二つの極点を経由した地球一周飛行に挑んだ女性飛行士マリアンは、周回成功を目前にして消息を断つ。そして60年以上が経った２０１４年、のちに発見された飛行日誌などを元に、彼女の伝記映画制作の話が持ち上がる。異性トラ

ブルで大炎上中のアイドル女優ハドリーは、再起をかけてマリアン役に意欲を示す。

　そこに重ねられて少しずつ語られていく、誰も知らないマリアンの真実の物語。なぜ、彼女は飛びたいと願ったのか。マリアンの支えとなったのは誰だったのか。この本の厚みにたじろぐかもしれないけれど、これはマリアンの数奇な生涯を一緒に生き、そして一緒に最後の大飛行に挑むためには絶対に必要なもの。ぜひこの感動を味わってください。

❶票
トラスト 絆／わが人生／追憶の記／未来
エルナン・ディアズ
井上里訳／早川書房

萩原健太／フタバ図書商品部
▼『グレート・ギャツビー』を彷彿とさせる物語が、4つの形式のテキストで語りなおされることで、万華鏡のように姿を変える。
「なぜ物語という嘘っぱちに心を動かされるのか？」

　と投げかけつつも、その嘘っぱちで心を動かしてみせる最高にクールな一冊。

❶票
鏖戦／凍月
グレッグ・ベア
酒井昭伸、小野田和子訳／早川書房

原口結希子／本のがんこ堂野洲店
▼なんだこれよくわからないけどすごくかっこいいな！
　原著でもこんなにかっこいい感じあるのかな？と思ってしまったくらい翻訳がいけてました。

❶票
幽霊ホテルからの手紙
蔡駿
船山むつみ訳／文藝春秋

佐々木知香子／未来屋書店入間店
▼ぐいぐい物語に引き込まれて、主人公のように翻弄されました。これは真実なのか？幻想なのか？
　摩訶不思議な世界へ没入して、あっというまに読了です！

❶票
君のために鐘は鳴る
王元
玉田誠訳／文藝春秋

匿名／香川県
▼よくあるクローズドサークルかと思ってしまうがこの結末は誰も想像しえないとんでもないことになっている。想像の遥か上をいく「爆弾」とも言えるラストを体験してほしい。

❶票
オレンジ色の世界
カレン・ラッセル
松田青子訳／河出書房新社

青柳将人／文教堂本部
▼どの作品も不気味。中には「これ以上読んだらいけない」と頭が拒否反応を示す作品もあった。それでも目を背けず、最後までお話を見届けずにはいられない世界がありました。
　ファンタジーではあるけれど、限りなく現実的な世界。これって、今私達が生きる世界にも通じますよね？と身につまされるお話がいっぱい。

　この作品集は、生きづらさを感じている人達の心を救うかもしれない。

❶票
ハンティング・タイム
ジェフリー・ディーヴァー
池田真紀子訳／文藝春秋

匿名／愛知県
▼リンカーン・ライムでおなじみのディーヴァーの新作。懸賞金ハンター、コルター・ショウ・シリーズ第四弾。リンカーン・ライムと同様どんでん返しあり、緻密なプロットあり、ハ

2024年本屋大賞／翻訳小説部門

ラハラドキドキが半端なくページをめくる手が止まりません。いつもの400ページの大作ですが、あっという間に読み終えてしまった。やはりディーヴァーは最高です！

❶票
暗殺者たちに口紅を
ディアナ・レイバーン
西谷かおり訳／創元推理文庫

藤井美樹／紀伊國屋書店広島店

▼女三人寄ればかしましいって感じで始まったものの。それぞれに理由があって暗殺者になった（なってしまった！）彼女達が強くてコミカルで可愛らしくてたまりません。40年頑張ってようやく悠々自適に引退しようとしたのに組織から裏切り者とされるは、次から次へと命を狙って現れる元同僚の暗殺者達。汚名はそそがれるのか、それとも。ずっとおばさまになったチャーリーズエンジェルを思い浮かべてました。素敵なエンターテインメントです。

❶票
昏き聖母
ピーター・トレメイン
田村美佐子訳／創元推理文庫

原田里子／マルサン書店サントムーン店

▼7世紀が舞台。科学捜査などもちろんできない状態で純粋な聞き込みと目に見える証拠を丹念に追っていく楽しさがある。

❶票
吹雪
ウラジーミル・ソローキン
松下隆志訳／河出書房新社

玉本千幸／紀伊國屋書店新宿本店

▼人間のゾンビ化を防ぐためのワクチンを早く村に届けないと!!　医師のプラトン・イリイチ・ガーリンは御者と旅に出ます。子馬50頭のソリ、ピラミッ

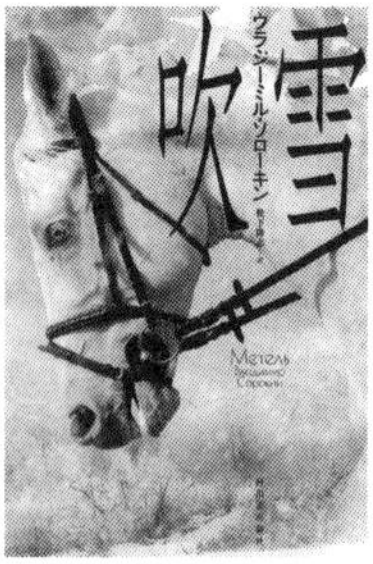

ド状の麻薬装置に巨人など今回も舞台装置が凝っていてもう情報量が多い！　でも面白い！　ほかのソローキン本に比べエンタメ色が強く、ソローキンの入門書としてもおすすめです。

❶票
どれほど似ているか
キム・ボヨン
斎藤真理子訳／河出書房新社

石本秀一／丸善ジュンク堂書店外商部関西支社

▼韓国のSFを読むのは初めてでしたが、SFミステリの表題作をはじめとして多彩なアイデアを楽しむことのできる短編集でした。
　またそれぞれの作品が韓国社会が抱える問題と結びついている。それについては池澤春菜さんの丁寧な解説があり、作品世界のより深い理解へと導いてくれている。

❶票
忘れられた少女
カリン・スローター
田辺千幸訳／ハーパーBOOKS

清水和子／正文館書店知立八ツ田店

▼38年前に当時18歳の娘を殺害された判事のもとに脅迫状が届く。新人保安官のアンドレアは警備と迷宮入りのこの事件を担当することになるが…。エミリーの18歳は私の18歳でもある。これからの将来があり、輝きを信じるエミリーを、だから自分のことのように感じる。女は女であるだけで馬鹿にされ蔑まれ虐げられる。２０２４年になっても変わらない事実だ。命が無

くなるということは可能性がゼロになることだ。エミリーに起こったことを、悔しさや悲しさ、憤り、敗北感、虚脱感を自身でも体験してしまうのだ。因みにアンドレアは『彼女のかけら』のあのアンドレアである。成長した彼女にまた逢えるとは…感涙である。

❶票
ジャコブ、ジャコブ
ヴァレリー・ゼナッティ
長坂道子訳／新日本出版社

匿名／石井書店

▼高校卒業目前で世界大戦に出兵させられたアルジェリアのユダヤ人。

詩を愛し成績優秀だった彼の出征から、その後の数年の物語。民族や政治に翻弄され、故郷

を追われる人々は現実では更に拡大。地理や歴史、宗教について、自分が何も知らないことを改めて気づかされ、母の愛情の普遍さに胸が痛くなる。

愉しい内容ではないけれど、広くて狭い世界への一歩として。

❶票
私の最高の彼氏とその彼女
ミン・ジヒョン
加藤慧訳／イースト・プレス

加藤理沙／有隣堂キュービックプラザ新横浜店

▼オープンリレーションシップについて衝撃を受けながら読んだ。

自分が対応できるタイプの人間か、厳しいのか、でも楽しい面もありそうとぐるぐる感情に振り回されながら読んだ。

登場人物たちのように考えながら関係を考えている人たちに他人がガヤガヤ言うのは野暮だよな。ただ身近にそんな人がいたら自分は何て言うだろうか。考えさせられることがあまりにも多く他に読んだ方と話したい気分になった。ずっと考えさせられる作品で、ふとした時に今でも考えてしまう、そんな強烈な問いを与えられる作品だった。

❶票
没落令嬢のためのレディ入門
ソフィー・アーウィン
兒嶋みなこ訳／mira books

石田美香／AKUSHU BOOK&BASEエルパ店

▼目指せ玉の輿。主人公のアクティブで、がむしゃらな姿がたまりません。一癖も二癖もある貴族の中で強かにしなやかに突き進んでいく背中を応援したくなります。惹かれ合いながらもときにすれ違う展開にハラハラもしつつ、最後は一気に駆け抜けていくような結末が爽快です。

❶票
終わりのない日々
セバスチャン・バリー
木原善彦訳／白水社

中嶋あかね／TSUTAYAウイングタウン岡崎店

▼アイルランドの貧しく孤独な少年トマスは新大陸に渡り、同じく一人ぼっちの少年ジョン・コールに出会う。魂で結びついた二人は共に歌い、踊り、先住民と戦い、家族をつくり、南北戦争に従軍する。トマスの一人称の語りが本当に魅力的で引き込まれる。歴史には出てこない、語る声を持たない人たちの素朴さを確かに感じるのに、奇跡のように美しい瞬間を詩的に捉えていて胸に迫る。アメリカはこんなふうにできていったたん

だなと思う。海外文学を読む喜びはこういう作品に出会えること。本当に素晴らしいです。

❶票

ブルーノの問題

アレクサンダル・ヘモン
柴田元幸、秋草俊一郎訳／書肆侃侃房

徳永圭子／丸善博多店

▼濃密な短編小説。故郷を失った人間の生み出す言葉の重さと、その重量が生むユーモアや皮肉が全編にあった。

「生がつねに死よりも遅い」という事実の中でどう生きるか。今日的に読むことも、普遍の小説として読むこともできる。

❶票

チク・タク・チク・タク・チク・タク・チク・タク・チク・タク・チク・タク・チク・タク・チク・タク・チク・タク・チク・タク

ジョン・スラデック
鯨井久志訳／竹書房文庫

匿名／佐賀之書店

▼悪逆のかぎりを尽くしていくロボット、チク・タクは、皮肉たっぷりでありながらも、どこか痛快で、読者を愉快にさせていく。文章に盛り込まれたジョークの数々は、訳者の手で勢いを失うことなく読者に届けられていた。

❶票

グリーン・ロード

アン・エンライト
伊達淳訳／白水社

匿名／愛知県

▼母親と4人の子供の25年にわたるそれぞれの人生、抱えている苦悩まで細やかに丁寧に描かれていて『人生はいつだって生きる価値があって、何度でもやり直す価値があって、最後にはいつもすべてうまくいくと、思いたい。』この言葉が心に響く。お互いの温かいまなざしがアイルランドの荘厳な風景と相まった心に沁みる家族の絆物語。ブッカー賞作家によるアイルランド文学賞受賞作品です。

❶票

最後の三角形

ジェフリー・フォード
谷垣暁美訳／東京創元社

匿名／佐賀之書店

▼幻想に富んだ発想がウィットに満ちた文章で書き表される作品集。文章たちは物語を描写する単なる触媒以上に、言葉自身が記憶に刻み込まれる。既視感のない発想は、私たちを連れ去り、物語は脳裏に刻まれた思い出に変わる。

一編ずつ丁寧に読み込んで、現実を離れ世界観に浸った。

❶票

文明交錯

ローラン・ビネ
橘明美訳／東京創元社

松村幹彦／図書館流通センター

▼着想の勝利。ヨーロッパから持ち込まれた疫病で滅んだイン

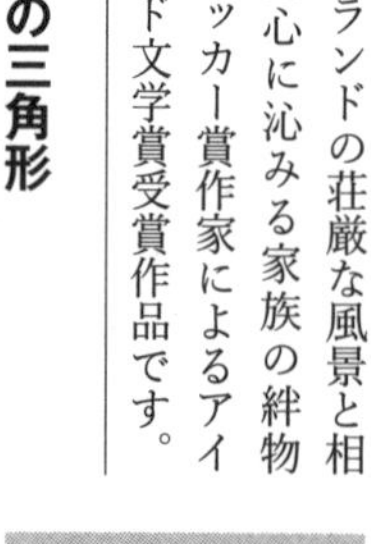

カ帝国。その史実を思いっきりひっくり返した歴史改変小説の白眉。とにかく面白いけど受験生の皆さんだけは試験が終わってから読んでくださいね。

❶票

今日、僕らの命が終わるまで

アダム・シルヴェラ
五十嵐加奈子訳／小学館集英社プロダクション

齊藤一弥／紀伊國屋書店仙台店

▼「デス＝キャスト」という自分が死ぬ日を教えてもらえるサービスが浸透した世界を描いた作品。

少しでも幸せな気持ちで逝く為に通知が来た人達は自分達の最善の一日を作っていく。その日になったらやっぱり後悔する事だらけなんだと思う。

今日という日の大切さ、自分を支えてくれている人たちへの感謝、そして生きる事の尊さを教えてくれる作品でした。

❶票
人間の彼方
ユーリ・ツェー
酒寄進一訳／東宣出版

豊島寛子／ジュンク堂書店三宮駅前店

▼コロナでベルリンの街がロックダウン。コピーライターのドーラは同居するパートナーともしっくりせず、田舎へ逃げ出す。衝動買いした修繕が必要な古い大農場管理官屋敷。半径70キロ、知り合いのいない村。隣りに住むマッチョなスキンヘッドや村人たちに驚き翻弄されながら、新しい価値観と人間関係を築き上げていく。政治的思想と目の前にいる隣人たち、はじめは違いに戸惑いつつも自分で感じたことを大切にできるドーラがとても素敵だった。

❶票
少女、女、ほか
バーナディン・エヴァリスト
渡辺佐智江訳／白水社

松村幹彦／図書館流通センター

▼最初のページを開いた時感じた文章への違和感はなるほど、句点がないからか。12人の女性たちの人生を通してジェンダーや教育や差別など現代の様々な問題を綴った本作は２０１９年のブッカー賞受賞作だが、なんと同賞50年の歴史で初の黒人女性受賞者という驚きの事実もこの作品で知った。

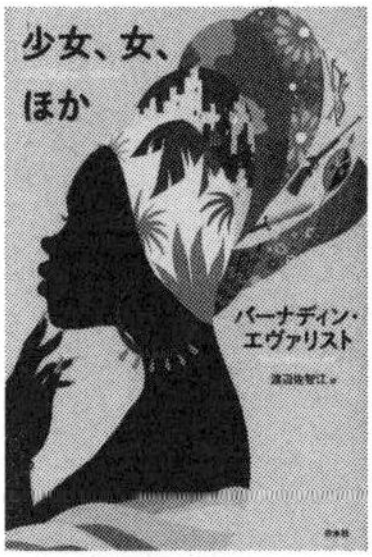

❶票
古書の来歴
ジェラルディン・ブルックス
森嶋マリ訳／創元推理文庫

中澤めぐみ／大垣書店京都本店

▼希覯書をめぐるファンタジーで歴史ミステリー。

新刊入荷時に一目見ておもしろそうおもしろいにちがいない！と妙なアタリ感覚ですぐに買って読んだけど、読み進めるほどに沼る…‼

そこはかとなくロマン溢れるような、古書という響きそのもの、題名そのものにくすぐられるところがある方はぜひご一読を！

❶票
未来散歩練習
パク・ソルメ
斎藤真理子訳／白水社

徳永圭子／丸善博多店

▼読むことと生きることの相関関係が、歴史的な事件や出来事を背景に淡々と描かれ、たゆたうように読んだ。まさに散歩をしているような感覚で時々迷ったりもしたが、こんな本をこんな風にこれからも読んでいけたらと思う作品。

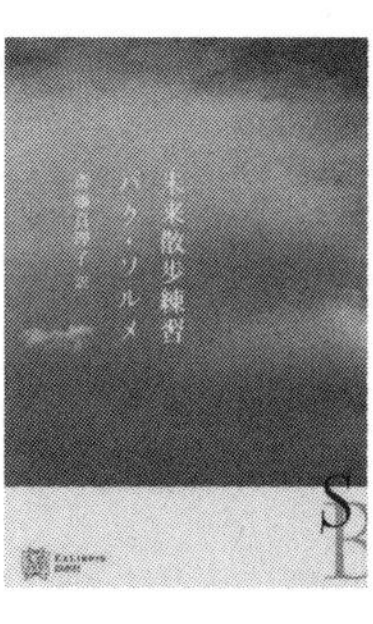

❶票
メナハウス・ホテルの殺人
エリカ・ルース・ノイバウアー
山田順子訳／創元推理文庫

石田美香／AKUSHU BOOK&BASEエルパ店

▼エジプトの高級ホテルが舞台の旅情ミステリ。なんだかもうそれだけでワクワク。悲しい過去を持つ主人公と、とってもクセが強くて怪しい登場人物たち、それぞれの魅力もあり、真相が気になってページを捲る手が止まらなくなります。旅に出た気分にもなれるミステリです。続編も良かった！

本屋大賞　歴代ベストテン 2011-2017

第14回　2017年

1　蜜蜂と遠雷　恩田 陸

②みかづき　森 絵都
③罪の声　塩田武士
④ツバキ文具店　小川 糸
⑤桜風堂ものがたり　村山早紀
⑥暗幕のゲルニカ　原田マハ
⑦i　西 加奈子
⑧夜行　森見登美彦
⑨コンビニ人間　村田沙耶香
⑩コーヒーが冷めないうちに　川口俊和

第13回　2016年

1　羊と鋼の森　宮下奈都

②君の膵臓をたべたい　住野よる
③世界の果てのこどもたち　中脇初枝
④永い言い訳　西川美和
⑤朝が来る　辻村深月
⑥王とサーカス　米澤穂信
⑦戦場のコックたち　深緑野分
⑧流　東山彰良
⑨教団Ｘ　中村文則
⑩火花　又吉直樹

第12回　2015年

1　鹿の王　上橋菜穂子

②サラバ！　西 加奈子
③ハケンアニメ！　辻村深月
④本屋さんのダイアナ　柚木麻子
⑤土漠の花　月村了衛
⑥怒り　吉田修一
⑦満願　米澤穂信
⑧キャプテンサンダーボルト　阿部和重・伊坂幸太郎
⑨アイネクライネナハトムジーク　伊坂幸太郎
⑩億男　川村元気

第11回　2014年

1　村上海賊の娘　和田 竜

②昨夜のカレー、明日のパン　木皿 泉
③島はぼくらと　辻村深月
④さようなら、オレンジ　岩城けい
⑤とっぴんぱらりの風太郎　万城目 学
⑥教場　長岡弘樹
⑦ランチのアッコちゃん　柚木麻子
⑧想像ラジオ　いとうせいこう
⑨聖なる怠け者の冒険　森見登美彦
⑩去年の冬、きみと別れ　中村文則

第10回　2013年

1　海賊とよばれた男　百田尚樹

②64（ロクヨン）　横山秀夫
③楽園のカンヴァス　原田マハ
④きみはいい子　中脇初枝
⑤ふくわらい　西 加奈子
⑥晴天の迷いクジラ　窪 美澄
⑦ソロモンの偽証　宮部みゆき
⑧世界から猫が消えたなら　川村元気
⑨百年法　山田宗樹
⑩屍者の帝国　伊藤計劃×円城 塔
⑪光圀伝　冲方 丁

第9回　2012年

1　舟を編む　三浦しをん

②ジェノサイド　高野和明
③ピエタ　大島真寿美
④くちびるに歌を　中田永一
⑤人質の朗読会　小川洋子
⑥ユリゴコロ　沼田まほかる
⑦誰かが足りない　宮下奈都
⑧ビブリア古書堂の事件手帖　三上 延
⑨偉大なる、しゅららぼん　万城目 学
⑩プリズム　百田尚樹

第8回　2011年

1　謎解きはディナーのあとで　東川篤哉

②ふがいない僕は空を見た　窪 美澄
③ペンギン・ハイウェイ　森見登美彦
④錨を上げよ　百田尚樹
⑤シューマンの指　奥泉 光
⑥叫びと祈り　梓崎 優
⑦悪の教典　貴志祐介
⑧神様のカルテ2　夏川草介
⑨キケン　有川 浩
⑩ストーリー・セラー　有川 浩

特別企画

全国書店員が選んだ
いちばん！売りたい本
2024年本屋大賞
発掘部門「超発掘本！」

発掘本

旧刊・お宝推薦

☆二〇二二年十一月以前に出た既刊書籍から、まだまだ売りたい！もっと売りたい！本を選ぶ「発掘本」コーナー。ノンフィクションに絵本、翻訳ものまで、ノンジャンルでお薦めするぞ！

超発掘本

プラスティック

井上夢人／講談社文庫

尼子慎太／ページ薬局

▼意味深なタイトルに魅入られて、手に取った作品。もう30年前の作品で、フロッピーディスクやワープロなど、令和の時代ではピンとこない人達もいるであろう単語が並ぶ作品ですが、主婦である向井洵子が遭遇する奇妙な出来事から、謎が謎を呼ぶその展開は、今読んでもガツンと脳みそに突き刺さる衝撃がありました。

小説だからこそ味わえる衝撃は、時代に関係なく共有できるはず。そのパワーを確信できる驚きがこの作品にはあります。

僕が味わったこの衝撃を、令和の時代でも共有出来るのか、本作品を通じてチャレンジしてみたいです。

後宮小説

酒見賢一／新潮文庫

中村美穂／喜久屋書店豊岡店

▼「腹上死であった、と記載されている」という衝撃の書き出しで始まるこの物語は、日本ファンタジーノベル大賞の始まりでもあります。酒見先生逝去の報に接し、本当に久しぶりに手にしましたが、この飄々とした、でもほんの少し切ない物語は今読んでも色褪せない素晴らしいものでした。たくさんの人に読んでほしい一冊です。

古沢覚／スーパーブックス本部

▼国の興亡に巻き込まれながらも逞しく生きる者たちに、人の生の力強さを感じました。架空でありながらも、後宮制度を中心とした史実的な物語は、読後余韻に浸ってしまいます。

ミ・ト・ン

小川糸／幻冬舎文庫

大竹真奈美／宮脇書店青森店

▼童話のようにゆったりと大切に紡いで、手だけでなく心もあたたかく包んでくれる、まさにミトン

のような優しい物語。お話の舞台はバルト三国のラトビアをモデルにした架空の国、ルップマイゼ共和国。そこで生まれたマリカという女の子の生涯を、おとぎ話のように美しく、それでいて厳しく現実的に、人生の喜びも悲しみも丁寧に紡いでいく。神様が宿るというミトンは想いを込めて編まれ続け、伝統は守られていく。心に澄

みわたる自然、美味しそうな食べ物、そして苦しみを強いられた歴史的背景は、今や現在のウクライナ侵攻と重なり、深い悲しみを引き起こしてしまうけれど、どんなに打ちひしがれても芯の強さを持って、笑顔を絶やさず励まし合って生きていくルップマイゼの人々の姿に心を強く支えられる。本のページから訪れた土地というのは特別で、かけがえのない記憶の故郷になる。みんなの心の中にも、ルップマイゼを届けたい。届いてほしいと願っています。

白昼堂々
結城昌治／光文社文庫

島あゆみ／三省堂書店札幌店

▼１９６６年に朝日新聞社から刊行されたのが最初のようですが、その後角川文庫→講談社→光文社文庫と出版されているため光文社文庫版で記入しました。

元スリの主人公が昔の仲間に会い、町ごと万引き集団になってしまう。この悪党たちがなんとも憎めないキャラクターばかり。警察との駆け引きも軽妙。最後の大勝負、オチが今読んでも新鮮。すごいとかおもしろいとかでは言い表せない何か。あととにかく表紙が素敵で、読み終わった後に表紙を見てそういうことか、と感心しました。人に薦めたくて文庫フェアを組むときに入れようとして断念したのでもう一度、復刊して欲しい。

空の名前
高橋健司／ＫＡＤＯＫＡＷＡ

櫻井美怜／成田本店みなと高台店

▼子どもの頃通っていた本屋さんの一角に、角川のネイチャーシリーズが揃えてあって、行く度に手にとっては眺めていた。生活に絶対に必要なわけでもない、小説のようなドキドキを体験できるわけでもない。だが綺麗な空の写真とその名前が図鑑のように収められたその本は、幼い私の知的好奇心のボタンを連打し続けた。

大人になり、この本を自分で売る立場になった時は望外の喜びだったが、現在は改訂版も品切れのようである。重版をぜひともお願いしたい。

羆嵐
吉村昭／新潮文庫

千葉剛彦／ブックスアメリカン北上店

▼熊は怖い。それを強烈に印象づけた一冊です。もう１００年以上前の出来事を基にしています。読むと当時の、絶望的な恐怖が伝わってきます。

煌めく銀世界、とは言い難い過酷な厳冬の山中。人の味を知った巨大な獣の影。

はっきり言いますと読後の爽快感、感動はありません。ただただ切ない。そういう本をなぜオススメしたいか。熊は怖い。野生を甘く見てはいけない。それを知ってほしいからです。

武士道シックスティーン
誉田哲也／文春文庫

高橋あづさ／未来屋書店名取店

▼月並みな言葉かもしれないけれど、青春は尊い。

過ぎてしまった遠い過去だから美化されているとは言え、それでも尊いという言葉以外に見つからない気がする。

部活に打ち込むといった生徒ではなかった私ですらそう思うのだから、何かに真剣に向き合った・向き合っている人にとってはグッと引き込まれる作品であろうと思う。部活との向き合い方、友達との距離感、親子の足並み、師匠や周りの大人たちとのやりとり。読み進めば進めるほど香織や早苗に感情移入してのめり込んでいくのがわかります。

続きも刊行されて、なんなら映像化もされていて、もう出尽くしただろと思うかもしれないけれど、不器用なスーパーガールの成長譚はいつ読んだって面白いのです。だって、これほんとに誉田作品かなって思うのです。普段の作品とは対極の位置にある気がします。誉田哲也という人の引き出しの多さに改めて脱帽なのです。

墓地を見おろす家

小池真理子／角川ホラー文庫

遠藤聡／ブックスなにわ仙台泉店

▼昨年夏、あまりにも暑かったので涼みたい一心でこの本を思い出した。そして「この小説は怖すぎるのであまりおススメできません」とのPOPを立てて平積みしたら、寒くなった。あまりに売れなくて。やはり30年前のホラーじゃだめなのかぁ？と諦めかけていたら、なんと冬になって売れだしたのである。一体何がどうなっているのかはわかりませんが、この作品がモダンホラーの知る人ぞ知る傑作であるということは間違いない。

瑕死物件

櫛木理宇／角川ホラー文庫

村岡奈々／八文字屋

▼夜中、家族が寝静まってから読み始めた。もう怖くて怖くて、文庫本をほうり出してしまった。

「ホーンテッド・キャンパス」シリーズでおなじみの櫛木さんだが、若い読者だけでなく老若男女楽しめる作家さんだと思う。

もっとたくさんの方に読んでゾクゾクを味わってほしい。

いつか王子駅で

堀江敏幸／新潮文庫

匿名／宮脇書店佐沼店

▼母に「文章がすごく綺麗だから読んでみるといいよ」と言われて読んでみた学生時代。

正直当時はピンとこなくて何も大きなことは起こらないしどう綺麗なのかも全然わからなかった。しかし去年、そういえばと思い本棚を漁りかれこれ十数年ぶりに再び読み返してみて、なんだこの…美しい文章は！と感動してしまった。一節が長くともすんなりと入ってきて波紋のように溶け込んでくる澄んだ言葉の数々、描かれるのは日常で昔は感じ得なかったあたたかさ。「変わらないでいたことが結果としてえらく前向きだったと後からわかってくるような暮らしを送るのが難しい」この言葉が深く心に残っています。逃げにならないありのままを続けるコツ…時を超えて再び出会えてよかった一冊です。ほのかな狼狽を見過ごさない、感じることのできる自分でいたいものです。

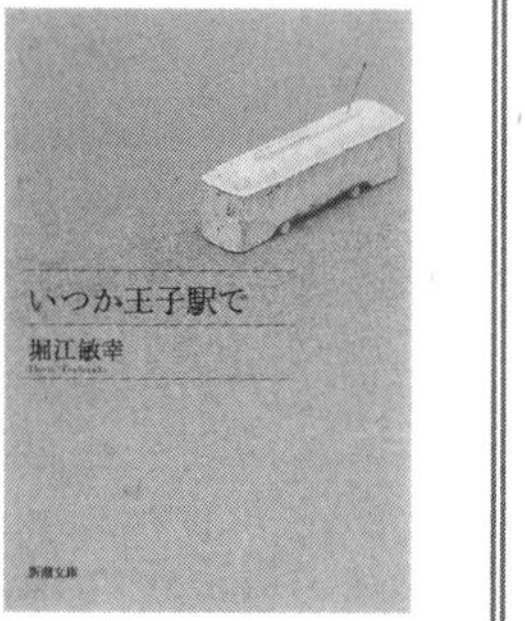

夜市

恒川光太郎／角川ホラー文庫

齊藤一弥／紀伊國屋書店仙台店

▼ホラー小説ブームが来ている。これは大好きな恒川作品を拡めるチャンスだ！「恒川作品が好き」と言うと「実は私も」と言う人が少なくない。潜在的恒川ファンよ、今こそ声をあげるチャンスだ！私は恒川作品の中でも『夜市』を推したい。特に収録作の「風の古道」は日常と非日常の狭間を垣間見る事のできる名作。読

者の好奇心を掻き立てる本作を読めばきっと普段の生活にドキドキが増すはずです。

西行花伝
辻邦生／新潮文庫

古川博／西沢書店大町店

▼平安末期の天才歌人「西行」。武士であり、歌人であり、一人の男である西行に興味を持った。「奥の細道」エピソード0も西行の面白さ。

認知症世界の歩き方
筧裕介／ライツ社

田中正美／マスホン棚倉店

▼認知症になった義母の介護をしながら書店での仕事をしていました。毎日想像以上の動きを見せる義母の姿に笑ったり、怒ったり感情の起伏がジェットコースター並みに激しい時にこの本の新刊案内を見つけ注文。読んでいくうちに、義母もこんな風に毎日過ごしているんだとか、こんな時にはこう声をかけてみようとか、介護する側にも気持ちの余裕が出てきたことを思い出しました。

現在は施設に入所している義母ですが、たまに会うと安心した様子で私に笑いかけてくるので、現在認知症の家族の介護をしている人、これから介護するかもしれない人、もしかしたら自分自身が認知症になってしまう前に一度読んでもらいたい一冊です。

聖母
秋吉理香子／双葉文庫

吉田彩乃／岩瀬書店富久山店

▼映像化は不可能な作品です、だからこそ色んな人に読んでほしい。軽い気持ちで読み始めたらあっという間に時間が過ぎていました。読んだ人にしか絶対に味わえない衝撃と人の思い込みの怖さをこの作品で知りました。事件の真相や複雑な人間関係が全て交わった時の頭を殴られたような感覚を体感してほしいです。

被害者は誰?
貫井徳郎／講談社文庫

匿名／アカデミアイーアスつくば店

▼著者のデビュー作であり代表作であり不朽の名作である「慟哭」は、今さら私が推薦などしなくても多くの読者が読んでいると思うので、ここではイメージの全く異なる作品を挙げさせていただきます。

主人公は、売れっ子小説家でありながら、実際の刑事事件を難なく解き明かしてしまう超天才美形名探偵・吉祥院慶彦。大学の後輩である刑事・桂島が提示する資料を基に真相を導き出します。

軽妙な展開でさくさく読み進められますが、きっちりした本格推理小説です。貫井作品は、いい意味で重くて暗い内容が多く、それが評価されていますが、こういう作品ももっと知ってほしいと思います。

20年前の作品なので、現代の社会通念に照らし合わせたらいろいろアウトな部分もあるかと思いますし、物理的にもすでにほぼ存在しないモノが登場したりしますが、それは「時代」だと受け止めてほしいと思います。

映像化にも向いていると思うので、これを機に重版されて全国各地の書店店頭に並んだら嬉しいです。

夜叉ケ池　天守物語
泉鏡花／岩波文庫

高野典子／八重洲ブックセンター宇都宮パセオ店

▼初めて泉鏡花を知ったのは中学生の頃に聴いた「天守物語」のラジオドラマだった。その世界観に強烈に惹かれ、本屋さんで見つけたのが岩波文庫版。併せて収録されていた「夜叉ケ池」もまたドンピシャで好みで一気に鏡花作品が好きになったのだった。舞台も好きだったので「外科室」「日本橋」「海神別荘」や、「酸漿」「山吹」など手当たり次第に読んでいたこ

とを覚えている。

鏡花作品の魅力に音読でも黙読でも読みたくなることが挙げられる。その言葉の選び方から文章の流れといい、非常に心地よく、何度でも読みたくなるのだ。また2023年は生誕150年でもあり、記念帯なども見かけ、懐かしさもあり久しぶりに読んでみたら、変わらず大好きであると再確認。そして発掘部門に投票するのも久しぶりのため、大好き&久しぶり枠で一票を投じてみる次第。

金環蝕
石川達三／小学館

黄木宣夫／Vidaway

▼自民党のパーティ収入裏金問題で世間は喧しいですが、手口は稚拙、今まで問題にならなかったのが不思議なところです。

政界の錬金術はあの手この手、相当高度な奸計も多く、本作は実際の事件をモデルにそれを詳らかにするものです。昔も今も庶民の知らないところで悪だくみは行われているでしょう。

鬼千世先生～手習い所せせらぎ庵
澤見彰／祥伝社

山田恵理子／うさぎや矢板店

▼みな懸命に生きているのだ。純真な子ども達が集う鬼千世先生の手習い所には愛がある。～江戸版二十四の瞳～子ども達を守る鬼千世先生の姿に目頭が熱くなる。現代に優しさが届く物語。

青い鳥
重松清／新潮文庫

匿名／近江屋書店

▼吃音を持つ先生が、何かを抱えた生徒にそっと寄り添い、大切な事を教えてくれる。私自身も何度も救われました。

昨今、学校の中では苛めやスクールカーストなど、様々な問題がある。10年以上も前の作品ではありますが、今でも突き刺さる作品です。

神さまを待っている
畑野智美／文春文庫

坂本まさみ／明文堂書店TSUTAYA戸田

▼2018年に単行本で出版され、2021年に文庫化。

単行本で初めて読んだとき、「これは物語の中だけの話ではない。そして何処かの誰かの出来事ではなく、自分のすぐ隣で簡単に起こり得ることであり、自分に起こってもなんら不思議じゃないことだ」と感じて、心が震える恐ろしさを覚えました。

普通に働き、普通に生活をしていただけなのに、ちょっと歯車が狂うだけでそれがあっけなく崩れてしまう現実。今の生活があっさりと消えてしまうかもしれない怖さと、崩れた先の世界から抜け出そうともがけど抜け出せない無力感に心を苛まれるようで、読みながらとても辛かったことを覚えています。

この本を読んだ18年から数年後、世の中はコロナ禍に飲み込まれ、ますます生き辛く厳しくなりました。この物語のような状況がよりリアルで、誰にでもすぐにでも起こり得て、だからこそ読んでほしいと思います。

状況を変えるために知識が必要だということ。正しい情報を得る手段を持つこと。厳しくて辛いという大きな声を上げても良いのだということ。自分一人で限界を超えて頑張らなくても良いということ。生きるためには助けを求めても良いということ。まずは生きること。自分を守ること。

難しいことかもしれない。恥ずかしいと感じるかもしれない。でも、知っておかねばならない。

生きるために、生き抜くために、まず知っておくためにこの本を若い世代に読んでもらいたいと、単行本の発売当初からずっと思っています。なので文庫化されて手に取りやすくなったことは嬉しかったです。

恋人不死身説
谷川電話／書肆侃侃房

匿名／須原屋コルソ店

▼単語を反復するところ、リズムが良いところ、などなど短歌の良さが存分に詰まった一冊です！『恋人不死身説』のタイトル通り恋愛短歌が少々多めかなという印象。好きな人への少しどろっとして狂気さえ感じる短歌。甘酸っぱい系の歌も勿論あるけどこのどろっと恋愛短歌がクセになるのです。

また、解説の穂村弘さんも言ってましたが見えないはずのものの可視化・言語化も素晴らしくうまい。

谷川さんにぜひ恋愛相談室をひらいてほしいです。

あるかしら書店
ヨシタケシンスケ／ポプラ社

山田実波／書房すみよしまるひろ南浦和店

▼本にまつわるあるあるネタ、だじゃれ、こんなのあったらいいな、を詰め込んだ内容です。子どもから大人まで最高に楽しめます。ヨシタケシンスケさんの自由な発想を存分に味わえます。本好きな人は本と向き合う角度が39度くらい変わる一冊。

おかあさんとあたし。①&②
k.m.p.／大和書房

長谷川雅樹／ブックデポ書楽

▼「泣ける小説」を掘り起こしてリバイバルで売っていた時代もとうに過ぎちゃったのかなって、売り場に立っていると思うのです。タワマン文学が支持されるのもなんとなくわかるんですよ。「小説を読む？　そんなことよりはやくFIREしないと！」みたいな。

ただ、お客様も書店員もこの「泣ける」ってのは何かあるはずなんだ、っていう、崩壊寸前の世界でのメシア探しみたいなのは細々と続けていて。かといって「フィクションで泣けるから何なの？」っていう冷めた心も共存している、いや、共存しておかないとこの辛い時代ではサバイブしていけないでしょっていう危機感を持っている、そんな時代なのではと。

さて今回推薦したいこの本は、お母さんと娘の日々の何気ない一瞬を切り取ったイラストエッセイです。そんなの何が面白いんだ、って思う人も多いかと思うんですけどいやいやいやいや。騙されたと思ってページめくって御覧なさい。私は10秒持ちませんでした。売り場で号泣ですよ、恥ずかしい。どんな本を読んでも基本「それはそれ」としか思わない私ですが、これはほんとに10秒持ちませんでした。

人間ってのは、生きているだけでどんなフィクションよりも泣かせる存在なんですよね。尊いんですよ。泣かせようとしていないけれどすげえ泣けてしまうのが人間のいのちそのもの、そのにおい、そのあたたかみなのです。そのリアルが、この本には凝縮されて詰まっています。

とにかく立ち読みしていただきたいんですよね。売れてほしいとはもちろん思うし、著者さんのためにも出版社のためにもうちの書店のためにも売れてくれないと困るわけなんですけれども、それよりもこの本をうっかり立ち読みして胸にぐっときちゃうお客様が、かなりの数おられるのは間違いないことで、冷めた時代にこの感覚が広がっていくのって、これはもうとてつもなく「いい感じ」ではないかと思うのですよ。たった一回の立ち読みで、一生の体験が胸に刻まれちゃうかもしれない。この奇跡は、これを読んでいるあな

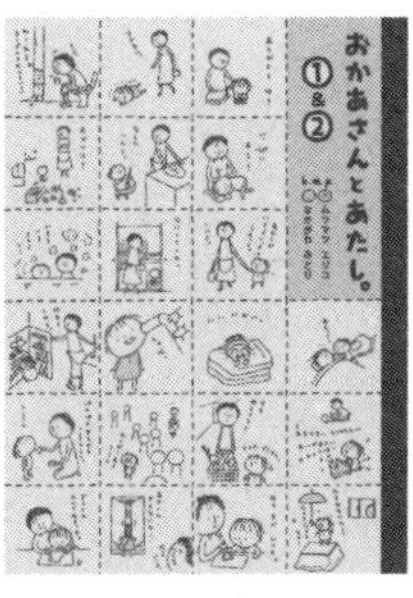

たにも起こりえることです。これって今なっかなかネットでは得られない感覚で、今の日本に必要な感覚なはず。クールにドライに効率よく金稼いでるやつこそが№1みたいなこの社会に、この本をこっそり布教して、人間って生きてるだけでそこにドラマが生まれているんだ、大切な存在なんだ、金じゃないんだ、結局人間そのものが一番尊いんだ、ってことを伝えたい。世間で今考えられている「エモさ」とはまた違った角度のエモーショナルな体験を、今この令和の世に改めて引きずり出したい。日本をよくする本に、この本はなってくれると信じています。

　全員泣こう。そしておかあさんにありがとう、ごめんなさいをしよう。おかあさんがきらいな人、おかあさんにいじめられていた人、そもそもおかあさんがいない人には、もしかしたらキツい本かもしれない。けれども、そんなあなたがおかあさん・おとうさんになる可能性があるのだとしたら、やっぱりこの本はいろいろなことを言外に教えてくれる貴重な本になると思う。

　もうすでにロングセラーですけど、もっと売れていい。もっと読まれていい。「今だからこそ」掘り起こしたい一冊です。

英国幻視《ファンタズニック》の少年たち

深沢仁／ポプラ文庫ピュアフル

山本智子／文真堂書店ビバモール本庄店

▼大学生のカイは死者の霊が見えてしまう。イギリスへ留学し、そこで妖精に遭遇。英国特別幻想取締報告局の一員であるランスと知り合い、カイは幻想事件「ファンタズニック」に巻き込まれて行く。

　目の前に広がる英国の雰囲気が素晴らしく、ついつい側に妖精が居るのでは!?と周りを見渡してしまう。カイとランスの関係性も必見！　どっぷり英国に浸りたい方に超絶オススメ！

枕草子のたくらみ

山本淳子／朝日選書

匿名／千葉県

▼紫式部が大河ドラマの主人公になった事を受け、書店でも平安時代に関する本が売り場を賑わせている。そんな今だからこそお薦めしたいのが、紫式部と並び称される平安の女流作家・清少納言とその著作・枕草子を取り上げた本書だ。

　枕草子といえば、教科書をはじめ、個性的な現代語訳、小説やコミック版などでもお馴染みだろう。そこから思い浮かぶ清少納言のイメージといえば、明るくユーモアに富み、鋭い感性と豊かな学識、人の心を掴む表現力の持ち主、といったところだろうか。気に入らないものを悪し様に言う箇所や、自慢ともとれるエピソードから、鼻につく印象をお持ちの方もいるかもしれない（かの紫式部もその一人だったそう）。

　しかし、本書から立ち現れてくるのは、一般的にイメージされる「明るい」清少納言の姿ではない。著者は、当時の平安貴族たちが書き記した日記などの歴史的資料と照らし合わせながら、枕草子が「描いたもの」と「描かなかったもの」を炙り出していく。枕草子が執筆された時期、清少納言は、そして彼女が敬愛してやまなかった中宮・定子は、どのような状況におかれていたのか。その中で、清少納言はなぜ「明るい」側面ばかりを描き続けたのか。平安文学研究者である著者が繰り出す考察は、さながら名探偵による謎解きのようだ。

　とは言え、本書に書かれた内容が真実とは断定できないかもしれない。現代の出来事であっても人それぞれの解釈があり、真実は人の数だけあるとも言われるのに、まして清少納言が生きた時代といえば、およそ千年も昔の事なのだから。そして、そんな遠い過去に描かれた枕草子に対する著者の眼差しは、どこまでも温かい。読者は本書を通して新たな清少納言と出会い、彼女の「明るさ」の意味を知り、心打たれる事だろう。

　本書は新聞連載されていたジュニア向けの記事を元にしているため、古典に苦手意識がある方でも読みやすい内容だと思う。ぜひ一度お手に取ってみて頂きたい。

余命一年、男をかう
吉川トリコ／講談社

新井さゆり／文真堂書店ビバモール本庄店

▼主人公、片倉唯は子宮がんが見つかり余命宣告される。
　この手の作品はお涙頂戴、感動モノに偏りがちだが、本作は違う。笑いあり、大笑いあり、そして読後の圧倒的な幸福感。ハッピーな気持ちになれるのだ。自分の死、残りの人生のカウントダウンを実感した時、人はどう生きるのか。その生き方にこそ、その人の本質が凝縮されているのではないか。片倉唯の生き様が強い輝きを放つ。究極の『余命モノ』ここにあり。

国銅
帚木蓬生／新潮文庫

鈴木智春／CHIENOWA BASE

▼奈良時代、東大寺の大仏建立に命をかけた、名もなき人足たちの物語。主人公、国人の素直さ真面目さ勤勉さが、とても魅力的で惹き付けられる。幸せを願わずにはいられなくなる。そして、この本を読んでから奈良の大仏を見ると、殊更感慨深く胸が熱くなる。

マルドゥック・スクランブル
冲方丁／ハヤカワ文庫ＪＡ

加藤敏之／くまざわ書店松戸店

▼20年も続く「マルドゥック・サーガ」（と呼んでもいいと思う）の第1作。
　こんなに強度としなやかさを併せ持つＳＦ作品群は滅多にない。未だに自分を魅了し続けるこの作品世界に最大限の敬意を表してここに投票します。

エアー2.0
榎本憲男／小学館文庫

広沢友樹／有隣堂ニッケコルトンプラザ店

▼２０１５年の単行本発売時の帯には「あの人は本気で資本主義をやり直そうとしている」という言葉が刻まれていたと思います。当時も今も現代の資本主義に全く共感できない私は、この言葉を目にした瞬間快哉をあげ、タイトルよりも脳裏に焼き付いてしまいました。未読のまま時は過ぎましたが、政権が掲げた「新しい資本主義」に絶望して、ついに手に取るタイミングが来ました。社会の仕組みを裏で支える優秀な官僚を始めとする登場人物たちによるインテリジェンスで骨太な小説は、政治と金融政策・税制やマスコミの本当の姿と問題点をつまびらかにし、新しい経済圏への挑戦を記述しています。

摩天楼の身代金
リチャード・ジェサップ／文春文庫

宇田川拓也／ときわ書房本店

▼状況的にあとどれだけ本屋大賞に参加できるかわからないので、言い残しておきたい。
　ミステリ偏愛書店員として、かれこれ二十年以上ずっと夢見ていることがある。リチャード・ジェサップ『摩天楼の身代金』の新訳（ここ重要！）リニューアル刊行だ。一九八三年に文春文庫の一冊として発売され、同年の「週刊文春ミステリーベスト10」海外部門で第一位に輝いている。

　物語は、ベトナム戦争帰りの青年トニオによる、身代金を要求して巨額の金をせしめるための犯行の一部始終が描かれるのだが、その計画がじつに奇抜で大胆不敵。トニオがある物を〝人質〟とするまでの入念な下準備の描写、不可能としか思えない身代金の受け渡しを成功させるための周到極まりない独創的なアイデア、そして冷徹かつクレバーな犯罪者トニオの人物像に惹かれずにはいられなくなる巧みな見せ方には、何度読み返しても感嘆するしかない。さらにトニオ以外の登場人物も魅力的なキャラばかりで、筋書きだけの面白さに留まらない豊かな味わいもしっかり備えている。わざわざ「クラシック」を強調しなくとも、無類の完全犯罪小説として現在の読者にも大いに歓迎されるはずだ。

しかし、ひとつ重大な問題点がある。発売から四十年以上が過ぎ、訳文がすっかり古びてしまっているのだ。とくにセリフ回しは致命的で、とてもではないが二〇二〇年代の読者の目に堪え得るものではなく、興を削いでしまいかねない。こんなにも問答無用で面白いのに、このまま知るひとぞ知る名作としてひっそり埋もれてしまうのは、あまりにももったいない。新たな訳と装いで生まれ変わった『摩天楼の身代金』を、新刊コーナーで山のように積み上げ、お客様に熱烈にオススメしたい。夢は、ますます輝くばかりである。

だれも知らない小さな国
佐藤さとる／講談社文庫

匿名／丸善津田沼店

▼大人になってしまった皆さま。子どもの頃の気持ち、覚えていますか？

ワクワクしたり、ハラハラしたり、嬉しい気持ちも悲しい気持ちも、今の何倍も感じて精一杯、生きていたような気がします。

これは、そのころの自分を思い出させてくれる物語。

コロボックルが葉っぱの陰に隠れてないか、そっとめくっていたあの頃に一瞬でも戻りませんか？

そして、もしも、何か発見できたら、素敵です!!

よみがえる変態
星野源／文春文庫

平かのん／TSUTAYA三軒茶屋店

▼とても個人的ですが、わたしが命を救われた本です。

2023年の秋ごろにうつ病になり、幼い頃から当たり前にしていた読書ができなくなりました。あんなにも好きだった本たちに触れることすらできなくなりました。ただ、これまでつらい時にお守りのように持ち歩いていたこの本だけはすこしずつではありますが、読めました。うつ病を患っていたあいだは、この本だけを繰り返し読みました。星野さんの闘病生活が描かれる章で、「辛い病気を面白がり、前向きなものに転化するということは、その病気になった本人でないとできない。」という言葉を見つけ、ぼろぼろ泣いたのをよく覚えています。そして、死のう死のうと思っていた日々に久しぶりに小さく火が灯った気がしました。笑顔で社会にただよっている人の中にも、じつは死にたがってる人、つらくてもう堪らない人がたくさんいるんじゃないかと思います。私もその一人だったからです。この本で救われる人がまだまだたくさんいると思います。こわい時も、浮かない時も、潰れそうな時もあなたの内側であなたを守ってくれる一冊です。

さよなら妖精
米澤穂信／創元推理文庫

西本彩乃／ジュンク堂書店南船橋店

▼発掘部門どうしようかなあとニュースをぼんやりと眺めていて、ふと思い出したのがこの作品でした。1991年4月、ユーゴスラビアから日本にやってきたマーヤと、彼女に偶然出会った高校生たちが日常の謎を解いていく、という言ってみれば普通のストーリーです。しかし、後半には「マーヤ

の帰った国はどこだったのか？」という大きな謎が残ります。初めて読んだ当時中学生だった私はユーゴスラビアという国のことを何も知らず、前半でほんわかした日常ものだと思っていたこともあり、後半大きな衝撃を受けました。米澤穂信さんの作品の中でもかなり好きな作品で、定期的に読み返してはPOPを作ったり人に薦めたりしているような気がします。今の時代に、ぜひ多くの方にいろいろなことを考えながら読んでいただきたい作品です。

月の砂漠をさばさばと

北村薫／新潮文庫

荒木香里／くまざわ書店松戸店

▼いろいろと信じられないことが起こる中、ほっこり温かい気持ちになって癒されるこの本を沢山の人に読んでもらいたいと思いました。

古語雑談

佐竹昭広／平凡社ライブラリー

松村幹彦／図書館流通センター

▼日本の古典は面白い。でもある程度わかっている前提で書かれたものは難しさが先にきて読み進められない。そんな時にはわかっている人から話を聴くのが一番。古典の色、光、におい、九九や弁当の始まり。読み始めたら止まらなくなる124話。岩波新書が品切だったので平凡社ライブラリー版でと思ったらどっちも品切！　なんとかして！

きれいな色とことば

おーなり由子／講談社文庫

河瀬裕子／柏の葉 蔦屋書店

▼日々当たり前に見えている風景や体感している気候の変化。

　記憶の奥底に眠っていた感覚がそれぞれ鮮明に、やさしいあたたかいことばと色で蘇ります。ルーティンのような日常も同じ景色ってないし、空も雲も季節の移り変わり…毎日違う。毎日を楽しくするのも、つまらなくするのも自分次第。色やことばにしたら、結構楽しい一日。

　小さな変化に敏感でありたい。好きなコトを大切にしたいと思う本。おーなり由子さんの綴ることばが体に沁みわたります。

　時々、開いて抱きしめて。わたしの寄り添い本です。

　当店の文庫前平台で毎日お客様を見つめています。

小悪魔

フョードル・ソログープ／白水Uブックス

杉木茂弘／丸善丸の内本店

▼十九世紀末ロシアの地方都市を舞台に、視学官の地位を狙うギムナジウム教師ペレドーノフが、被害妄想と強迫観念に憑かれて破滅していく姿を描いたこの長編は、発表当時ロシア・デカダン派を代表する作品と評されたらしい。

　西欧の多くのデカダンス文学において、市民社会の教条主義的な道徳観や功利主義が仮想敵に設定されていたことを考えると、帝政時代末期の官僚制の硬直やブルジョアたちの道徳的堕落をほとんど露悪的と言っていい執拗さで描いたこの小説が、その類例と受けとめられたこともあながち不自然ではない。けれども、両者の間には一つの決定的な差異があるように思われる。

　ユイスマンスの「さかしま」が典型的な例であるように、デカダンスの美意識は近代の合理主義や実証主義に対する反撥から霊的・精神的な世界を志向し、それは往々にして文学や芸術の中に社会の卑俗さに抵抗する想像力を見出すという形をとった。だが、この小説の主人公ペレドーノフには、そのような精神の貴族性が最初か

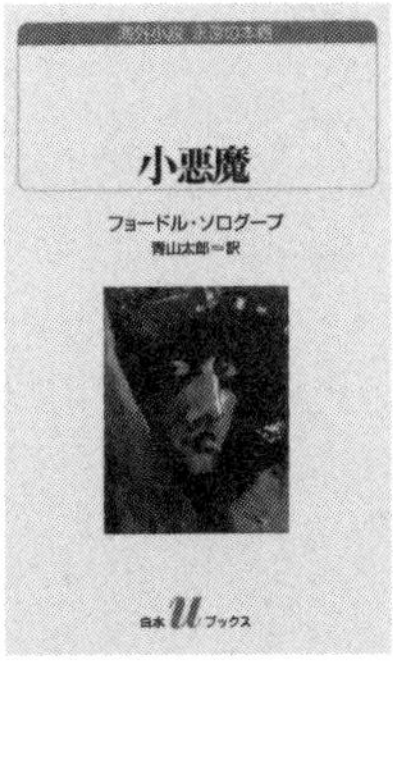

ら賦与されていない。彼に想像できるのは、他人の悪意や奸計や嘲侮のみであり、周囲の人間を徹底的に嫌悪しながらも、彼らが跪拝する世俗的な権威や成功以上の価値は何も求めない。作者自身の言葉を借りるなら「天上の慰めも地上の喜びも彼にとっては存在しなかった」のであり「その意識は対象を犯し殺す装置にすぎなかった。意識にまで達してくるものは全てそこで醜悪と汚穢に変形をとげた」ということなのだ。

　この人間像は世界の醜悪と人間の愚鈍を映し出す鏡としての役割を果たすべく、死人の眼で世界を眺める存在であり、もはや悪ですらないのではないか。本来ならばディオニソス的な生の祝祭となるべきクライマックスの仮面舞踏会も、最後にはその皮肉で無様なカリカチュアに成り果ててしまう。ここには、美や精神的な価値すらも世界の悲哀を被い隠すことは出来ないし、人生の徒労と倦怠から人間を救うことなど出来ないという、恐るべきニヒリズムが示されてはいないだろうか。

「物語には人間を救う力がある」「フィクションには社会を変える力がある」といったあまりにも楽天的な信仰が、いとも簡単に口にされてしまうこの時代には、むしろこういう小説も読まれるべきではないかと思う。

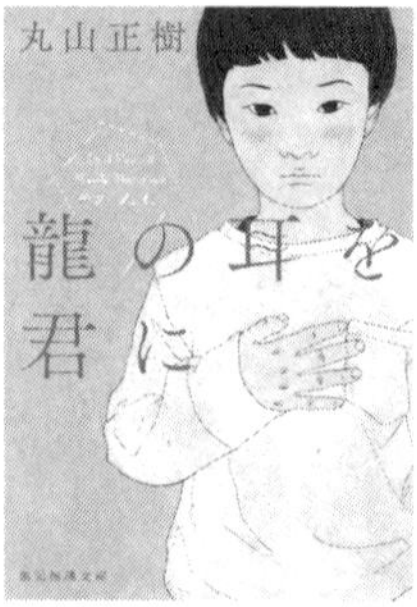

龍の耳を君に
丸山正樹／創元推理文庫

鈴木康之／くまざわ書店南千住店

▼手話通訳士なる職業があるのを初めて知りました。手話の奥深さ、聾者の苦労などこの小説で初めて知ることばかり、感動のしっぱなしでした。「龍には、ツノはあるけど耳はない。龍はツノで音を感知するから、耳が必要なくて退化したんだ。（略）龍には耳がない。聾という字は、それで『龍の耳』と書くんだよ」ラストの英知くんの手話は感動しました。前作も読んでみたいと思いました。もう定点観測したい作家さんになってしまいました。

すみれ屋敷の罪人
降田天／宝島社文庫

渡邉美由希／改造社書店東京国際空港羽田空港第一ターミナル店

▼誰かのためというのは時として、ボタンをひとつでもかけ違えると一瞬にして歯車を狂わせてしまうこともある。この作品を読みながら、本当の罪人とは一体誰だったのか深く考えさせられました。読後、小説のタイトルが心に沁みる、哀しくもせつない作品です。

ムーミン谷の冬
トーベ・ヤンソン／講談社

間室道子／代官山 蔦屋書店

▼「必要に駆られてムーミンを読む」という事態になった２０２２年。アニメでは見てたけど原作を読むのは初めて。そして驚愕。北欧のファンタジーとして有名なシリーズだが、皆さんはムーミンは「冬を知らない」ってご存じでした？　一族は十一月から四月までがっつり冬眠するのだ。で、新年少し過ぎ、あろうことかムーミンが目をさますことから物語はスタート。「おしゃまさん」というジェンダーレスな人物が登場し、この人の発言が令和の今刺さる。とくに、ムーミンは春と夏と秋を「ほんとうの世界」と言いたがる――つまり彼には冬がいびつで今までいたところが「ほんとう」なのだが、「だけど、いったいどっちの世界がほんとうだか、どうやってわかるの」とおしゃまさんに言い返されるシーンがたまりません！　視野を広げる成長の物語。

MOMENT
本多孝好／集英社文庫

中村昌樹／丸善丸の内本店

▼病院の清掃員と患者の死と願いの物語。MOMENT／WILL／MEMORYの三部作ですが…。映像化はまだですか!?

リウーを待ちながら
朱戸アオ／イブニングKC

阿久津武信／くまざわ書店錦糸町店

▼コロナ禍で周りの書店が休業していた中で営業した時のパニックぶりが、そのままコロナ禍前に完結したこの作品には書かれていて、まさに予言の書と言える。

小袖日記
柴田よしき／文春文庫

成生隆倫／BOOK COMPASSニュウマン新宿店

▼この話の主人公は、不倫の恋に破れ、紫式部のアシスタントとして平安時代にタイムスリップした現代OLのあたし。

「光源氏は最低！　恋人たちが可哀そう！」

彼女の感性は私たち現代人の感性と概ね同じと言ってもよい。

だからこそ、末摘花や葵の上などのモデルとなるヒロインへの想いがとてつもなくリアルなのだ。主人公はただ憐憫の情を抱くだけではなく、ヒロインたちの隠された強さや秘められた信念にも胸を打たれる。千年以上経っても人の心の奥深いところは変わらない。令和をバリバリに生きている私も、ぐっときてしまわずにはいられなかった。

源氏物語は単なる悲しい恋物語ではない。閉ざされた想いが眠る、名もなき誰かのドラマなのだ。大河のように流れる長い歴史の中に、取るに足らない声などないのである。

MOUSE
牧野修／ハヤカワ文庫ＪＡ

玉本千幸／紀伊國屋書店新宿本店

▼世間から見捨てられた島「ネバーランド」。子どもしか住むことが許されない小さな世界で、常にドラッグを摂取し生きてゆく小さな者たちの物語です。全員がそれぞれの幻覚を見つづけている世界では、敵に対抗する術も幻覚で、常に幻想的で耽美な雰囲気が漂います。「言葉」のもつ感覚的な作用を全身に浴びて意識の奔流に押し流されて欲しい、そんな思いで推薦しました。

スイーツレシピで謎解きを
～推理が言えない少女と保健室の眠り姫～

友井羊／集英社文庫

竹村真志／三省堂書店成城店

▼2023年の読書界の話題をさらった『世界でいちばん透きとおった物語』を読み終えたとき、僕がふと思い出したのがこの一冊でした。どちらの作品のネタバレにも繋がりかねないので迂闊なコトは言えないのですが（もちろん、同じトリックが使われているワケではないのでそこは安心して下さい！）、一冊の本を通して壮大な企みがなされている…という点ではコチラも決して引けを取りません。〝二度読み必至〟の〝青春ミステリ〟です。どちらも私の好きな言葉です。著者の友井羊さんは『スープ屋しずく』シリーズなども手掛けられている人気作家さんですが、イマイチこの作品は知名度が低いような気がしてなりません。是非、『世界でいちばん～』と併せて読んでいただきたい、読書ならではのあっと驚く体験をお楽しみ下さい!!

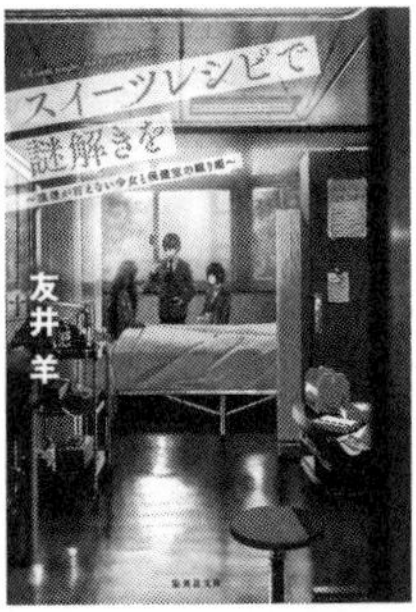

開かせていただき光栄です
皆川博子／ハヤカワ文庫ＪＡ

池上晃子／紀伊國屋書店新宿本店

▼多くの人に「皆川博子」を知ってほしい。ただそれだけです。古き英国が舞台で、ミステリアスで、ボリュームがあって、なのに読みやすい。これが書く技術なのかと驚きました。

ささら さや
加納朋子／幻冬舎文庫

野中洋子／丸山書房

▼この本を初めて読んだのはいつだったか覚えていない。繰り返し読んできたからかもしれない。

大切な人を失う悲しみや恋しさ、思い出。その気持ちの分だけその人を好きだった事。その気持ちを大切に大切に抱きしめながら前向きに明日を生きていく。

心を癒したい時に読んで欲しい一冊です。

やがて海へと届く
彩瀬まる／講談社文庫

土肥天／くまざわ書店本部営業推進部

▼震災で友人を喪った女性の物語。年明け能登半島地震が起きた今では、アフター3・11の物語とはまた立ち位置が変わるかもしれない。だが、実際に著者が3・11で、たった一つの選択から、生と死の狭間より生き延びて描かれた作品。あのときの喪失と、再生を描いた1作。

2つの視点で描かれるこの作品、読み始め当初は片方の章の不可思議さにもう一つの章との繋がりに頭を悩ませるだろう。しかし、読み進めていくうちにそれぞれが持っている生と死の性質が逆転し、やがて2つは混じり合っていく。コロナ禍・震災・戦争と、なにかを失いやすい、隣り合わせの非日常が溢れる今だからこそ、もう一度読まれてほしい作品。

君は永遠にそいつらより若い
津村記久子／ちくま文庫

飯田正人／くまざわ書店営業推進部

▼大学時代のクラスメイトとこないだ久しぶりに会ったのですが、夜に「この本を読み返していたんだが、ごはんがとても美味しそうに書いてあるよね」と連絡があり、わたしは読んだことのない本だったのでそれを確かめるために買って読みました。正直ごはんの描写についてはぴんとこなかったのですが、おおいに笑えました。

謝るなら、いつでもおいで
佐世保小六女児同級生殺害事件
川名壮志／新潮文庫

山根麻耶／文教堂溝ノ口本店

▼今年読んだ本のなかで、いちばんの衝撃であった。2004年に起きた、佐世保小六女児同級生殺害事件についてのノンフィクション。筆者の川名さんは、被害者の父親の、直属の後輩だった。父親や兄など被害者遺族に寄り添いながら取材を重ね、さらには加害者の父親にも取材する。この、双方にしっかりと取材をし、ちゃんと言葉にして書いているというところは、このルポの優れている点のひとつである。

筆者自身、被害者とも、被害者遺族とも深く交流があり、身近なひとに起きた事件だからこそ、取材をすること自体、大変なことであったと思う。でも、それでもしっかりと向き合って、書いた。書くことで、残された彼らの気持ちを、人生を、後押ししている。

このノンフィクションには続編もある。『僕とぼく』という佐世保事件の被害者遺族であるお兄ちゃんふたりの視点を交互に描いたノンフィクションである。こちらもほんとうに素晴らしい。佐世保小六女児同級生殺害事件は、少年法を改正する契機にもなった事件である。しかし、読者である私は、まだ物心つくくらいの頃だったので、このノンフィクションを読むまで知らなかった。でも知りたかった。この本をきっかけに、この事件を扱った本を、たくさん読んだ。もちろん、良いルポはたくさんあった。いろんな取材の仕

方があって、様々な視点からこの事件を捉えられるようになった。

　でもこの『謝るなら、いつでもおいで』ほど、遺族に寄り添っているものは、なかなかなかった。作者や遺族のやさしさ、被害者のおもかげが浮かび上がって読者に伝わるこのノンフィクションは、ほんとうにすごい。

　ノンフィクションがだいすきなひとにも、普段はあまり読まないというひとにも、ぜひ、読んで欲しい作品である。

出張料理みなづき
十三湊／幻冬舎文庫

松原沙莉／久美堂玉川学園店

▼『ちどり亭にようこそ』が好きで、新しい作品が出たのを知って思わず購入した作品でした。この作品も料理が出てくるところは同じですが、登場人物たちが料理を通じて、人生について考えていく心温まる作品です。そして「食べる」ことは大事なんだと実感させられます。とても優しく読みやすい文章で、ちょっと背中を押してほしい時に読んでもらいたいと思った作品です。

その名を暴け
—#MeTooに火をつけたジャーナリストたちの闘い—

ジョディ・カンター、ミーガン・トゥーイー／新潮文庫

伊勢川詩織／紀伊國屋書店鶴見大学ブックセンター

▼ハリウッドの大物映画プロデューサーによる性加害を告発した、NYタイムズの調査報道について描かれた超一級のノンフィクション。どういった構造の中で被害にあった女性たちが声をあげられなかったのか。NYタイムズのジャーナリストたちがどれほど注意深く、そして丹念に事実を確認し、積み上げ、記事を公開したのか。なぜこの時社会が動いたのか。今に何がつながり、これからどうなっていくのか。本当に読み応えがある1冊。こんなに読み応えがあって胸が熱くなる本はもっともっともっと読まれてほしい！　読了後、原題の「SHE SAID」を目にした時、熱く込み上げてくるものがあります。

千年の黙　異本源氏物語
森谷明子／創元推理文庫

栗城梓／くまざわ書店営業推進部

▼紫式部を探偵役に据えたミステリ。作風は読みやすく、かつ格調高く、丁寧な描写で、さまざまな平安朝の物語はありますが、その中でも突出して平安時代に浸れる物語かとおもいます。
　式部に仕える女童の視点で進む表題作。その少女が成長した姿を書く二作目。式部は悩みながら源氏物語を書き進め、一方で夫や女童の話を聞いて謎を解いてしまういわゆる安楽椅子探偵です。情感たっぷりの物語を書きながら、理路整然と事実を見通す凄さ。

　大河ドラマ関連本はたくさんありますが、ミステリ好きの方にはこの作品をおすすめします！

傲慢と善良
辻村深月／朝日文庫

大曽根俊幸／有隣堂セレオ八王子店

▼文庫でも2年前の本にもかかわらず、常に入口販促台に2面で置いていています。
　映画化も決まり、これからますます期待できる作品だと思います。

新訳　少女ポリアンナ
エレナ・ポーター／角川文庫

太田鉄也／文教堂溝ノ口本店

▼『これから起こることの何もかもを嬉しいと思える、すさまじく広い気持ちってところかな』
『「とにかく嬉しい気持ちになる」

ことが大切な成分らしい。いや、それがすべてか』
『あの子を薬がわりに処方したり、丸薬みたいに箱買いできればなあ』
ウクライナ、ガザでの戦闘。能登の大地震。心が折れそうになる出来事が続いている。そんな時こそ「ポジティブ・シンキング」と大上段に振りかぶって言われてしまうと否定的な気持ちになってしまう。でもこの小さな女の子の行動になら、素直に従える。大きな勇気をもらえるはず。

謎解き広報課
天祢涼／幻冬舎文庫

青柳将人／文教堂
▼関東の有志書店員を中心に選考・展開している地域賞「酒飲み書店員大賞」で2023年大賞に選ばれた作品。これを機に重版・続編の刊行が決まったのは、選考に微力ながら携わった身としては嬉しい限り。
日の目を見る機会を得ることで、新たな読者を取り込み再評価された作品として胸を張って推薦できる。

そして、本書のような作品を1冊でも多く世に輩出し、提案し続けることが我々書店員の役目の1つだと再認識させられました。

とても読みやすく、そしてミステリとしても奥が深い良い作品なので、未読の方はぜひ読んでみて下さいね！

新しい時代への歌
サラ・ピンスカー／竹書房文庫

近藤修一／BOOKSえみたす大口店
▼感染症とテロによりライブを禁じられた世界の物語。ネビュラ賞長編部門受賞作品。未曽有の感染症に飲み込まれた我々が心より欲していたのは、まさにこの作品なのかもしれない。

群青の夜の羽毛布
山本文緒／角川文庫

加藤理沙／有隣堂キュービックプラザ新横浜店
▼一番初めに単行本として作品が発表されたのが1995年にもかかわらず、今読んでも世間の価値観が全く古びない物語に戦慄しました。読むきっかけとなったのは作家の羽田圭介さんが、あるYouTube番組でおすすめ10選に挙げていらして紹介文が妙に気になり手に取りました。絶対ハッピーエンドにならないと分かっているのに、なんなら自分の過去に負った傷が疼いているのにやめられず、続きが気になってしまう不思議な魅力を持った作品でした。
家族とは何なのか一度でも思いを馳せたことのある方にこの物語を読んでもらいたいです。

夜が明けたら、いちばん君に会いにいく
汐見夏衛／スターツ出版文庫

中川侑香／八重洲ブックセンター京急上大岡店
▼心細い時、太陽のような存在はいますか。この本は、マスクで本音を隠している茜、自由奔放な青磁がお互いを思い、秘密が明かされていくストーリー。映画で見たとき言葉の重さ、繊細さを感じま

した。
学生時代にこの作品に出会っていたらどれだけ救われただろう。

モノレールねこ
加納朋子／文春文庫

鈴木沙織／ジュンク堂書店藤沢店
▼加納朋子さんの作品は何度も読み返したくなるものばかりですが、自分のなかでリピート率が高くオススメするならこの一冊！なのは『モノレールねこ』。
8編の短編集になっていてちょっとした隙間時間でも読めちゃうし、なんといっても、一つ一つが面白い！はずれなし！

日常の隣にひそんでいる不思議なきっかけをものにしたらこんな所へ繋がっていた！と嬉しくなるような、じんわりと心をあたため

てくれる展開や仕掛けに、次のお話はどんな感じかな?と、いつの間にかどっぷり夢中!です。

ぼくらに嘘がひとつだけ
綾崎隼／文藝春秋

今井美樹／くまざわ書店新潟亀田店

▼タイトルの意味が分かった時、当事者の並々ならぬ覚悟のようなものがガツンと伝わってきた。

親ガチャとかよく聞かれるようになったこの時代。もっと取り上げられて欲しいと思った。

忘れられた花園
ケイト・モートン／創元推理文庫

野口陽子／明文堂書店富山新庄経堂店

▼船にひとりで取り残された少女の秘密を、孫娘が解き明かしていくというミステリ。時代が交互しながら、次第に明かされていく謎にハラハラドキドキしながら読んだ。帯に「謎に満ちたもうひとつの極上の物語を」とあるが、まさしく極上の読書体験だった。本書以後、外国文学ばかり読みあさっていた。

「何か面白い本ない?」と聞かれたならば、必ずおススメする作品。

そして必ず感謝される作品。

金木犀とメテオラ
安壇美緒／集英社文庫

西山直樹／サクラ書店高村店

▼昨年の本屋大賞第2位の安壇美緒さんの作品です。

北海道の中高一貫の女子校を舞台に、秀才と優等生、ふたりの視点で描かれる青春群像です。

個性豊かな面々の人間関係や葛藤、成長する過程はそれだけでも充分に面白いのですが、パッと目を引く美少女で誰もが羨む存在の優等生の、周囲には知られたくない秘密が語られると一気に惹かれてグイグイ引き込まれてしまいました。

銀色のチューブに入った絵の具が見事な隠し味です。やみつきです。

なんて素敵にジャパネスク
氷室冴子／コバルト文庫

匿名／石川県

▼今読むとなんとも自分勝手なヒロインだけど、行動的でわかりやすくて親しみやすい。10代の頃、瑠璃姫と高彬の恋に夢中になっていたし、瑠璃姫のように自分に素直に生きたいと思っていた。平安時代の大河を放映する今年、ぜひ新しく姫が描かれた表紙で、令和の10代にも読んでもらいたい。

猫とメガネ　蔦屋敷の不可解な遺言
榎田ユウリ／文春文庫

匿名／SuperKaBoS鯖江店

▼妻から突然離婚を言い渡された幾ツ谷理《いくつやさとる》。家を追い出され、体調を崩し、子猫を拾って流れ着いたシェアハウス「蔦屋敷」。

人の気持ちを理解することが苦手で、理屈屋な上に毒舌家な彼がそこで再会したのは准教授・神鳴《かんなり》シズカ。似たもの同士だからこそ合わない二人のやり取りが面白い。

島育ちの優しい青年・弓削《ゆげ》洋《ひろ》や個性豊かすぎるほかの住人、それぞれの怪しい行動、過去。さまざまな要素がからみ合って最後の最後まで何が起こるかわからない一冊。

プロジェクト・ヘイル・メアリー
アンディ・ウィアー／早川書房

匿名／有隣堂藤沢店

▼目が覚めると宇宙空間の中にひとりぼっち! ここはどこなのか、自分は一体誰なのか? 前半はミステリ仕立ての脱出劇…と思いきや、中盤に入り物語は一転、ラストまでハラハラドキドキ手に汗握る、友情・努力・勝利の少年漫画の代名詞のような熱い展開が

繰り広げられる壮大なスペース・アドベンチャー小説。物語の仕掛けもネタも読むまで本当に明かしたくない、けれど読めば絶対に周囲にお薦めしたくなる最高の物語です！

わたしはあなたの涙になりたい

四季大雅／ガガガ文庫

樋口麻衣／勝木書店SuperKaBoS二の宮本店

▼「小説は人を救う」という言葉は、できれば使いたくないと思ってきました。小説って、もっと気軽に楽しむものだと思っているので。

この小説もやっぱり気軽に楽しめるものでした。でも、読んで伝わってくる圧倒的な力と熱量と清らかさ、そしてメッセージを目の当たりにして、「この小説は人を救う」と、声を大にして言いたくなりました。人の弱さをまざまざと見せつけられます。でも、それ以上に人の強さを信じさせてくれます。

280ページ以降、すごい瞬間が訪れます。すごい世界が目の前で繰り広げられます。この世界のすべての救いと光を乗せて、物語が動きます。そこで見た光はきっと一生忘れられません。「泣ける」とかそういうことは一旦置いておいて、まずはページをめくってみてください。本気で紡がれた「本物」をどうか受け取ってください。

実はある書店員さんからおすすめされて読んだ一冊です。おすすめされなかったらきっと読むことのなかったこの一冊に、こんなにも心動かされるなんて。今度は私がこの場を借りておすすめしたいです。ライトノベル売場だけに置かれているとしたら、もったいない。発掘本として、もっともっと広くたくさんの方に出会っていただきたいです。

ミッドナイト・ライブラリー

マット・ヘイグ／ハーパーコリンズ・ジャパン

石田美香／AKUSHU BOOK&BASEエルパ店

▼飼っていた猫を亡くし、仕事もない、家族も友人もいない…いわゆる人生のどん底にいた主人公。生と死の狭間にある世界に迷いこんだ彼女は、選ばなかった選択肢の先のあったかもしれない人生を体験していきます。

後悔がない人生なんてない。ボタンのかけ違いのようにすれ違うこともある。もしもあの時、に戻れるなら？…そう考えることって誰しもあるのではないでしょうか。

「もしもあの時こうしていたら？」を繰り返しながら、物語の中で彼女はいつも「誰か」に合わせた決断をしていたことに気づきます。少しずつ変わっていく彼女の姿になんだか勇気をもらえます。

また、たくさんのメッセージが本書には溢れています。きっとあなたのための一文があるはず。ぜひ出会って欲しいです。

インスマスの影 クトゥルー神話傑作選

H・P・ラヴクラフト／新潮文庫

高木久直／走る本屋さん高久書店

▼クトゥルー神話と聞いて、何それ？となる大人は多い。若者などに人気のTRPG。TRPGの世界では知らぬものはいないクトゥルー神話。その発祥となったのが、ラヴクラフトの小説の世界である。まさに発掘、そして再発見に相応しい作品ではないか。

空色勾玉

荻原規子／徳間文庫

匿名／走る本屋さん高久書店

▼日本ファンタジー名作の1つ。多感な時期にドキドキしながらページをめくった作品です。古事記、日本書紀、和歌と興味を広げ

てくれました。数ある荻原さんの作品の中で、今でもやっぱり一番好きなタイトルです。

高熱隧道
吉村昭／新潮文庫

越沢智紀／シビコ正文館書店

▼天城を越える歌や"道"マニアの番組などですっかり一般認知されるようになった感のある「隧道」。時に地域の生活のために有力者が私財をなげうつ場合もあったトンネル工事は、その規模から交通網整備や産業振興のために行う公共事業の一大プロジェクトである。しかるに、精度・工法などにおいて当時の技術ではまだ困難を極める部分が多く、事故の発生をさけられない状況からくる悲喜こもごものドラマが生まれる。本書は「黒部の太陽」のモデルとなった黒四ダムの一つ前、戦時の関西方面産業用電力供給増産用に進められた黒部第三発電所建設の模様を描いたもの。造られたのは「～世界隧道工事史上きわめて特異な～」と言わしめた、高温の温泉帯を貫通する超危険なトンネル。そのなかで困難を乗り越える技術者の工夫と、完遂させたい作業員の方たちの情熱の記述が、再現記録文学の雄・吉村昭ならでは。

鎌倉香房メモリーズ
阿部暁子／集英社オレンジ文庫

金澤成代／夢屋書店ピアゴ幸田店

▼花道のように、香道というものがあるらしい。お香のお店を営む祖母の家で暮らす香乃は香りで人の心の動きを感じ取ることができるため、お客様の謎を香りで解き明かすライトミステリー。お店のアルバイトの大学生との恋も気になるところ。読むと鎌倉の風景と、香りを感じることができます。全部で5巻まであるのでシリーズとして楽しめるのも魅力です。

桃山ビート・トライブ
天野純希／集英社文庫

久田かおり／精文館書店中島新町店

▼秀吉が我が世の春を謳歌していた桃山時代、音曲に命をかけた熱いヤツらがいた！　三味線と笛と太鼓（ボンゴ？）と踊り。お上に迎合することなく自分達の道を進み続ける彼らの人生のロックさたるや!!　イヤなことばかりの毎日。上から押さえつけられ、下から突き上げられ…そんなうつうつとした毎日を解き放ちたくなるぜまったく！

金環日蝕
阿部暁子／東京創元社

匿名／愛知県

▼ひったくり犯を若い男女が追跡する、途中キュンキュンする場面もあるかもとちょっと期待するくらいの気楽な気持ちで手に取って欲しい。北原錬君のミステリアスさに引き込まれ、そして錬君が読者の想像が及ばなかった側面を見せてからは、もう、読み止まる事が出来なくなります！

他の登場人物も徐々に明らかになる事実も含めて大変魅力的に描かれています！

身近で遭遇するかも知れない犯罪を扱い、途中ハラハラしますが、最終的に希望の持てる終わり方なので読後感はいい。

10代20代にもっと読んでもらいたい作品。

脱北航路
月村了衛／幻冬舎

宮地友則／本の王国

▼「国家」と「政治」と「人間」の虚実を見事に描き、日本という国への警鐘を鳴らす問題作！

「それぞれの国が勝手につけた海の呼称などどうでもいい」

荒波の中で鍛えられた、まさし

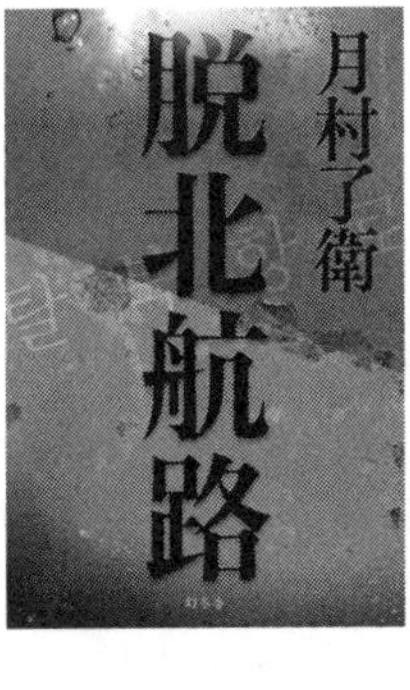

く海の男たちの矜持を持った生き様、死に様に瞬く間に心を持っていかれた。

モンテレッジォ
小さな村の旅する本屋の物語
内田洋子／文春文庫

大洞良子／くまざわ書店名古屋セントラルパーク店

▼本を売る者、読みたいひとに届ける者のひとりとして、忘れてはいけないものがここに詰まっていると感じました。

Wの悲劇
夏樹静子／角川文庫

近藤綾子／精文館書店豊明店

▼YouTubeを観ようとしたら、オススメ動画として出てきたのは、薬師丸ひろ子さんの「Woman〝Wの悲劇〟より」であった。映画「Wの悲劇」のテーマソングである。とても良い歌で、色々な方が未だに歌われている。私もYouTubeを観ては、熱唱するくらい。というのはさておき、このテーマソングの映画の原作が、日本のミステリの女王である夏樹静子さんの「Wの悲劇」である。薬師丸ひろ子さんが出演した映画「Wの悲劇」を始めとして、ドラマなど、数しれず。映画もそうだが、原作をリメイクした作品が多い。それだけ、原作が魅力的であると言えよう。そう、魅力的なのである。財閥一家が集まった屋敷で、美しくて若い女子大生摩子が、突如殺人を犯したと告白したところから始まる。最初から、犯人が分かっているという倒叙ミステリかと思いきや、これがこれが…。摩子を守るため、家族と主人公がアリバイ工作をする。また、Wの一つの意味であると言われているWoman、つまり、女性の心理の迫り方もいい。真犯人の動機や、隠蔽工作などなど、読み応え抜群である。改めて読み返すと、色々ツッコミどころがないとも言えないが、今読んでも、面白い。とにかく、ドラマ的！　なるほど。だから、映像化が多いのも納得。まずは、原作を読み、その後、どの映像化が良いか、様々見られるのも、この小説の良さだと思う。

ドラえもん短歌
枡野浩一／小学館文庫

清野里美／BOOKSえみたすピアゴ植田店

▼若い世代で短歌が流行ってるとテレビで知り、短歌に興味を持ちました。57577の31文字に共感したり笑ったり涙したりできる世界観を作れる短歌ってすごいなと改めて感じました。

短歌はなんとなく高尚なイメージだけど、この「ドラえもん短歌」は国民的人気のドラえもんやひみつ道具をテーマにした短歌集なので、老若男女問わず楽しめ更に自分も詠んでみたくなります。ぜひ未来に届けたい一冊です。

最後に私も一句。

「本屋さん どんどん減って 悲しいの ひみつ道具で 増やしてほしい」

私以外みんな不潔
能町みね子／幻冬舎文庫

石田祥／草叢BOOKS新守山店

▼著者初めての私小説で、まず面白いのが幼稚園児時代の視点であることです。

その頃の記憶は私は断片的にしかありませんが、この作品を読んで、ああ、子供も子供でいろいろ考えていたな、ということを思い出させてくれます。

主人公のなつきくんは早熟でまわりを冷静に見ているけれど、5歳。お漏らししちゃうこともあります。大人びた語り口に時折混じる幼稚な言動に引き込まれます。

ニューヨーク・スケッチブック
ピート・ハミル／河出文庫

匿名／愛知県

▼アメリカのジャーナリストであるピート・ハミルのコラム集で、40年位前の作品ですが今でも色褪

せない何度でも読み返したい1冊です。ニューヨークの街で生活している人々の出会い、別れ、喜び、哀しみ、さまざまな人生の1ページを丁寧に描く。私達に『人生とは何か』を問いかける作品です。読後登場人物たちのその後のストーリーを想像してしまうそんな余韻に幸せを感じます。当時単行本には無かった映画『幸福の黄色いハンカチ』の原作が収録されています。これがまた素晴らしいのでぜひ読んでほしい！

エースの翔道
西田有志／集英社

清水和子／正文館書店知立八ツ田店

▼自分がスポーツに夢中になるとは思いもしなかった。とあるバレーボール作品にハマり、実際に観戦にも遠征するようになった。そのジャンプやそのスパイクは今迄の筋肉に依って司られる。あと1cm高く跳ぶ、もっと打ち込むためには毎日の全ての行動が繋がっているのだ。その繋がりをどう保つのか。西田有志選手は現在トップクラスの選手だ。自分の選択を信じてのパフォーマンスに心を揺さぶられる。この本ではそのストイックさが明かされる。他の競技に比べマイナーなスポーツである。試合会場で熱狂している自分たちと世間との隔たりを余りにも感じるので、少しでも興味を持ってもらえるよう、この本を推します！

縄文人に相談だ
望月昭秀／国書刊行会

齊藤多美／正文館書店知立八ツ田店

▼現代人の悩みを縄文人（のふりをした人）が解決してくれるなんてなかなかないですね。縄文人から見たらそうらそうだろうよと、少しつっこみたくもなるのですが、その力のぬけ加減につい笑ってしまい、自分の悩みも軽くなっているような気がしてきます。そこかしこに、縄文豆知識を差し込んでくるところもにくいなあ。しだいに縄文のゆるさになれてきて、現代の悩みもちがう角度からみることができるようになるはずです。読み終われば、縄文時代のとりこになっているでしょう。今を生きる息苦しさから逃れるのに、もってこいの1冊です。ついでに歴史好きのお客様がふえたらいいなあと甘い夢もみています。縄文？歴史教科書の1ページ目で終わった時代？と思っている方におすすめしていきたいです。

二番目の悪者
林木林 作、庄野ナホコ 絵／小さい書房

匿名／こみかるはうす新瀬戸店

▼〈考えない、行動しないという罪〉をテーマにした絵本。「みんなそう言っているし……、火のないところに煙は立たないっていうからね」、「嘘は、向こうから巧妙にやってくるが、真実は、自らさがし求めなければ見つけられない」、「ほんとうに、金のライオンだけが悪かったのか……？」といった言葉に刮目させられます。「これが全て作り話だと言い切れるだろうか？」

トリツカレ男
いしいしんじ／新潮文庫

匿名／愛知県

▼2001年に発行され2006年に新潮社から文庫化されたこの本は、舞台化もされている感動の物語です。

ジュゼッペはいろんなことにどハマりしてはプロ級の腕前をものにしてしまう「トリツカレ男」。好きなことに取り憑かれたように没頭してしまうのです。

そんな彼が恋をしました。恋しいペチカの心を救うため、ジュゼッペはこれまで身につけた全ての力を駆使して困難に立ち向かいます。

張り巡らされた伏線がどんどん回収されていく爽快さ、たっぷりのユーモアの面白さ、そしてジュゼッペの愛の深さに感動必至です。

もっと多くの方に読んでもらいたい！本当におすすめの本です！

史上最強の内閣
室積光／小学館文庫

莨谷俊幸／本の王国知多イトーヨーカドー店

▼政治家の不祥事が連日ニュースとして流れ信用失墜。この小説のような、強いリーダーシップを持った、清廉な政治家が現れることを切に願いたい一冊。

ほの暗い永久《とわ》から出でて
上橋菜穂子、津田篤太郎／文春文庫

坂上麻季／紀伊國屋書店京橋店

▼自分はなんのために生まれてきたのか。

こういう問いは幼い頃からよく見聞きしましたが、生物は命をつなぐため生まれるに過ぎないのだから、そこに意味を見いだす必要を感じなくて、私はずっと自分の存在や人生について、社会的な義務を一応負っているというくらいの認識しかありませんでした。

ところが、上橋さんは津田さんに宛てた第一回の書簡で「問うても意味がないものなのに、なぜ、問うように、脳ができているのか」と問いかけられています。それを読んだとき、「命の意味」の問いにはまだその奥があったのかと目が覚めるような思いがしました。

文化人類学者でもある上橋菜穂子さんと、医学博士の津田篤太郎さんとの往復書簡には、思いもよらない発想や日常では得難い知識がちりばめられていて、対話によってさらに深まっていくお二人の思考に驚かされるばかりでした。

死を恐れる心と体のどうしようもなさと、やるせない「命の在り様」。

お二人の美しくあたたかい言葉に触れ、その思考をたどりながら個として種として生と死を見つめれば、なんだか少し受け入れてもいいような気がしてくるのです。

人生について考えたときふと読み返したくなる、不思議な感動にあふれた往復書簡。文庫版にはコロナ禍に交わされた往復書簡が追加されています。

終戦のローレライ
福井晴敏／講談社文庫

岡田浩子／精文館書店尾張一宮店

▼「文庫で全4巻」と聞くと長くて無理！と敬遠されがちですが、これは読むべき名作！　第二次世界大戦下の日本に、ドイツからきた特殊な能力を持つ少女とその兄。はじめは反発もあったが、次第に交流を深める彼らと潜水艦乗り達。やがて日本は敗戦に向かっていき…。さらっと軽い作品ではないですが、とても面白く、ページをめくる手が止まらない!!　作品に没入できます！　ラストは涙、涙。近頃は福井先生の作品があまり注目されなくてさみしいので、この機会に発掘をぜひ!!

ヴィーナス・シティ
柾悟郎／ハヤカワ文庫ＪＡ

牧谷佳代子／未来屋書店木曽川店

▼インターネットが従量課金で今のように繋ぎっぱなしなど夢の夢、パソコン通信が華やかだった頃に見た未来のネットゲーム、バーチャルリアリティの世界。今では当たり前にある題材で、ＶＲは既に存在する技術だけど、その当時はこんな未来が来るのかな？と、心ときめかせました。その時

代に見た未来をその頃夢見た未来にいる人たちに読んでもらいたいです。

手のひらの音符
藤岡陽子／新潮文庫

山中真理／ジュンク堂書店滋賀草津店

▼貧しくても、真の優しさ、強さをもってお互いを思いやり、大切に生きてきた、水樹と信也が眩しい。自転車の信也のサドルのシーンはもうたまらない。こんな行動がとれるなんて。こんな美しいものは初めてだ。リレーのバトンの場面の言葉が忘れられない。心にささるシーン、心に刻まれた言葉、どれも感情を抑えることができず、温かい涙とともに、ずっと自分の宝物として残り続けている。何度も読み返したい大切な本だ。

希望が死んだ夜に
天祢涼／文春文庫

カノウフサコ／リブロ江坂店

▼子どもの悲痛な叫びを、主張を、死をもって描いている作品です。ネグレクト問題に正面からぶつかっている作品だと思うのですが、どうか子どもの立場からだけではなく、親の立場にもなって、読んでもらいたい作品です。

　子どものSOSは、もちろんどれだけ拾えるか、大事な問題です。

　それと同時に、親のSOSも拾っていかないといけないと思うのです。この作品では、親の葛藤も描かれているのです。一度読まれた方にも、ぜひ視点を変えて読んでもらいたい作品です。

千の輝く太陽
カーレド・ホッセイニ／ハヤカワepi文庫

渡部彩翔／田村書店吹田さんくす店

▼一切の戦争ものを受け付けられず避けてきた私の世界観が一気に広がった大切な1冊を推薦します。

　アフガニスタンと聞くと、過激派やタリバンといった物騒さを思い浮かべたのですが、二人の女性視点から見るアフガニスタンの生活は想像より美しく戸惑いました。

　ただ平凡な生活を送ろうとする女性達と私は、生まれた場所が違うだけであることに気づかされます。

　罪なき弱者に対して、神の名のもとに正当化される残虐行為。医療を受けられない中での出産。そこで成長をする子どもたち。

　恐れるだけではなく、知りたい、変わりたい、学びたいと思えた小説でした。

『磁石の針はいつも北を指し、責める男の指先はいつも女を指す』

　ただ生きることを許されない世界は私達と同じアジアにある。心があらゆる感情でこれほど揺さぶられる体験は初めてでした。

　童話のように美しく描写されるアフガニスタンの豊かな風景は、作者がどれほどこの地を愛しているのかが伝わってくるようです。

　希望に向かって置かれた環境に

強く立ち向かっていく女性たちの姿と、最後の一行に涙が溢れます。

　痛みも喪失もあるけれど、失われない人の強さと尊厳が本当に美しいです。読んだあと、誰かとこの本について語りたくなるし、きっともっと新たな本を読みたくなります。

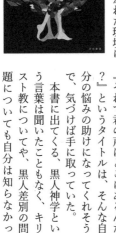

それで君の声はどこにあるんだ？
榎本空／岩波書店

中川皐貴／ジュンク堂書店難波店

▼この本と出会ったのは、SNSで飛び交う性差別や偏見の言葉、ロシアのウクライナ軍事侵攻の悲惨さを目にし、それに対して当事者でない自分はどうあるべきか、どのように振る舞えばよいのか、悩んでいた頃だと思う。

『それで君の声はどこにあるんだ？』というタイトルは、そんな自分の悩みの助けになってくれそうで、気づけば手に取っていた。

　本書に出てくる、黒人神学という言葉は聞いたこともなく、キリスト教についてや、黒人差別の問題についても自分は知らなかった。それでも興味深く読めたのは、この本がエッセイであったこと、本書のなかで、著者の榎本さんも自分と同じく「当事者」たりえない立場に悩んでいたからだと思う。

「当事者」でない、安全な場所に立っていることを自覚している私たちはどうすればよいのか。明確に引かれた境界線は、共感や理解、絆、多様性なんて綺麗な言葉で解消されるものではない。ただ同時に、その境界線が解消不可能なものだと、ものわかりのいい人のように振る舞ってはいけないだろう。

「特権」を勇気を持って利用し権力に抗い、境界線の前で立ち止まり声をあげる。生き残れなかった者がいたこと、苦しんでいる者がいることの証を残すために。

とても難しいことだと思うけれど、それを実現する勇気を、この本は与えてくれる存在だと思います。

大穴
ディック・フランシス／ハヤカワ・ミステリ文庫

宮田修／ふたば書房光明池店

▼クリスマスには、クリスティ、フランシスの時代があった。一年のご褒美的な出版で楽しみだった。いわゆる競馬シリーズの唯一のシリーズ物。シッド・ハレー登場の一作目。訳者は、もちろん菊池光さん。カバーデザインは辰巳四郎さん。ストーリーは、ミステリとしても面白いのもさることながら、失意の底から、ハレーが再生していく姿が、感動的で勇気をもらえます。これぞ、冒険小説。シリーズ物は、一作目から読んでほしくて、選びました。必ず、続きが読みたくなります。四作目まであります。競馬シリーズは、タイトルはすべて漢字二文字で統一。カバーデザインも、すごく良くて見ていただくと手に取りたくなります。クリスティは、今も読めますが、フランシスは、読めないのも出てきてます。これを機会にまた読める作品が増えると嬉しいですね。

現実入門
穂村弘／光文社文庫

石坂華月／未来屋書店大日店

▼あれもこれも経験したことがない。これといった好奇心も芽生えず、臆病で…そんな42歳のほむらさんが美人編集者のサクマさんと現実体験していくエッセイ。

ほむほむ（穂村弘さん）を片っ端から読むきっかけにもなったこの本は、時々思い出して本棚から取り出しては布団に潜り込んで楽しむ。ニヤニヤ、ふふふとほくそ笑む。

人生お一人様一回限り！と思うと私も果敢にトライしてみなければと前向きになれる。今年は何をしようかしらん。

何よりもエッセイかと思っていたら、ん?!なになに？と最後まで気の抜けないところも。

このくにのサッカー
賀川浩／苦楽堂

石本秀一／丸善ジュンク堂書店関西外商部

▼昨年の年末、現役最年長サッカーライターである賀川浩さんの99歳の誕生日を祝う会が開かれたというニュースが伝えられた。まだまだお元気そうなので今年は百歳のお誕生日をお祝いできることだろう。そんな賀川さんが日本のサッカーに様々なかたちで貢献してきた人たちと語り合う「これまで」と「これから」。日本の、そして世界のサッカーを見続けてきた賀川さんの見識と、それぞれの立場からサッカーに関わってきた人たちのこ

とばに触れることができる本書をすべてのサッカーファンの方々にお薦めしたい。

天国はまだ遠く

瀬尾まいこ／新潮文庫

西川定義／明屋書店ユートピア野間店

▼「死にたい」なんて思ったこともないし「死のう」「もうここには戻らない」なんて考えたこともない。ただ結構いい人生だったので、もういいかな、なんて思う。

だから、主人公の気持ちに寄り添うなんてことはないのだけれど、応援する気持ちになれる。爽快感が満載の本です。

海は死なない

日本海重油流出事故　黒い油とたたかった人々

ゆうきえみ／ポプラ社

匿名／アミーゴ書店横尾店

▼娘が小学校でよく読んでいた本。

子供向けのノンフィクション。

娘が少し昔の日本であった出来事を知るきっかけを作ってくれた本。

「ナホトカ号 重油流出事故」を目の当たりにした地元の人々の故郷の美しい海に対する思いは、娘の中で形となり芽吹き始めている。

ぜひ、子どもの頃に読んでもらいたい1冊である。

ゆらやみ

あさのあつこ／新潮文庫

島田優紀／ブックセンタージャスト大田店

▼ただただ、私が売りたかった!!に尽きます。

『しろがねの葉』の直木賞受賞時に同じ石見銀山が舞台の作品ということで地元で話題になりこの作品を知ったのですが、出版社の方では管理外商品となっており販売することは叶わず。

単行本刊行時は私もまだ書店員ではありませんでした。地元が舞台の作品であるにもかかわらず、弊店の売れ数は1桁。当時の状況がわからないのでなんとも言えないですが、もっと力を入れて仕入れて仕掛ければ売れたのではないかと、ここ5年程に刊行された石見銀山が舞台の作品の売れ数を見て思うのです。だからこそ、この作品を知って読んだときに、今からでもうちで売りたい!!と強く思いました。女人禁制の間歩で生まれたおなごが、美しく成長し、間歩で働く男と恋をする。ひんやりと冷たい間歩（現地のガイドさんいわく、実際には当時の間歩の中は通気が悪く、温度は高く蒸し暑かったそうです）と、ひりひりと熱く焼け付くような二人の愛し合う思いの対比が素晴らしく、あぁ、今からでも大田で売りたい、私が売れたらいいのにと思いつつ、しかしもう販売することは叶わない。真っ暗な中から銀を産み出す（というと語弊がありますが）間歩と胎内とを重ね合わせたこの物語は、なんという想像力だろう、と思うのです。あの何も見えない、自分の手すら見えないような真っ暗闇を胎内だと喩える、あさのあつこさんの想像力に言葉を失いました。あぁぁ、やはり大田という土地の本屋で売りたかったなぁと、今となっては叶わぬ思いを抱えて。

ただ、電子書籍でなら購入可能ですので、読みたいと思われた方は電子書籍で読んでいただけたらと思います。

ホテルカクタス

江國香織／集英社文庫

五十嵐みゆき／文学館岡本店

▼ほっと一息つける寓話。紡がれる文章の美しさに心が穏やかになります。大人はもちろん10代の方にもお薦めしたい。

夜のサーカス
エリン・モーゲンスターン／早川書房

辻本陽子／喜久屋書店明石駅ビル店

▼読み終えた後、しばらくは余韻が消えず、読んでいる間は、まるでおとぎの世界に入り込んだような不思議な感覚でした。

　サーカス自体が、普段の生活とは少し違う異世界のような存在なので面白かったです。

　ファンタジー好きな方に、是非オススメしたいです。

世界は終わらない
益田ミリ／幻冬舎文庫

大貫愛理／丸善さんすて岡山店

▼益田ミリさんと言えば、女性が主人公のコミックエッセイのイメージが強いと思いますが、この本は珍しく、男性の主人公です。32歳独身、書店員の土田くん。一見何の取り柄もなさそうな、ごくごく普通の働く大人なのに、ところどころで「土田くん、侮れない」そう思わせるのです。精一杯尊敬の気持ちを込めて敢えて言いますが、益田ミリさんって、平凡な人、普通の人間を書くのがお上手なんです。ここで言う「平凡」というのは、これは自分かもしれない、自分がいる世界かもしれないと思わせてくれるということです。それは時に救いにもなります。この本は、私にとって長い間お守りのような存在です。土田くんを見ると、安心します。少しだけ、大丈夫と思えます。世界では、災害も戦争も色々起こるけれど、それでも世界は終わらない。

滝山コミューン一九七四
原武史／講談社文庫

堺泰樹／フタバ図書TSUTAYA MEGA中筋店

▼戦後日本が目指した理想の暮らしや理想の教育の中で苦しんだ一人の少年が、過去を振り返る形で調査しつづったノンフィクション。

　高度経済成長期に誕生した特異なコミューンともいえる団地の共同体が学校と一体となって作り上げた事例を内側の視点で解きほぐす。私たちが、何を目指し、何に挫折し、今に至るのかが垣間見える秀作です。

和宮様御留
有吉佐和子／講談社文庫

藤原郁子／郁文堂書店庭瀬店

▼初めて読んだのは10代でした。

　公家の日常や公家言葉の面白さに惹かれ読後はただやるせ無さが残った記憶があります。それ以降何度も手に取り読む度に違う見え方があり思い出した様に読んで来ました。歴史の裏にある悲劇が悲劇として表に出る事は僅か、この小説は打ち捨てられた小さな命を掬い上げた物語です。

　冒頭の主人公フキは生そのものでした。太陽のもとフキそのものが太陽の様に煌めきを放っていました。後半との対比を思うとあまりに酷くそれが際立ちます。

　すぐ側で彼女に接した人々にはすぐ忘れ去る事の出来る存在だったのだろうか？棘の様に刺さる事は無かったのか？と思いました。

　勿論、あの時代、立場が違えば彼らの様に粛々と事を成していくのは当たり前の事だったのかもしれません。それでも、と思います。フキの様な圧倒的弱者が踏み潰されていく理不尽さは今の時代も昔と同じく表には出ない。声なき声を我々は汲み取れるのだろうか？

椿の海の記
石牟礼道子／河出文庫

河野寛子／未来屋書店宇品店

▼「まるで目の前に情景が広がるような文章だ」

　こんな言葉をよく聞いてきたけ

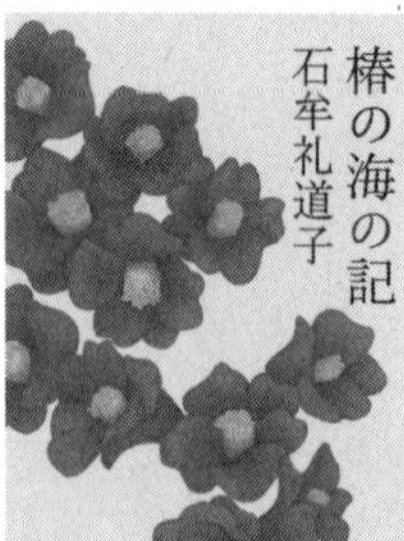

れど「それはどの本ですか」と聞かれたら真っ先に『椿の海の記』と答えていいと思う。

　舞台は、まだ負のラベルを貼りつけられる以前の水俣です。サワガニの棲む豊かな水俣川の側、貧しい村落の人たちは「ふーん」や「あらあ」と言いながら、ぱたぱた忙しく暮らしていた。これは四歳の頃の著者が見た記憶のものです。瑞々しい文章からは、葛の花、田の蛙、死人、山の神、盲目、女郎、他全てが揃い奏でる三千世界に驚かされます。

　読みとれない方言は音で、姿を見失った魚は光で、触れたことのない花は気温で理解できる。ゆっくりとした文章のこの本が、自伝なのか？小説なのか？その区別をつける隙もないくらい、言葉で映像を出力する力は凄まじい。

　記憶を改竄した頭の中の〝美しい昔〟、そんなものを全て打ち壊す程の、世界が歌い出す作品です。他人の棚にお節介にも差し込みたくなる一冊として推薦します。

星間商事株式会社社史編纂室
三浦しをん／ちくま文庫

八田美志／紀伊國屋書店ゆめタウン広島店

▼物語を描き続け、物語を読み続け、物語を愛し続ける三浦しをん氏の情熱が、おそらく一番凝縮されている作品なのではないか。会社内で同人誌を作るという概要からは想像できないくらい物語に対する愛が溢れだしていて、「何故物語を描くのか」から「物語は人の人生を繋いでいく」まで貫いていく。その大きな愛の周りには、オフィスお仕事小説もあり、甘酸っぱい恋愛模様もあり、手に汗握るミステリーもあるのだから、無茶を押し通す筆さばきにただただ感嘆。大袈裟なことを言い過ぎてるんじゃないかと思ってる人がもしも居たら、是非ともすぐに本作を読んで欲しい。コロナ禍から創作者たちが再び活気を取り戻しつつある今こそ。

十角館の殺人
綾辻行人／講談社文庫

山崎美代子／フタバ図書TSUTAYA GIGA祇園店

▼自分が書店員になるなんて思いもよらなかった学生の時に出逢った最高のミステリ「十角館の殺人」。絶対映像化は無理だと思っていたこの作品がとうとう映像化に!!　どのように映像化されるか分かりませんがまずは書籍でしか味わえないあの衝撃と感動を多くの人に知って欲しいです。
　建築家中村青司、館、島田潔、この言葉を見るだけで心が躍りだすくらい大好きな作品です。十角館を、そして続く館シリーズを書店の入り口で山盛りに展開してみたいです!!

波上館の犯罪
倉阪鬼一郎／講談社ノベルス

三島政幸／啓文社岡山本店

▼２０２３年に大きな話題になった作品に『世界でいちばん透きとおった物語』（杉井光　新潮文庫）があります。詳しくは書けませんが、本そのものにサプライズがあり、それが物語に大きく関わり、感動を与えます。電子書籍化は確かに不可能です。これが話題になった時、ある「偉大なる先達」の作品を連想したのですが、著者はもちろん、その先達作品へのリスペクトを込められていたので、この作品の完成度に改めて感激したものです。さて、このような作品に挑んだ作家は他にいなかったのでしょうか？　…それがですね、いるのですよ、しかも1、2作ではなく、7作も8作も、どんどん斬新なアイデアを込め、仕掛けそ

のものに自ら埋もれてしまった、と言っても過言ではない作家が。

それが、倉阪鬼一郎先生です。

講談社ノベルスで発表された一連の作品は、著者自ら「バカミス」と名乗り、私も勝手に「クラニー先生何やってんすかシリーズ」と名付けていました。小説も面白いのですが、その小説そのものに、大きな仕掛けを次々に打ち出していったのです。具体的に書けないのでもどかしいのですが、講談社ノベルス以外の段組みでは不可能なので、文庫化すらできないという、コストパフォーマンスが悪いことこの上ないシリーズで、現在はほとんど品切れになっています。どれもすごいのですが、ここでタイトルを挙げた『波上館の犯罪』は、そのアイデアを冒頭からラストまで徹底したことと、読んでいる途中には絶対に仕掛けに気付けない、明かされた時には「…よくやったなあ」と逆に感心してしまうのです。こんなにすごい作品をいくつも発表されていたのに、一部マニアを除いてほとんど話題にすらならず。ひっそり忘れ去られようとしているのが残念でなりません。倉阪先生は今、時代小説の世界で人気シリーズを多数発表されていますが、バカミスの世界でも記憶に残る作品を多数出されていたのだ、ということを、機会があるごとに訴えていきたいのであります。

跳びはねる思考
会話のできない自閉症の僕が考えていること

東田直樹／角川文庫

江藤宏樹／広島 蔦屋書店

▼自閉症者の東田さんの口から出るのは、奇声や雄叫びばかりで会話で人とコミュニケーションをとるのはちょっとコツがいります。しかし東田さんの頭の中には様々な言葉や思考が渦巻いていて溢れんばかりです。そんな東田さんの書く文章はとても美しく鮮烈で、私たちにたくさんのことを教えてくれます。この本はあなたを変えてくれる1冊になるかもしれません。

淵の王
舞城王太郎／新潮文庫

山中由貴／TSUTAYA中万々店

▼ホラーが大好きで毎年仕掛けているのですが、なかでも抜群に面白いと思っているのが『淵の王』です!!! 舞城王太郎さん独特の口語を極めた文章や、主人公の背後にいる存在によって語られるというシステムの奇妙さが、物語をより読者に親密なものとして仕立てています。私自身、年に一回は読み返したくなるので中毒性はお墨つきです！

まずホラー作品自体怖いから読みたくないという人も多く、なかなか広く受け入れてもらえるものではないですが、だからこそ一度知れ渡ったホラーは強いです！『リング』や『呪怨』『ぼぎわんが、来る』などもはや国民的地位を築いています。ここ数年は『変な家』や『近畿地方のある場所について』など毎年何かしら話題になるホラー作品が登場し、果ては冲方丁さんの『骨灰』が直木賞候補になるまでに至りました。ホラー文学は確実に日本の文化としてテリトリーを広げています。私は舞城ホラーもそんな国民的作品になりうる傑作だと思っています!!!

舞城ホラーにはどこか可笑しみがあります。思わずふふっと笑ってしまうようなホラーが今まであったでしょうか。しかもどこか切なくて胸をかきむしられる極上の読み心地。ホラーにもこんなエモい作品があるのかとみなさんにも驚いてほしいのです！

そして舞城さんにはまた新たなホラーを書いてほしい!!! 絶対絶対書いてほしい!!!

会いたかった人
小池真理子／集英社文庫

高巣奈千恵／宮脇書店ゆめモール下関店

▼初めて小池真理子さんの本を書店の店頭で手に取ったのは28年前。それがこの『会いたかった人』。イヤミスという言葉がまだなかった時代の極上の短編集。あれから何度読み直し、人に薦めてきたかわかりません。

メイン・ディッシュ
北森鴻／集英社文庫

吉井めぐみ／宮脇書店ゆめモール下関店

▼最近おいしい料理がどんどん出てくる小説が増えて食いしん坊の私はとても嬉しい。そんな私が初めておいしい料理とミステリーのコラボが面白いと思った作品が『メイン・ディッシュ』です。

ミステリーもしっかり楽しめて、さらにミケさんが作る料理がおいしそうでどんな料理なんだろうと想像するのも楽しかった。謎を解くミケさんも何か秘密を抱えていて…とにかく気になって気になって毎回一気読み。そう、もう何度も読み返している作品なんです！ 北森鴻さんの他のシリーズ作品も好きなのですがやはり私は『メイン・ディッシュ』を推したい！ ぜひ再版お願いします!!

ありえないほどうるさいオルゴール店
瀧羽麻子／幻冬舎文庫

田中由紀／明林堂書店フジ西宇部店

▼特定されてはいないが、オルゴール、北の町、運河とあれば、あ、あそこかな?と情景が浮かぶ。そして名前もわからないミステリアスな店主がその人だけのオルゴールを作ってくれる。音楽は日々の生活の中で癒しを与えてくれる。だけどそれだけでなく、思い出の中でも鳴っていて、その音楽を聴けば、思い出を呼び起こしてくれる。「思い出の伴奏」という言葉が響く。そしてなぜ「ありえないほどうるさい」のか読んでみて欲しい。

図書館の魔女
高田大介／講談社文庫

樋口美雲／明屋書店川之江店

▼少年は、指を繋いだ少女の手となり、杖となり、盾となり、言葉となる。

足音を立てない少年キリヒトが、喉から言葉を発することができない『図書館の魔女』マツリカに通訳として引き合わされたところから、物語が始まります。

少女でありながら莫大な知識、深い思考、鋭い洞察力で国さえも動かすマツリカ。その耳の良さと器用さ等の長所を活かし、少女の側に立つキリヒト。2人を取り巻く厳しくも優しい、個性的な『図書館』の人々。彼らはやがて、世界を巻き込む陰謀に挑むことになります。この小説の素晴らしいところは、その重厚さです。この小説には、国家があり、歴史があり、文化があり、隔たりがあり、生きた人々がいます。まさに本当にあった別世界の一部を切り取ったような、それだけ重厚な地に足のついたファンタジーです。

もう一つの見所として、キリヒトとマツリカをはじめとした関係性が挙げられます。そうあれと育てられたが故に、大人びてしまった欠けた2人のささやかな願いは、叶うことを祈らずにはいられないものです。

重厚なファンタジー世界に描かれたどこか歪で、それでも健気な

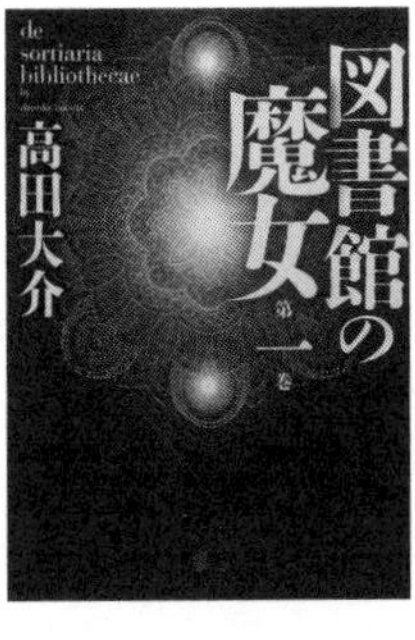

彼らの物語をぜひ1人でも多くの方に読んでいただきたく、推薦いたします。

ぶらんこ乗り
いしいしんじ／新潮文庫

匿名／香川県

▼私事ですが、この本を読んで初めてこんなに本って面白いのかと感じ、初めて本を読む人、子どもでも読みやすいので是非初めの1冊に読んでいただきたいと思ったからです。

ぽろぽろドール
豊島ミホ／幻冬舎文庫

高橋杏奈／明屋書店喜田村店

▼書店員になってからは、誰かと共有する前提で本を読むことが多いけれど、小中学生の頃に読んだ本は、自分の中に秘めておく一際特別なものだった。その頃に出会って、今でも私の心を捉えて放さないのがこの本で、人形に切ない思いを託す人々の連作短編集だ。

物心がついた頃から「かわいい」は正義（その逆も然り）」という

思考に囚われていて、私は可愛くないからこれはしちゃいけない、と自分で自分の行動を縛っていた。そんな偏った過去の私の考えをまるごと包んでくれ、同じようなことを思っていたのは私だけではないのだと気づかせてくれた。初めて読んだあの時の、許されたような気持ちが忘れられない。ルッキズムが社会問題化する今こそ、ぜひ読んでほしい一冊です。

空ばかり見ていた
吉田篤弘／文春文庫

竹内裕美／ブックセンタークエスト小倉本店

▼日常の中の小さな偶然、あっ、という小さな驚き。どこまでが物語でどこからが現実なのかわからなくなる世界。気持ちを揺さぶられるような大きな展開はないけれど、どんな時でもそばにいてくれる、大切な作品です。元々ひっそりした作品ですが、埋もれさせたくない。この本が好きな人と仲良くなりたいです。

神と野獣の日
松本清張／角川文庫

安部賢太郎／テントセンブックス

▼出会いはお客さんの「松本清張が書いたSFがあるらしいんですが知っていますか」でした。話を聞くとその方も学生時代の友人に「清張のSFが面白かった」と教えてもらったのが記憶に残っていたそうです。調べてそれらしいものを取り寄せてみたのですが、コレは！（ちなみにお客さんは大型書店の松本清張コーナーを一冊ずつあたったそうです。スミマセン）

東京に向かって誤射されたミサイルの到着は、あと…43分。

知らされた国民の行動が描かれますが、描くのは、あの松本清張なのです！

読みながら、私ならどうするか、現代ではどうなるだろうか？などと考えずにはいられないほどです。43分！さあ、どうする！

この夏のこともどうせ忘れる
深沢仁／ポプラ文庫ピュアフル

伊賀理江子／福岡金文堂志摩店

▼深沢仁さん。なぜ私は今まで知らなかったのだろう。私はなにをみていたのだろう。どこに隠れていたのですか。この本が大好きです。

うれしいの中に少し混じるかなしいや、たのしいの中の見逃せないさみしいが味わえる。こんなに胸が苦しくなるような言葉にできない感情ばかりが溢れてくる本はなかなか無い。たしかに通ってきたはずなのに、かつてそうだったはずなのに大人になった私たち

は、あの夏のことを少しずつ忘れてしまっている。でも。ふとした日常が強烈に心に残っていることも確かにある。あれも、あれも、今の自分の血肉になっている。「この夏のこともどうせ忘れる」このインパクト。読み終えたあと感じるタイトルの秀逸さ。なぜだか涙がこぼれそうになる短編5作品はどれも（なんてこった）どれも、とても忘れられそうにない。

食べごしらえ　おままごと
石牟礼道子／中公文庫

迫彩子／蔦屋書店熊本三年坂

▼この時代に生きてはいなかったはずなのに、とても懐かしい思いがします。故郷を同じくする者として方言や土地柄を親しみを持って感じつつも、食べ物を通して見えてくる時代や場所、家族の営みには知らないことも様々ありました。今はもうない風景や土地に根ざした人々の日々の暮らしや生き方がありありと浮かんでくる石牟礼さんの文章は、しゅっと背筋を伸ばしてくれます。昔は良かったと嘆くということでも、今の便利な世の中を否定することでもありませんが、私たちは何か大切なものを失ってここまできて、今後も失ってゆくのだという重みがありました。

決して良いことばかりではない毎日を、それでも一日一日生きていくのだと導く背中が見えるような作品です。

ジャッジメント
小林由香／双葉文庫

加藤京子／TSUTAYA BOOKSTORE福岡空港

▼読んだ時の衝撃がすごすぎて、自分のまわりの人にお薦めしまくりました。

もし自分がこの立場だったらどういう選択をするだろうと考えさせられる、本当に素晴らしい作品で、この作品が発売されてから、今日までたくさん他の書籍を読んできましたが、お薦めは何かと聞かれると今でもすぐに頭に浮かんでしまうほど、素晴らしい作品です。

市場界隈
橋本倫史／本の雑誌社

中目太郎／HMV&BOOKS OKINAWA

▼書店の閉店が相次いでいる。もう何年も、いや、ずっと前から。

何十年も続いた老舗も、独自の企画を編み出した地方の店も、棚づくりに定評のある有名店も、まったく有名でない地元密着店も、みんな惜しまれながら、またはひっそりと姿を消してゆく。閉店を決断させたのはそれぞれに違う理由、もしくは複合的な理由によるものだ。

私にとっても他人事ではない。前職の会社はもう消滅した。今、地球上のどこにもあの看板はなく、同僚たちが手がけた棚はうしなわれた。これから先、うしなわれるものをどうやって残せるのだろうか。ひとつの答えを『市場界隈』に見た。

沖縄県の那覇市にある第一牧志公設市場は、一九七二年に建設された建物が老朽化したため二〇一九年に建て替え工事を行うこととなった。著者は建て替え前の風景を記録するために市場を訪れる。この本には風景の描写もあるが、印象に残るのは店に立つ人のナマの言葉だ。生い立ち、家族のこと、市場の思い出、商売について。たくさんの人達のたくさんの言葉が積み重なった果てに見えてくるのは、彼らが必死に生きてきた時間だった。戦後、沖縄じゅうから集まった買物客でごった返す市場の中で、親の姿を見て店の手伝いをする子どもたちがこの本の中に生きているのだ。

そう、生きているのだ。記録された言葉は本の中で時を刻みながら生き続ける。いつの日か新しい人が本を読み、記録された時間に触れ、私たちが積み上げてきたものを知ってくれる。その日まで棚差しして残しておこう。それくらいの隙間ならあるはずだ。

ふるカフェ系 ハルさんの休日

NHK『ふるカフェ系 ハルさんの休日』制作班監修／昭文社

大高竜亮／高知 蔦屋書店

▼道化のように振る舞う真田ハルこと渡部豪太と、必死に演技をする古民家カフェに集う街の人々の微笑ましい交流。そこに流れる「なんとなく なんとなく」「君に、胸キュン。」「A面で恋をして」などのやわらかなカバー曲。とても幸せな気持ちにさせてくれるこの番組をいつも心待ちにしている。さらにいいのは、古民家の専門的な建築技法をさらりと解説してくれること。梁が立派だね、では済まさず、「二重梁小屋組」「相欠き接ぎ」といった専門性の高いワードがハルさんから次々と繰り出される絶妙さ。純喫茶を巡ってメロンソーダを飲むのも悪くはないが、こんな視点を持ちながら生まれ変わった古民家カフェを楽しんでみたい。

よろずのことに気をつけよ

川瀬七緒／講談社文庫

匿名／好文堂書店

▼川瀬七緒さんの作品はすべて良いのですが、その中でも登場人物や呪いなどの解決の仕方がとても魅力的で、一気読み間違いなしです。

語り手の事情

酒見賢一／文春文庫

加来智美／明屋書店豊前店

▼先頃亡くなられた酒見賢一先生の絶版本。ヴィクトリア朝を舞台に繰り広げられる性妄想の数々も刺激的ながら、物語そのものの仕掛けに驚かされた。酒見先生が生きているうちにもっと読まれてほしかった（本当は全作品に投票したいくらい）。復刊の期待を込めて。

しにたい気持ちが消えるまで

豆塚エリ／三栄

原山俊一／明屋書店高城店

▼16歳のときに飛び降り自殺未遂をし、車いす生活となった女性のエッセイ。死を選択することを一時は実行したが、生きたがっていた体がそれを阻止。生かされたことで変わる彼女の心と生きざまに感動した。また重いテーマでありながら、とても読みやすく、ときにはユーモアも交えながら描かれたこの作品は、多くの方に親しみを持って読まれる作品である。自殺者が減少しない現代のストレス社会、悩みを抱えている方はもちろん、ぜひとも多くの方に読んで頂きたい1冊です！

歌麿『画本虫撰』『百千鳥狂歌合』『潮干のつと』

菊池庸介編／講談社選書メチエ

匿名／福岡県

▼歌麿の出世作を惜しげもなく3作まとめて1冊にして、その価格でこの美しさに仕上げてすごい。その上解説もわかりやすい。本物は1点でウン千万もするらしい作品たちを一度に見られるなんて、本当に素晴らしい本！

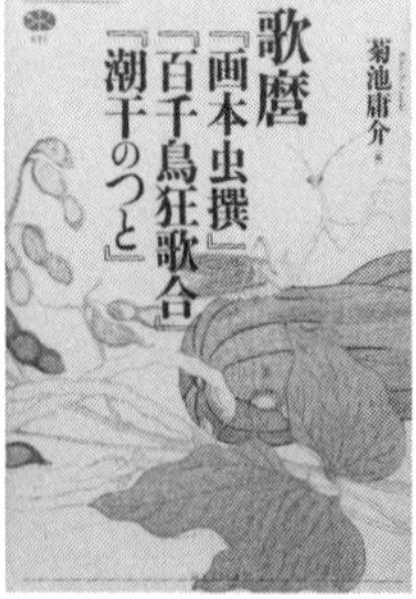

本屋大賞　歴代ベストテン 2004-2010

第7回 2010年

1 天地明察　冲方 丁

②神様のカルテ　夏川草介
③横道世之介　吉田修一
④神去なあなあ日常　三浦しをん
⑤猫を抱いて象と泳ぐ　小川洋子
⑥ヘヴン　川上未映子
⑦船に乗れ!　藤谷 治
⑧植物図鑑　有川 浩
⑨新参者　東野圭吾
⑩1Q84　村上春樹

第6回 2009年

1 告白　湊 かなえ

②のぼうの城　和田 竜
③ジョーカー・ゲーム　柳 広司
④テンペスト　池上永一
⑤ボックス!　百田尚樹
⑥新世界より　貴志祐介
⑦出星前夜　飯嶋和一
⑧悼む人　天童荒太
⑨流星の絆　東野圭吾
⑩モダンタイムス　伊坂幸太郎

第5回 2008年

1 ゴールデンスランバー　伊坂幸太郎

②サクリファイス　近藤史恵
③有頂天家族　森見登美彦
④悪人　吉田修一
⑤映画篇　金城一紀
⑥八日目の蝉　角田光代
⑦赤朽葉家の伝説　桜庭一樹
⑧鹿男あをによし　万城目 学
⑨私の男　桜庭一樹
⑩カシオペアの丘で　重松 清

第4回 2007年

1 一瞬の風になれ　佐藤多佳子

②夜は短し歩けよ乙女　森見登美彦
③風が強く吹いている　三浦しをん
④終末のフール　伊坂幸太郎
⑤図書館戦争　有川 浩
⑥鴨川ホルモー　万城目 学
⑦ミーナの行進　小川洋子
⑧陰日向に咲く　劇団ひとり
⑨失われた町　三崎亜記
⑩名もなき毒　宮部みゆき

第3回 2006年

1 東京タワー　リリー・フランキー

②サウスバウンド　奥田英朗
③死神の精度　伊坂幸太郎
④容疑者Xの献身　東野圭吾
⑤その日のまえに　重松 清
⑥ナラタージュ　島本理生
⑦告白　町田 康
⑧ベルカ、吠えないのか?　古川日出男
⑨県庁の星　桂 望実
⑩さくら　西 加奈子
⑪魔王　伊坂幸太郎

第2回 2005年

1 夜のピクニック　恩田 陸

②明日の記憶　荻原 浩
③家守綺譚　梨木香歩
④袋小路の男　絲山秋子
⑤チルドレン　伊坂幸太郎
⑥対岸の彼女　角田光代
⑦犯人に告ぐ　雫井脩介
⑧黄金旅風　飯嶋和一
⑨私が語りはじめた彼は　三浦しをん
⑩そのときは彼によろしく　市川拓司

第1回 2004年

1 博士の愛した数式　小川洋子

②クライマーズ・ハイ　横山秀夫
③アヒルと鴨のコインロッカー　伊坂幸太郎
④永遠の出口　森 絵都
⑤重力ピエロ　伊坂幸太郎
⑥4TEEN　石田衣良
⑦デッドエンドの思い出　よしもとばなな
⑧終戦のローレライ　福井晴敏
⑨陰摩羅鬼の瑕　京極夏彦
⑩ららら科學の子　矢作俊彦

全国書店員が選んだ
いちばん！
売りたい本
2024年本屋大賞

本の雑誌増刊
本屋大賞2024

2024年4月10日　初版第一刷発行

編　者　本の雑誌編集部
発行人　浜本　茂
印　刷　中央精版印刷株式会社
発行所　株式会社 本の雑誌社
〒101-0051
東京都千代田区神田神保町1-37　友田三和ビル5F
電話 03(3295)1071　振替 00150-3-50378
定価は表紙に表示してあります
ISBN978-4-86011-488-6　C0095